Ingeborg Walter

DIE STROZZI

Eine Familie im Florenz
der Renaissance

VERLAG C.H.BECK

Mit 33 Abbildungen

Vorsatz: Francesco Granacci, Darstellungen aus dem Leben des jungen Tobias.
Von links nach rechts: Abschied des jungen Tobias von den Eltern;
Wanderung mit dem Erzengel Raffael und Fischfang; Empfang bei Raguel;
Verlobung mit Sarah; Brautnacht und Teufelsbeschwörung;
Aufbruch des Engels nach Rages.
© bpk/Gemäldegalerie. SMB/Jörg Peter Anders
Abb. Seite 26 u. 27: © bpk/Scala;
Abb. Seite 112 u. 113: Mit freundlicher Genehmigung des «Archivio Fotografico
della Sopraintendenza per il PSAE e per il Polo Museale» der Stadt Neapel;
Seite 187: © Photo Scala, Florenz.

© Verlag C.H.Beck oHG, München 2011
Satz, Druck u. Bindung: Druckerei C.H.Beck, Nördlingen
Gedruckt auf alterungsbeständigem, säurefreiem Papier
(hergestellt aus chlorfrei gebleichtem Zellstoff)
Printed in Germany
ISBN 978 3 406 61477 4

www.beck.de

INHALT

VERBANNUNG

Vom dreizehnten bis zum sechzehnten Jahrhundert hat es auch immer ein auswärtiges Florenz gegeben.» So beginnt Leopold von Ranke seine biographische Studie über Filippo Strozzi, den letzten bedeutenden Vertreter dieser alten florentinischen Familie. Ranke berührt hier ein Problem, das die italienischen Stadtstaaten seit ihrer Entstehung belastete und schließlich auch zu ihrem Untergang beitrug. Es handelte sich um die gängige Praxis, die in Opposition zur herrschenden Partei stehenden Bürger aus der Stadt zu entfernen, indem man sie verbannte. Der Bann war ein altes Rechtsinstitut, das in den Gesetzen der italienischen Kommunen fest verankert war. Verbannt wurde ursprünglich der Angeklagte, der eine gerichtliche Vorladung nicht befolgte und sich damit der «contumacia», der Widerspenstigkeit gegen das Tribunal, schuldig machte. Indem er sich dem Prozess entzog, gestand er zugleich seine Schuld ein. Die Strafe des Banns bedeutete für den Betroffenen den Ausschluss aus der Gemeinschaft der Bürger. Er verlor den Schutz der Gesetze und wurde damit vogelfrei, war jedem ausgeliefert, der ihm an Leib und Besitz schaden wollte.

Mit der Zeit wurden auch unabhängig von der «contumacia» viele gemeine Straftaten mit dem Bann sanktioniert, und früh schon griff man auf dieses alte Rechtsmittel zurück, um politische Gegner auszuschalten. In den italienischen Kommunen wurde der Bann nur allzu oft verhängt, als im 13. und 14. Jahrhundert in den nord- und mittelitalienischen Städten die Kämpfe zwischen Magnaten und Popolanen tobten und sich mit den Konflikten zwischen Guelfen und Ghibellinen verschränkten: Die Gegner der Partei, die an der Regierung war, wurden als Rebellen und Verräter für längere oder kürzere Zeit aus der Stadt relegiert. Auf diese Weise kam es nicht selten zu Massenaustreibungen. Die inneren politischen Konflikte lösten solche Maß-nahmen freilich nicht, denn die Verbannten fanden Zuflucht und Un-terstützung in den Städten, in denen die Partei ihrer Couleur am Ruder war, und dort bildeten sie jene «auswärtigen» Ableger ihrer Gemeinwesen, von denen Ranke spricht. Dieser Ausdruck ist ganz wörtlich zu nehmen, denn die Ausgewiesenen gründeten oft eigene Kommunen, die in der Form den heimischen Strukturen nachgebildet waren. Der Ausschluss eines Teils der Bürger bedeutete indessen eine permanente Gefahr für die Mutterstadt, da die Verbannten nichts un-versucht ließen, um mit Gewalt zurückzukehren, die dort herrschende Partei zu stürzen und sich selbst an die Spitze des Gemeinwesens zu setzen – ein fataler Kreislauf, der nie zum Stillstand kam.

Wie in vielen anderen italienischen Kommunen lieferten sich auch in Florenz Guelfen und Ghibellinen im 13. und weit bis ins 14. Jahr-hundert hinein blutige Kämpfe, wobei es immer wieder zur Verban-nung von Anhängern der jeweiligen Gegenpartei kam. Der große Dichter Dante Alighieri wurde eines der berühmtesten Opfer dieser Konflikte, seine *Göttliche Komödie* ist zutiefst von der Erfahrung des Exils geprägt. Während die inneren Konflikte im 14. Jahrhundert in den meisten Städten zur Ausbildung einer Alleinherrschaft – Signo-ria – führten, blieb Florenz seiner republikanischen Verfassung treu. Hier lag seit dem Ausgang des 13. Jahrhunderts die Macht in den Händen der Bankiers, Kaufleute und Handwerker, die in Zünften or-ganisiert waren und dank der Zugehörigkeit zu diesen auch die politi-schen Rechte besaßen. Die Parteienkämpfe blieben aber in Florenz auch weiterhin ein fester Bestandteil des politischen Lebens und der Bann das Mittel, den innenpolitischen Spannungen eine, wenn auch prekäre, Lösung zu geben. Meist standen sich dabei weniger Einzel-persönlichkeiten als Familiengruppen gegenüber. Ganze Familien wie die Bardi und die Alberti mussten zwischen dem 14. und 15. Jahrhun-dert die Stadt verlassen und wurden ihrer politischen Rechte beraubt. Die Sanktionen waren abgestuft, sie gingen von einem zeitweiligen Verlust der politischen Rechte bis zur Auflage, für eine bestimmte Dauer in einem anderen Ort zu weilen. Im schlimmsten Fall kam es zu einer Verurteilung als Rebell, was jede Rückkehr ausschloss und die Beschlagnahme des Vermögens durch die Kommune nach sich zog.

8

Als die Medici 1434 die politische Vormacht in Florenz gewannen, schickte Cosimo de' Medici als Erstes seine Gegner ins Exil und in der Folge noch viele andere, die sich gegen sein Regime stellten oder es zu stürzen versuchten. Aber die inneren Konflikte schwelten weiter, und noch zu Beginn des 16. Jahrhunderts befand der florentinische Geschichtsschreiber und politische Denker Francesco Guicciardini in seinen *Ricordi,* dass es für einen Staat nichts Schlimmeres geben könne als die Exilierten. Deshalb sei der Rat seines Vaters, die Medici aus dem Exil zurückzurufen, sehr klug gewesen, weil auf diese Weise das Problem gelöst worden sei. Die Medici waren 1494 aus Florenz vertrieben worden und hatten mehrmals versucht, mit bewaffneter Hand in die Stadt zurückzukehren.

Die Strafe des wie auch immer gestalteten Banns bedeutete für die betroffenen Bürger, deren Lebensgrundlage Manufaktur, Handel und Geldgeschäfte waren, nicht selten eine Katastrophe, denn sie zog eine Umwälzung aller Lebensverhältnisse nach sich. Obwohl die großen florentinischen Kaufleute und Bankiers enge geschäftliche Verbindungen mit anderen italienischen Städten und Staaten sowie mit dem Ausland unterhielten, wo sie oft Niederlassungen gegründet hatten, war es doch schwierig für sie, sich eine neue Existenz in der Fremde aufzubauen, besonders wenn der Bann «ewig» oder von langer Dauer war. Das Exil beeinträchtigte die Geschäfte, und die Trennung von Frau und Kindern, die oft in Florenz zurückblieben, zog weitere Schwierigkeiten und persönliches Leid nach sich. Und so gab es, über Italien und Europa verstreut, bis ins 16. Jahrhundert hinein immer auch jenes «auswärtige Florenz». Opfer dieser politischen Mechanismen wurden in besonderem Maße auch die Strozzi. Ein Mitglied dieser Familie verglich die Verbannung, die so viele Strozzi erdulden mussten, sogar mit einem unveräußerlichen Familienerbe.

DIE WENDE VON 1434

Am 9. November 1434 wurde Palla Strozzi, einer der wohlhabendsten und angesehensten Männer von Florenz, als Aufrührer und Vaterlandsverräter aus der Stadt verbannt. Er war nicht der Einzige. Zusammen mit ihm wurden mehrere seiner Verwandten und zahlreiche andere Bürger aus der Stadt verwiesen. Dies war der Schlusspunkt unter einen Konflikt, der die herrschende Partei von großen Handelsherren und Bankiers seit Jahren gespalten hatte. Cosimo de' Medici ging als Sieger aus diesem Kampf hervor. Sechzig Jahre lang, bis 1494, währte das von ihm errichtete, in die traditionellen republikanischen Formen gekleidete Regime seiner Familie in Florenz.

Der schon lange andauernde innere Zwist in der sogenannten oligarchischen Partei, die seit Ende des 14. Jahrhunderts die florentinische Politik bestimmt hatte, spitzte sich zu, als Florenz 1429 mutwillig die kleine Nachbarrepublik Lucca überfiel, um sie mit einem Handstreich unter seine Herrschaft zu bringen. Die Rechnung ging nicht auf, statt der erhofften Eroberung weitete sich der Krieg aus und rief den Herzog von Mailand und die Republik Siena, die alten Feinde von Florenz, auf den Plan. Schließlich griff auch Venedig in die Auseinandersetzungen ein. Wie üblich verschlang der Krieg Unsummen und zwang die Regierung zu immer härteren Steuerauflagen, die schwer auf der Bevölkerung, besonders den ärmeren Schichten, lasteten. Erst nach vier Jahren Krieg konnten die Florentiner Gesandten Palla Strozzi und Cosimo de' Medici am 21. April 1433 in Ferrara den Friedensvertrag unterzeichnen, der den Status quo wiederherstellte. Das unselige Unternehmen gegen Lucca war gescheitert, Florenz konnte froh sein, wenigstens seinen Besitzstand zu wahren. Aber in der Stadt herrschte Unruhe.

Der unglückliche Ausgang des Krieges führte, wie so oft in solchen Fällen, zur Abrechnung in der oligarchischen Partei, in der zuletzt der radikale Flügel um Rinaldo degli Albizzi die Oberhand gewonnen hatte. Cosimo de' Medici gehörte nicht zu seinen Anhängern. Zwar war auch er einer der Befürworter des Kriegs gewesen, doch stand er dank seiner umsichtigen Politik von Zuwendungen und Gefälligkeiten in der Gunst des Volks, das, durch den Krieg verarmt, den herrschenden großen Bürgern immer feindlicher gegenüberstand. Rinaldo degli Albizzi hatte guten Grund zu fürchten, dass Cosimo sich die Unzufriedenheit in der Stadt zunutze machen und ihn mithilfe des Volks entmachten könnte. Er beschloss deshalb, ihm zuvorzukommen, und griff zum bewährten Mittel der Verbannung.

Angesichts der Spannungen in der Stadt verbrachte Cosimo den Sommer 1433 auf seinem Landgut in Trebbio, um sich, wie er selbst in seinen Aufzeichnungen schreibt, den Streitigkeiten und Spaltungen in der Stadt zu entziehen. Dennoch folgte er Anfang September der Aufforderung der neuen Regierung, nach Florenz zurückzukehren. Zum Gonfaloniere, dem Vorsitzenden der Regierung, war Bernardo Giugni gewählt worden, ein Mann, dem Albizzi die Steuerschulden bezahlt hatte, um ihn überhaupt wählbar zu machen. Als Cosimo kurz nach seiner Rückkehr in die Stadt zu Beratungen in den Regierungspalast ging, wurde er festgenommen und unter dem Vorwurf umstürzlerischer Machenschaften in ein Gemach im Turm des Gebäudes eingesperrt. Zur Strafe sollte er für ein Jahr nach Padua verbannt werden.

Auf die Nachricht von Cosimos Arrestierung mobilisierten sich seine Verwandten und Anhänger. Cosimos Bruder Lorenzo zog Bewaffnete zusammen, Niccolò da Tolentino, der Cosimo verbundene florentinische Heerführer im Krieg gegen Lucca, brachte seine Truppen in Stellung. Doch verzichteten sie auf weitere Maßnahmen, als klar wurde, dass sie damit Cosimos Lage nur verschlimmert hätten. Lorenzo de' Medici zog es vor, mit Cosimos Söhnen und viel Bargeld nach Venedig zu fliehen, und wurde darauf ebenfalls für ein Jahr verbannt, Cosimos Bann dagegen auf fünf Jahre erhöht. Was sich in den folgenden Tagen im Inneren des Palazzo della Signoria abspielte, ist nicht ganz klar, auch weil ein Erlass die Publikmachung der Beratungen der Regierung unter Todesstrafe stellte. Sicher ist, dass Albizzi und seine Freunde Cosimo wegen Hochverrats vor Gericht stellen und zum Tod verurteilen lassen wollten. Aber nicht alle Mitglieder der Regierung waren damit einverstanden, selbst unter Albizzis Verbündeten regte sich Widerspruch. Einer der Gegner dieser Pläne war Palla Strozzi. Albizzi konnte sich nicht durchsetzen, zumal eminente Persönlichkeiten und sogar die Republik Venedig für Cosimo intervenierten. So blieb es bei der Verbannung, die am 28. September auf zehn Jahre erhöht wurde. Dazu kamen wirtschaftliche Sanktionen und der Verlust aller politischen Rechte. Doch wurde Cosimo immer noch festgehalten. Er begann sich zu sorgen und griff nach eigenem Geständnis zur Bestechung. Der Gonfaloniere Bernardo Giugni steckte, wie gesagt, in finanziellen Nöten, und Cosimo nahm deshalb an, dass er auch Geldgeschenken von der Gegenseite nicht abgeneigt sein würde. Er ließ Giugni heimlich 1000 Fiorini zukommen, 800 bekam der Gefängniswärter. Darauf öffneten sich ihm am 3. Oktober 1433 die Türen seines Verlasses. Noch in der folgenden Nacht verließ er Florenz, um sich ins angewiesene Exil zu begeben. «Sie waren nicht sehr mutig», kommentierte er die Bestechlichkeit in seinen Aufzeichnungen, «denn hätten sie mehr Geld gewollt, hätten sie zehntausend oder mehr haben können, nur damit ich der Gefahr entkam.»

Albizzi konnte seine Stellung nicht behaupten. In der Stadt herrschte weiterhin Unzufriedenheit wegen der prekären wirtschaftlichen Lage. Man fürchtete den Ausbruch von Unruhen in der Bevölkerung. Die Herrschaft der Oligarchen wurde infrage gestellt und Rinaldo degli Albizzi verdächtigt, sich zum Herrn der Stadt aufschwingen zu wollen. Selbst einige seiner prominentesten Parteigenossen wandten sich von ihm ab. Im Sommer 1434 wurde seine Lage kritisch, denn es gelang ihm immer weniger, die Wahlen zu beeinflussen. Schon die im Mai und Juni amtierende Signoria wollte ein Parlament, die Versammlung aller Florentiner Bürger, einberufen, um ihn und seine Anhänger zu entmachten. Diesen Plan konnte Albizzi verhindern. Gerade Palla Strozzi soll, wie der Chronist Giovanni Cavalcanti schreibt, einen Verwandten in der Regierung, dessen Stimme entscheidend war, dazu bewegt haben, gegen die Einberufung des Parlaments zu stimmen. Dies war aber nur ein kurzer Aufschub. Die neue Regierung, die am 1. September ihr Amt antrat, bestand in der Mehrzahl aus Anhängern der Medici. Albizzi versuchte vergebens, ihre Einführung ins Amt zu verhindern, doch von seinem Plan, unter dem Druck des Volks die Regierung zu delegitimieren, riet ihm Palla Strozzi ab. Cosimo de' Medici wurde schon Anfang September inoffiziell aufgefordert, nach Florenz zurückzukommen. Aber er war vorsichtig und verlangte die offizielle Erlaubnis der Regierung. Als er sie erhielt, machte er sich am 29. September von Venedig aus mit militärischer Deckung auf den Rückweg nach Florenz.

Dort war es in der Zwischenzeit turbulent zugegangen. Albizzi kam am 20. September mit fünfhundert Soldaten in die Stadt und machte Anstalten, den Regierungspalast zu stürmen. Alle seine Anhänger hatten sich bewaffnet. Auch Palla Strozzi hatte ihm seine Unterstützung versprochen und ebenfalls eine große Zahl von Bewaffneten um sich versammelt. Doch die Regierung verschanzte sich in ihrem Palast und rief Papst Eugen IV., der in der Stadt weilte, um Vermittlung an. Der Papst lud Albizzi zu Unterredungen ins Kloster Santa Maria Novella ein, wo er logierte. Albizzi verließ deshalb seine Truppen und begab sich zum Papst. Als er aber nach langen Gesprächen spätnachts das Kloster wieder verließ, hatten sich seine Leute zerstreut. Schon vorher hatten sich einige seiner Verbündeten von dem Unternehmen zurückgezogen. Palla Strozzi hatte seine Bewaffneten nicht geschickt und wartete den Verlauf der Dinge in seinem Haus ab. Rinaldo degli Albizzi hatte die Partie verloren. Nun bewilligte das von der Regierung einberufene Parlament die Einsetzung eines mit vielen Vollmachten ausgestatteten Rats, «Balìa» genannt, der in Krisenzeiten mit den Regierungsgeschäften betraut zu werden pflegte. Dieser Rat hob die Verbannung Cosimo de' Medicis auf und verbannte Rinaldo degli Albizzi, seinen Sohn Ormanno und seine engsten Anhänger, denen nun ihrerseits alle politischen Rechte abgesprochen wurden. Danach kehrte Cosimo am 5. Oktober 1434 nach Florenz zurück.

In den folgenden Monaten ergingen viele weitere Bannsprüche. Dreiundsiebzig Bürger mussten ins Exil gehen und verloren ihre politischen Rechte. Dies waren ungleich mehr als jene, die 1433 ausgewiesen worden waren; damals waren nur elf Personen, in der Mehrzahl Angehörige der Familie Medici, verbannt worden. Jetzt traf es viele der besten Familien – die Albizzi natürlich und neben den Strozzi auch die Guasconi, Peruzzi, Ardinghelli, Brancacci. Palla Strozzi wurde am 9. November 1434 für fünf Jahre nach Padua verbannt, am

26. Dezember wurde der Bann um weitere fünf Jahre verlängert. Mit ihm wurden auch zwei andere Mitglieder der Familie Strozzi exiliert, Smeraldo und Matteo Strozzi, die seine Nachbarn waren. Kein Zweifel, Cosimo, der als Drahtzieher hinter den Kulissen agierte, wollte verhindern, dass seine politischen Gegner ihm noch einmal gefährlich werden konnten.

Palla Strozzi sollte nie mehr nach Florenz zurückkehren. Als sein Bann nach zehn Jahren ablief, wurde er um weitere zehn Jahre verlängert. Cosimo wollte keine Risiken eingehen, nachdem Rinaldo degli Albizzi 1440 im Gefolge mailändischer Truppen gegen Florenz gezogen war. Die Schlacht bei Anghiari war nur knapp zugunsten von Florenz ausgegangen. Palla hatte mit diesen Machenschaften nichts zu tun gehabt. Aber auch 1454 wurde sein Bann nicht aufgehoben, und obwohl er es abgelehnt hatte, 1458 am gescheiterten Umsturzversuch Girolamo Machiavellis teilzunehmen, weil er nicht glaubte, dass eine Verschwörung zu Lebzeiten Cosimos Erfolg haben würde, trafen die schweren Sanktionen auch ihn und seine Familie. Nicht nur die direkt Beteiligten wurden mit Tod oder Bann bestraft, auch die 1434 verhängten Bannstrafen wurden um weitere fünfundzwanzig Jahre verlängert und auf alle männlichen Nachkommen ausgedehnt. Nun hegte der alte Palla Strozzi keine Hoffnung mehr. Er erwarb das Bürgerrecht von Padua, wo er 1462, zwei Jahre vor Cosimo de' Medici, in hohem Alter starb. Obwohl er geglaubt hatte, dass das Regime der Medici nach Cosimos Tod zusammenbrechen würde, erfüllte sich diese Hoffnung nicht. Trotz aller Widerstände konnte Cosimos Sohn Piero die Macht behaupten.

Der Zeitgenosse und Chronist Giovanni Cavalcanti nennt Palla Strozzi in seinem Geschichtswerk einen freundlichen, edlen Mann, der eher für «die Feinheiten der Gastmähler und die Muße der Gemächer als für den Sturm der Heere, die Grausamkeit der Waffen oder den Schrecken über das Geschrei der Menge» geeignet gewesen sei. Was fürchtete also Cosimo von ihm? Gewiss, er hatte sich gegen ihn auf die Seite Rinaldo degli Albizzis gestellt, doch hatte er in den dramatischen Ereignissen des Jahres 1434 eine eher zögerliche Rolle gespielt, ganz wie es dem von Cavalcanti gezeichneten Charakterbild entspricht. War es seine wirtschaftliche Macht, die Cosimo beunruhigte? In den Steuerveranlagungen von 1427 erscheint Palla Strozzi als der reichste Mann der Stadt, sehr viel reicher als Cosimos Vater Giovanni, doch hatten gerade die Steuern in den letzten Jahren seinen Reichtum schwinden lassen. Um sie zahlen zu können, hatte er sogar Besitzungen verkaufen und sich Geld gegen Zinsen leihen müssen – auch bei den Medici. Palla Strozzi war in finanziellen Schwierigkeiten und konnte als geschäftlicher Konkurrent den Medici schwerlich noch gefährlich werden. Aber da waren seine große Familie von sechs Söhnen und fünf Töchtern, die sich durch ihre Heiraten mit anderen großen Familien der Stadt verbündet hatten, und das Netzwerk seiner überaus zahlreichen Verwandten. 1427 zählte man neununddreißig Familien mit dem Namen Strozzi, und es war bekannt, dass die Strozzi in allen Lagen solidarisch zu sein pflegten. Dies galt weithin auch für ihre politischen Positionen. Als 1433 ein neues Auswahlverfahren durchgeführt wurde, um die Kandidaten für die Regierungsämter zu bestimmen, wurden alle Strozzi, die sich beworben hatten, für wählbar befunden, was der Familie eine starke Präsenz in den Regierungsorganen garantierte. Damit war es natürlich nach 1434 vorbei, in den Auswahlverfahren konnte sich kein Strozzi mehr durchsetzen. Aber die Strozzi waren eine der angesehensten und kopfstärksten Familien in einer Stadt, in der die familiären Verbindungen die Grundlage und den Zusammenhalt des politischen und gesellschaftlichen Lebens bildeten. Sie wohnten auch räumlich zusammen, und ihre Häuser bildeten einen Block in der Stadt. Cosimo hielt es für klüger, ihren prominentesten Vertreter für immer aus der Stadt zu entfernen.

Fast ein Jahrhundert später fällte Niccolò Machiavelli in seinen *Istorie fiorentine*, dem halboffiziellen Werk über die Geschichte von Florenz seit der Völkerwanderung bis zum Tod Lorenzo de' Medicis, des «Prächtigen», das er dessen Neffen, Papst Clemens VII., widmete, folgendes kritische Urteil über die Vertreibungen von 1434: «Die Balìa … verbannte Messer Rinaldo degli Albizzi, Ridolfo Peruzzi, Niccolò Barbadori und Messer Palla Strozzi zusammen mit vielen anderen Bürgern, und zwar in solcher Menge, dass es wenige Städte in Italien gab, in denen sich keine Exilierten befanden, und auch viele Städte außerhalb Italiens waren voll von ihnen. Die Folge davon war, dass sich Florenz wegen dieses unglücklichen Vorfalls nicht nur trefflicher Männer, sondern auch der Reichtümer und des Gewerbefleißes beraubte.»

DIE NACHFAHREN
DES MONDRITTERS

Die Strozzi waren wie die Medici eine alteingesessene Familie, zahlreich schon im 13. Jahrhundert in Florenz vertreten, aber keineswegs so alt, wie es die Familiensage wollte. Lorenzo Strozzi, der im 16. Jahrhundert eine Familiengeschichte schrieb, erzählt, dass die Strozzi von einem Ritter aus dem Geschlecht derer von Arkadien abstammten. Dessen Wappen habe einen Mond gezeigt, weshalb auch die Strozzi drei zunehmende Monde in ihrem Wappen führten (siehe Abb. Seite 17). Dieser Ahnvater sollte in fernen etruskischen Zeiten gelebt haben, als Florenz noch nicht mit einem Mauerring umgeben war. Eine Abstammung aus den Zeiten Karls des Großen, wie sie schon im 14. Jahrhundert von florentinischen Familienvätern gern behauptet wurde, genügte im 16. Jahrhundert nicht mehr, um Vornehmheit und alten Adel zu beweisen. Von diesem etruskischen Ritter sollte sich auch der Name der Strozzi herleiten. Dieser pflegte nämlich, wie es heißt, seine Feinde mit seinen mächtigen Pranken zu erdrosseln – «strozzare» auf Italienisch. Karl der Große habe bei der Rückkehr von der römischen Kaiserkrönung viele Florentiner Familien in den Adelsstand erhoben, darunter auch die Strozzi. Es handelt sich bei dieser Geschichte um eine jener beliebten Ursprungssagen, mit denen Familien das Alter und den Adel ihres Geschlechts beweisen wollten.

In Wirklichkeit war der Ursprung der Familie Strozzi nicht so nobel. Wahrscheinlich hatte der Name weniger mit ritterlichen Heldentaten zu tun als mit dem Beruf, dem die Strozzi seit alters nachgingen. Das italienische Verb «strozzare» (erwürgen) bezeichnet nämlich auch die erpresserischen Praktiken, mit denen der Wucherer, «strozzino» oder «strozziere», das Opfer an der Gurgel packt. Daneben bezeichnete das Wort «strozziere» den Falkner, der dem Tier eine

Schlinge um den Hals legte, um es zur Jagd abzurichten. Die Strozzi hielten sich an diese zweite Bedeutung und wählten deshalb den Falken zum Wappentier, was ihnen eine aristokratische Aura verlieh. Wie dem auch sei, schon im 13. Jahrhundert waren einige Strozzi Mitglieder der «Arte del Cambio», der Geldwechslerzunft. Sie gehörten zum «popolo grasso», dem fetten Volk, der herrschenden Schicht seit dem Ausgang des 13. Jahrhunderts. Ein Ubertino dello Strozza war als Rechtsgelehrter 1293 an der Ausarbeitung der «Ordinamenti della Giustiza» beteiligt, des Gesetzeswerks, das die Rechte

Das Wappen der Strozzi mit den drei zunehmenden Monden

des Adels beschnitt und dem bürgerlichen Volk die politische Macht übertrug. Ubertinos Sohn Rosso war ein sehr erfolgreicher Bankier, der bei seinem Tod ein beträchtliches Vermögen hinterließ. Er war nicht der Einzige der Familie, der Geldgeschäfte betrieb. Besonderen Profit strichen die Strozzi bei der Gewährung von Darlehen an die Florenz unterworfenen ländlichen Gemeinden ein, wobei sie oft überhöhte Zinsen gefordert zu haben scheinen. «Wegen der Gefräßigkeit und Verworfenheit des Wuchers» hatte die Kommune Pistoia 1293 solche Geschäfte mit ihren Landgemeinden untersagt, was bedeutet, dass diese Praktiken verbreitet waren.

Später kamen zu den Geldgeschäften auch der Handel und die Fabrikation von Wolltuchen. Viele Strozzi waren außer in der Geldwechslerzunft («Arte del Cambio») auch in der Calimala-Zunft der Kaufleute und in der Zunft der Wolltuchhersteller («Arte della Lana») eingeschrieben. Alle drei Zünfte gehörten zu den höheren der Stadt. In der ersten Hälfte des 14. Jahrhunderts, als Florenz in voller Wirtschaftsblüte stand, weiteten die Strozzi ihre Aktivitäten bis nach England und Frankreich hin aus. Auch in Avignon, dem Sitz der päpstlichen Kurie, war unter dem Namen Strozzi eine Firma tätig. Die große Wirtschaftskrise der Vierzigerjahre, als viele Florentiner Firmen Bankrott machten, überstanden die Strozzi ohne größeren Schaden. Wie die Medici gehörten sie zu jener Schicht von Florentiner Bürgern, die mit Bank und Handel ihren Profit und ihre Mutterstadt groß machten.

Die grundsätzliche Einheit der weitverzweigten Familie drückte sich nicht nur im gemeinsamen Namen aus. Die Strozzi lebten seit alters und sogar später noch, als das Verwandtschaftsverhältnis zwischen den einzelnen Familien nur noch locker war, auch räumlich zusammen. Ihre Häuser lagen eng gedrängt im Stadtviertel Santa Maria Novella, im Distrikt des Gonfalone Rosso. Das Zentrum ihres Wohngebiets bildete der Corso degli Strozzi mit den umliegenden Gassen (siehe Abb. Seite 19). Der kleine Platz, der im 16. Jahrhundert erweitert wurde und heute Piazza Strozzi heißt, war von ihnen um das Jahr 1300 geschaffen worden, als einige Mitglieder der Familie übereinkamen, dass auf diesem Terrain niemals Häuser errichtet werden durften. Es handelte sich also um keinen öffentlichen, sondern einen privaten Raum, der den Strozzi gehörte. Fast das ganze Quartier, in dem die Strozzi einst wohnten, fiel Ende des 19. Jahrhunderts der Stadtsanierung zum Opfer, und nur der mächtige Palazzo Strozzi und ein kleines um die Mitte des 15. Jahrhunderts erbautes Patrizierhaus, der Palazzo dello Strozzino, erinnern heute dort noch an die Familie.

Es war in Florenz nicht ungewöhnlich, dass Familiensippen eng beieinanderwohnten. Ungewöhnlich war nur die große Zahl der Strozzi-Familien und der von ihnen bewohnten Häuser. Es gab im 14. Jahrhundert sehr viel mehr Strozzi als etwa Medici. 1351, drei Jahre nach der großen Pest mit ihren vielen Toten, zählte man immer noch achtundzwanzig Strozzi-Haushalte, 1378 fünfunddreißig, während Filigno de' Medici damals mit bewegten Worten den Verlust vieler Familienmitglieder und die daraus resultierende personenmäßige Schwäche der Medici beklagte. Zu Beginn des 15. Jahrhunderts waren die Strozzi die stärkste Familiengruppe in Florenz. Die meisten der neununddreißig Strozzi-Haushalte, die man 1427 zählte, lagen um den Corso degli Strozzi herum. Nicht alle Strozzi waren indessen vermögend und einflussreich, es gab auch Familien unter ihnen, die eher arm zu nennen waren. Doch ob reich oder arm, immer fühlten sie sich im Schoß der großen Familie aufgehoben.

Die wirtschaftliche und physische Stärke der Familie begünstigte auch die Teilnahme am politischen Leben. Seit der Mitte des 13. Jahrhunderts und besonders seit die «Ordinamenti della Giustizia» von 1293 den Adel politisch ausgeschaltet hatten, wurden Mitglieder der Familie Strozzi in die höchsten Ämter der Kommune gewählt. In den

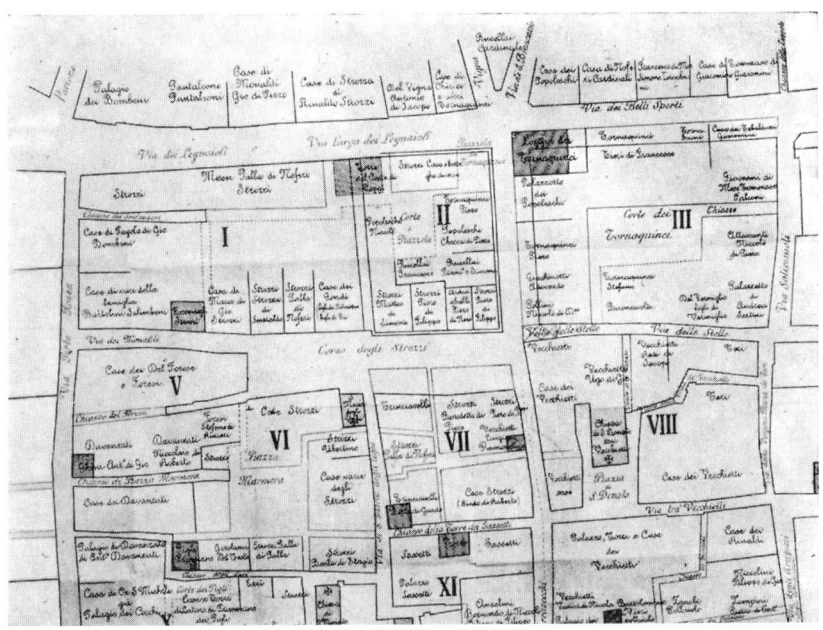

Wohngebiet der Strozzi im Viertel Santa Maria Novella nach einer
Rekonstruktion auf der Basis des Katasters von 1427

blutigen Parteienkämpfen an der Wende zum 14. Jahrhundert standen
sie auf der Seite der «schwarzen» Guelfen, die als Sieger aus den Konflikten hervorgingen. Seitdem war das Guelfentum, die Treue zum
Papst und zum König von Frankreich, die Grundlage der Florentiner
Außenpolitik. Die meisten Strozzi waren guelfischer Gesinnung. Obwohl nichtadligen Ursprungs, stellten die Wohlhabendsten unter ihnen im Laufe des 14. Jahrhunderts ein geradezu aristokratisches Le-
bensgefühl zur Schau und taten sich oft durch ihre gewalttätige Arro-
ganz hervor. Von den vielen Strozzi, die Regierungsämter bekleideten,
treten indes nur wenige als Einzelpersönlichkeiten in den Blick. Eine
prominentere Rolle in den politischen Konflikten und sozialen Wirren, die ihren Gipfel 1378 im Aufstand der Ciompi, der Lohnarbeiter
in der Textilproduktion, fanden, spielten nur Carlo di Strozza und
Tommaso di Marco Strozzi. Carlo Strozzi profilierte sich als ein erbitterter Verfechter des Guelfentums und rabiater Vertreter des kon-

servativen Großbürgertums, das sich gegen die Bestrebungen der niederen Zünfte nach mehr Teilnahme an der Regierung stemmte. Als einer der sechs Kapitäne der Parte guelfa, des Organs, das auch über die politische Korrektheit wachte, machte er sich wegen der arbiträren Verfolgung von Mitbürgern verhasst, die die offiziellen Positionen nicht teilten und deshalb massenweise wegen angeblicher «ghibellinischer» Machenschaften vor Gericht gestellt wurden. Dieses rabiate Vorgehen der Parte guelfa war für den Ausbruch des Aufstands der Ciompi entscheidend mitverantwortlich. Bei den Ausschreitungen während des Aufstands wurden Carlo Strozzis Häuser von der aufgebrachten Menge in Brand gesetzt, er selbst zum Magnaten erklärt, das heißt seiner politischen Rechte beraubt, und nach Ferrara verbannt.

Tommaso di Marco Strozzi stand in diesen Wirren auf der Gegenseite. Er gehörte zur Gruppe jener, die wie Salvestro de' Medici schon lange daran dachten, die Macht der herrschenden Großen zu brechen. So machten sie sich jetzt die Unzufriedenheit der unteren Schichten zunutze, um dieses Ziel zu erreichen. Tommaso Strozzi wurde wie Salvestro de' Medici vom Volk zum Ritter geschlagen, eine der größten Ehren in der Stadt. Doch der Sieg der Ciompi war nur von kurzer Dauer, wie auch die darauf folgende Vorherrschaft der niederen Zünfte schon nach wenigen Jahren wieder zusammenbrach. 1382 eroberte die Schicht der großen Handelsherren und Bankiers, die in den oberen Zünften organisiert war, die politische Macht zurück. Carlo Strozzi konnte 1382 zwar aus der Verbannung zurückkehren, starb aber schon im Jahr darauf, während Tommaso Strozzi, ebenfalls nach Ferrara verbannt, dort 1385 starb.

Von Carlo und Tommaso Strozzi leiten sich zwei auswärtige Zweige der Strozzi her. Carlos Sohn Giovanni, genannt Nanni, machte nach dem Tod seines Vaters als Condottiere im Dienst der Este sein Glück und begründete die Linie der Strozzi, die in Ferrara ansässig war. Tommasos Söhne ließen sich dagegen in Mantua nieder, wo sie eine erfolgreiche Handelsfirma gründeten. Doch obwohl sie nun dauerhaft in der Fremde lebten, fühlten sich auch diese Strozzi als Teil der großen florentinischen Familie. Sie brachen die Beziehungen zu Florenz nie ab, blieben lange noch Florentiner Bürger und waren auch nach Generationen stolz darauf, zu dieser bedeutenden Florentiner Familie zu gehören.

NOFRI STROZZIS ERFOLG
UND REICHTUM

M it Carlo und Tommaso Strozzi war Onofrio, genannt Nofri, Strozzi nicht näher verwandt. Sein Vater war Palla di Jacopo Strozzi, ein wohlhabender Geldverleiher, der ein Opfer der großen Pest von 1348/49 wurde, als Nofri noch ein kleines Kind war. Folgen wir Nofris Grabinschrift, die ihm zweiundsiebzig Jahre Lebenszeit zuschreibt, so wäre er 1346 oder schon 1345 geboren. Er wuchs bei seinem älteren Halbbruder Francesco und dessen Söhnen Palla und Pazziano auf, die auch seine Vormundschaft übernahmen. Diese besaßen eine Handelsgesellschaft, der Nofri offenbar später als Kompagnon beitrat. Mit der Zeit arbeitete sich Nofri zu einem außerordentlich erfolgreichen Geschäftsmann empor. 1403 stand er an siebter Stelle auf der Liste der wohlhabendsten Steuerzahler von Florenz und war mit Abstand der Reichste von allen Strozzi. Sein Geld verdiente er nach der Art florentinischer Kaufleute auf verschiedenste Weise. Vor allem handelte er mit der geschätzten englischen Wolle, die er einführte und an die Florentiner Tuchfabrikanten verkaufte, wonach er die fertigen Wolltuche wieder ausführte. Dies brachte ihm über die Jahre einen durchschnittlichen Gewinn von fast fünfundzwanzig Prozent. Sehr einträglich waren auch Nofris finanzielle Aktivitäten. Er besaß zwar keine eigene Bank, sondern ließ seine Transaktionen über ein Girokonto bei einer anderen Florentiner Bank laufen. Doch gab er den verschiedensten Schuldnern, privaten wie öffentlichen, kleinen wie großen, Kredite; die Zinsen, die je nach den Schuldnern und den Situationen sehr variabel waren, brachten ihm gute Einnahmen. Daneben investierte er in Schiffsversicherungen und spekulierte auf Wechselkurse. Nofri war ein sehr risikobereiter Finanzmann, und seine Rechnungen gingen meistens auf. Wenn Kredite nicht zurückbezahlt werden konnten, fielen ihm nicht selten die zur Garantie gestellten Immobilien zu. Überhaupt kaufte er seit dem Beginn des 15. Jahrhunderts Immobilien in großer Menge, um das verdiente Geld anzulegen und sein Vermögen, zu dem auch Schuldverschreibungen der Kommune gehörten, sicherzustellen. Im Umland von Florenz erwarb er zahlreiche Bauernhöfe, ganz oder zur Hälfte, unzählige Felder, einzelne Häuser, sogar einen Fischteich. 10 000 Fiorini, eine beträchtliche Summe für jene Zeit, gab er für diese Käufe aus. Mehrere Immobilien kaufte er auch im alten Quartier der Familie Strozzi, so ein Haus am Corso degli Strozzi neben dem eigenen Wohnhaus und für die hohe Summe von 1200 Fiorini einen angrenzenden «palagio» (Palast) von größerem Ausmaß, der an der verkehrsreichen öffentlichen Via dei Legnaiuoli lag. Wäre sein Sohn Palla nicht ins Unglück gestürzt, hätte auf diesem Areal schon früh der große Palast entstehen können, den Filippo Strozzi erst gegen Ende des Jahrhunderts verwirklichen konnte.

Politisch gehörte Nofri Strozzi zu jener dem Guelfentum verpflichteten Oberschicht, die seit Ende des 14. Jahrhunderts in Florenz die Macht in Händen hielt. Schon 1385 und nochmals 1396 wurde er zum Gonfaloniere di Giustizia gewählt, dem höchsten Amt im Staat, und im Laufe der Zeit mit vielen anderen öffentlichen Aufgaben betraut, darunter mit wichtigen diplomatischen Missionen. Seine Frau Giovanna oder Nanna, die er 1364 heiratete, war eine Cavalcanti, stammte also aus einer der ältesten Familien der Stadt, die sich adliger Wurzeln rühmte. Ihr Vater Scolaio tat sich als aktiver Verfechter der guelfischen Traditionen und Politik hervor. Dieser Ehe entsprangen sieben Kinder, die Söhne Niccolò und Palla sowie fünf Töchter; dazu kam ein illegitimer Sohn mit Namen Marco.

Nofri Strozzi starb am 3. April 1418. Seiner gesellschaftlichen und politischen Stellung entsprach das überaus feierliche Begräbnis, das sein Sohn Palla, der einzige Erbe nach Niccolòs Tod im Jahre 1411, für ihn ausrichtete. Die Mönche des nahe gelegenen Klosters Santa Trinita begleiteten den Toten in feierlicher Prozession vom Sterbehaus bis in ihre Kirche, wo der Leichnam auf einer mit kostbaren Tüchern ausgeschlagenen Bahre volle vierzehn Tage lang ausgestellt wurde, eine auch für Florentiner Verhältnisse ungemein lange Zeit. Erst am 17. April – es war ein Sonntag – wurde die von sechs Söldnern der Republik getragene Bahre mit seiner sterblichen Hülle durch die Stra-

ßen der Stadt geführt. Außer seinem Sohn Palla und dessen Halbbruder Marco begleiteten den Toten nicht nur zahlreiche Vertreter der Familie Strozzi, sondern auch Angehörige der Regierung und der Zünfte, dazu viele Geistliche und eine große Menge Volk. Es war nicht zu übersehen: Einer der Großen der Stadt wurde zu Grabe getragen. Ein Mahl für die Mitglieder der «Calimala», der Zunft der großen Kaufleute, der Nofri angehört hatte, folgte auf den feierlichen Umzug. Am Montag wurden nochmals viele Totenmessen für Nofris Seelenheil gelesen, bevor er zur letzten Ruhe gebettet wurde. Sein Sohn Palla beklagte sich noch Jahre später über die Ausgaben, die ihn dieses Begräbnis gekostet hatte.

Nofri Strozzi hatte schon zu Lebzeiten für seine letzte Ruhestätte gesorgt und den Bau einer Kapelle in der Kirche Santa Trinita in die Wege geleitet, die zusammen mit der darunterliegenden Krypta als Grablege für seine Familie und zugleich den Mönchen als Sakristei dienen sollte. Hier wollte er begraben werden. In seinem 1417 aufge-

23

setzten Testament hatte er dazu bestimmt, dass mit den Zinsen einer bereitgestellten Summe ein Geistlicher für diese Sakristei ernannt, die Kerzen bezahlt und die Feste des heiligen Onuphrius, seines Namenspatrons, sowie des heiligen Nikolaus, dessen Namen sein ältester Sohn getragen hatte, geziemend begangen werden sollten. Dazu gehörte auch ein jährliches Gedächtnismahl für die Mitglieder der Calimala-Zunft.

Seinem Sohn Palla hinterließ Nofri den Auftrag, den Bau der Sakristei zu vollenden. Der noch in gotischen Formen gehaltene Bau war der Inschrift zufolge 1421 fertig, aber Zahlungen für Maurerarbeiten sind noch in den Jahren 1423/24 dokumentiert. In der von ihm gestifteten Sakristeikapelle wurde Nofri in einem kunstvollen Marmorsarkophag beigesetzt, der in einer von einem Rundbogen abgeschlossenen Nische an der linken Wand neben dem Altar aufgestellt wurde (siehe Abb. Seite 23). Für seine Ausführung erhielt der Bildhauer Pietro di Niccolò Lamberti schon 1418 eine Zahlung. Der elegante Sarkophag mit den zwei fliegenden Putten, die das Strozzi-Wappen mit den drei Monden halten, ist antiken Formen nachempfunden, genauso wie das Relief auf dem Rundbogen, das ebenfalls Putten und dazu Girlanden zeigt. Es handelt sich um eines der frühesten florentinischen Grabmäler im Stil der Renaissance. Deshalb ist auch vermutet worden, dass an seiner Gestaltung der große Bildhauer Lorenzo Ghiberti beteiligt war, der vielleicht eine Vorzeichnung lieferte. Man hat die Handschrift dieses großen Bildhauers auch anderswo entdecken wollen, so auf dem Marmorportal, das von der Kirche in die Sakristei führt, und in den in Renaissanceformen gehaltenen Fenstern der rechten Wand. Auch der Entwurf für die fein gearbeiteten Strozzi-Wappen an der Außenwand und in der Sakristei stammt möglicherweise von ihm. Sicher ist, dass Ghiberti 1419 den Auftrag erhielt, mit einem Kollegen die Zeichnungen für das Chorgestühl der Sakristei zu überprüfen. Palla Strozzi hatte als Mitglied verschiedener Bau- und Kunstkommissionen oft Gelegenheit gehabt, mit Lorenzo Ghiberti zusammenzutreffen, und es ist nicht unwahrscheinlich, dass er seine Künste und seine Erfahrung in Anspruch nahm. In den folgenden Jahren ließ Palla an die von seinem Vater gestiftete Sakristei noch eine kleinere Sakristei anbauen, für die Lorenzo Monaco und Beato Angelico eine grandiose Kreuzabnahme schufen.

PALLA STROZZI –
RITTER, BÜRGER UND HUMANIST

F ür den Altar der großen Sakristei in Santa Trinita ließ Palla Strozzi
von Gentile da Fabriano eine *Anbetung der Heiligen Drei Könige* malen,
die als eines der Hauptwerke dieses Meisters gilt (siehe Abb. Seite 26).
Das auf dem Rahmen eingeschriebene Datum besagt, dass es 1423 fertig wurde. Das goldüberladene Gemälde mit seinem prunkvollen ge-
schnitzten Rahmen in der Form eines Schreins enthält eine komplexe
Darstellung. Auf der linken Seite Joseph und Maria mit dem Kind,
dem der älteste König kniend und tief niedergebeugt die Füße küsst.
Hinter ihm, auch schon auf den Knien, der zweite König, während der
dritte und jüngste König fast in der Mitte des Bildes noch aufrecht
steht. Den drei Königen drängt von rechts her eine große Menge von
vornehmen Herren nach, alle zu Pferd, wobei die prachtvoll aufge-
zäumten Königspferde und eine große Dogge rechts im Vordergrund
ins Auge fallen. Im Hintergrund ist klein unter den Bögen des Rah-
mens die Vorgeschichte dargestellt, von der Erscheinung des wunderbaren Kometen, der Christi Geburt ansagt, bis hin zur Reise der Könige nach Jerusalem. Unten wird das Gemälde durch eine Predella abgeschlossen. Auf drei Tafeln sind die Geburt Jesu, die Flucht nach
Ägypten und die Darbringung Jesu im Tempel dargestellt. Das ganze
Heilsgeschehen um Christi Geburt wird auf Gentiles Gemälde im Bild
vergegenwärtigt.

Unter den Männern, die hinter den Königen der Krippe zustreben,
erblicken wir in herausragender Stellung einen in kostbares Tuch gekleideten Herrn mit einer ebenso eleganten Kopfbedeckung (siehe
Abb. Seite 27 oben). Er schreitet würdevoll an der Spitze des Zugs, die
Augen fest auf das Jesuskind gerichtet. Sein auffallendstes Merkmal ist
ein Falke, der auf seiner linken behandschuhten Hand sitzt, während

Gentile da Fabriano, «Anbetung der Heiligen Drei Könige».
Das Gemälde, ursprünglich für den Altar der Sakristei der Kirche Santa Trinita bestimmt,
wird heute in den Uffizien in Florenz aufbewahrt.

die Rechte den Vogel am Schwanzgefieder fasst – eine Präsenz, die gut
zum noch ritterlich gotischen Charakter des ganzen Gemäldes passt.
Der Herr, der den Vogel mit sich führt, liebt offenbar die Falkenjagd,
ein typisch adliges Vergnügen. Nicht umsonst hatten die Strozzi den
Falken zum Wappenvogel gewählt (siehe Abb. Seite 27 oben).

Einem genaueren Blick kann nicht entgehen, dass weitere ritterliche Attribute auf dem Bild verstreut sind. Ein kniender Knecht ist dabei, dem jüngsten König die goldenen Sporen abzunehmen; ein zweiter Knappe hält dessen Pferd am Zügel und trägt das lange Königsschwert. Pferd und Insignien könnten nicht schlecht auch zum Herrn mit dem Falken passen, denn dessen hervorgehobene Stellung deutet darauf hin, dass es sich um den Stifter des Gemäldes handelt, um Palla Strozzi selbst, der sich mit vollem Recht mit den Attributen des Rittertums schmücken durfte. Palla war nach dem Tod des neapolitanischen Königs Ladislaus von Anjou, mit dem Florenz lange Krieg geführt hatte, im Dezember 1415 zusammen mit drei weiteren angesehenen Bürgern zur neuen Königin Johanna II., der Schwester des Verstorbenen, nach Neapel gesandt worden, um ihr die Freundschaft der Stadt anzutragen. Bei dieser Gelegenheit wurden er und seine Kollegen von Jacques de la Marche, dem französischen Gemahl der Königin, zum Ritter geschlagen, wobei ihnen nach alter Sitte das Schwert und die goldenen Sporen überreicht wurden. Als «Ritter vom Goldenen Sporn», so der Titel, kehrte Palla Strozzi in die Heimat zurück, wo ihm die hohe Würde auch von der Stadt bestätigt wurde. Ein Chronist hat beschrieben, wie er einmal, ange-

Oben: Palla Strozzi, der Stifter des Gemäldes, mit seinem ältesten Sohn Lorenzo. Ausschnitt aus der «Anbetung der Heiligen Drei Könige» von Gentile da Fabriano

Unten: Ein Falke schlägt eine Taube, eine Anspielung auf den Wappenvogel der Strozzi. Ausschnitt aus der «Anbetung der Heiligen Drei Könige» von Gentile da Fabriano

Das Wappen Palla Strozzis mit dem Wappen des neapolitanischen Königspaars und dem Falken als Helmzier

tan mit den Insignien des Rittertums, dem Schwert am kostbaren Gürtel und den goldenen Sporen, dem nach Rom aufbrechenden Papst Martin V. das Geleit gab. Sporen, Schwert und Falke auf Gentile da Fabrianos Gemälde verweisen auf den Ritterstand des Auftraggebers. Im jungen Mann, der neben Palla Strozzi den Blick auf den Betrachter richtet, dürfen wir wohl Pallas ältesten Sohn Lorenzo erkennen.

Seit dem Ritterschlag in Neapel führte Palla Strozzi ein Wappen von adligem Zuschnitt, wie es noch heute auf der Außenwand und im Inneren der Sakristei von Santa Trinita zu sehen ist (siehe Abb. oben). Der Wappenschild mit den drei zunehmenden Monden der Strozzi enthält zusätzlich das Wappen der Herrscher von Neapel und wird von einem Turnierhelm bekrönt, auf dem als Helmzier ein flugbereiter Falke sitzt – ebenjenes Wappentier, mit dem Palla Strozzi sich auch auf dem Gemälde darstellen ließ. Nach Ritterart wählte er sich auch ein Motto: «Le bel et le bon» – das Schöne und das Gute. Die französische Sprache verlieh seinem Rittertum eine zusätzliche Aura, war doch das Ritterwesen in Frankreich beheimatet. Seit dem Ritterschlag pflegte Palla seiner Unterschrift ein K (= kavaliere) beizufügen.

Das genaue Geburtsdatum von Palla Strozzi ist nicht bekannt, es wird gewöhnlich mit 1372 angegeben. Schon 1380 wurde er, wie sein älterer Bruder Niccolò im Jahr zuvor, von seinem Vater «emanzipiert», das heißt geschäftsfähig gemacht. Dies bedeutete, dass er mit seinem Bruder einmal die Geschäfte seines Vaters weiterführen sollte. 1397 heiratete er Marietta Strozzi, eine Tochter jenes Carlo Strozzi, der sich durch seine adligen Allüren und als erbitterter Repräsentant des Guelfentums hervorgetan hatte.

Seine Stellung als jüngerer Sohn ließ Palla in der Jugend indessen

Zeit genug, um seinen intellektuellen Neigungen nachzugehen. Das von den Humanisten erweckte Interesse an der Antike hatte zu Ende des 14. Jahrhunderts auch die Florentiner Oberschicht erfasst. Palla lernte Latein und befand sich unter jenen Bürgern und Gelehrten, die 1396 den griechischen Gelehrten Manuel Chrysoloras in die Stadt riefen, um hier die in Italien noch fast unbekannte griechische Sprache zu lehren. Er trug auch finanziell zu seiner Berufung bei. Der byzantinische Gelehrte blieb fast vier Jahre in der Stadt, und während dieser Zeit folgte Palla mit Begeisterung seinem Unterricht. Der spätere Kanzler von Florenz und bekannte Humanist Leonardo Bruni nennt ihn unter seinen Mitschülern und bezeichnet ihn als «höchst gelehrt in Griechisch und in Latein». Diese Kenntnisse preist auch Vespasiano da Bisticci, der Kopist und Buchhändler, der ihm eine seiner ausführlichsten Lebensbeschreibungen widmete. Palla übersetzte selbst griechische Autoren ins Lateinische, wie sein Schwiegersohn Giovanni Rucellai angibt, der neunzehn Titel nennt, Texte von Platon bis hin zum Kirchenvater Gregor von Nazianz. Selbst als ihn die Staats- und die eigenen Geschäfte immer mehr in Anspruch nahmen, hörte er nicht auf, die humanistischen Zirkel der Stadt zu frequentieren, in denen sich neben den Intellektuellen viele große Bürger zusammenfanden, um sich dem Studium der antiken Autoren zu widmen. Die politische und wirtschaftliche Elite der Stadt sah es als ein wesentliches Merkmal an, humanistische Bildung vorweisen zu können. Bekannt ist Palla Strozzis Teilnahme am Kreis, der sich um den gelehrten Mönch Ambrogio Traversari im Kloster Santa Maria degli Angeli scharte, wo dieser, der wie Palla bei Manuel Chrysoloras Griechisch gelernt hatte, seinen Hörern die griechischen Kirchenväter auszulegen pflegte.

Diese Leidenschaft für die «studia humanitatis» bewegten Palla, Handschriften mit den Werken griechischer und lateinischer Autoren zu sammeln, von denen viele gerade jetzt erst wiederentdeckt worden waren. Er war wohlhabend genug, um viele kaufen zu können oder sie von professionellen Schreibern kopieren zu lassen, falls er sie auf dem Markt nicht fand. Er habe immerzu Kopisten beschäftigt, schreibt Vespasiano da Bisticci, der ihn zu seinen besten Kunden gezählt hatte und folglich in seiner Lebensbeschreibung diesen Aspekt von Pallas Persönlichkeit besonders hervorhebt. So schuf sich

Palla Strozzi mit der Zeit eine umfangreiche häusliche Bibliothek. Ein Inventar seiner Bücher aus dem Jahr 1431 verzeichnet mehr als dreihundertfünfzig Handschriften, darunter sechsundzwanzig griechische, wobei es sich aber offenbar nur um einen Teil derer handelte, die er tatsächlich besaß. Die Mehrzahl bestand aus lateinischen Werken, sowohl von klassischen wie mittelalterlichen und humanistischen Autoren, während nur spärliche acht Handschriften Werke in toskanischer Sprache enthielten – von Dante, Petrarca und Boccaccio an erster Stelle, den großen Dichtern der Stadt, die in keiner Florentiner Bibliothek fehlen durften. Zum Vergleich sei erwähnt, dass ein Inventar der Bücher Cosimo de' Medicis aus dem Jahr 1418 nur sechsundsechzig Titel auflistet. Es vergingen noch Jahre, bis Cosimo eine vergleichbare Bibliothek zusammentragen konnte. Vespasiano da Bisticci versichert auch, Palla Strozzi habe seine kostbare Bibliothek öffentlich zugänglich machen wollen und geplant, dafür Räumlichkeiten in Santa Trinita bereitzustellen. Es könnte aber auch sein, dass der Autor hier seinem Helden Absichten unterstellt, die erst Cosimo de' Medici mit der Stiftung der Bibliothek von San Marco verwirklichte. Diesen Plan konnte Palla Strozzi, falls er bestanden haben sollte, nicht mehr realisieren. Die Arbeiten in der Sakristei waren noch nicht völlig abgeschlossen, als er durch den Bann Florenz für immer verlassen musste.

Bei diesen gelehrten Neigungen verstand es sich von selbst, dass auch Palla Strozzis sechs Söhne – Lorenzo, Nofri, Niccolò, Bartolomeo, Giovanfrancesco, Carlo in der Reihenfolge ihrer Geburt – eine sorgfältige humanistische Erziehung genossen. Nicht jedoch seine Töchter Margherita, Maddalena, Tancia, Jacopa und Ginevra, denn auch in den besten Florentiner Familien lernten die Mädchen nur schreiben und lesen; man hielt es für ausreichend, wenn sie erbauliche Texte lesen und notfalls Briefe schreiben konnten. Für den Unterricht der Söhne rief Palla Strozzi dagegen gelehrte junge Männer ins Haus. Vespasiano da Bisticci nennt Tommaso Parentucelli, den späteren Papst Nikolaus V., und Giovanni da Imola (oder Lamola), einen Schüler des berühmten Humanisten Guarino Guarini. In Guarinis Schule in Ferrara schickte er sogar, wie Vespasiano da Bisticci schreibt, seinen Sohn Nofri – mit dem Resultat, dass von allen Söhnen Nofri die gelehrten Interessen seines Vaters am meisten teilte.

Der frühe Tod seines Bruders Niccolò im Jahr 1411 zwang Palla Strozzi, sich intensiver um die Geschäfte zu kümmern und sich mit mehr Engagement dem öffentlichen Leben zu widmen, an dem teilzunehmen er als Angehöriger der Oberschicht berufen und verpflichtet war. Er brachte es zwar nie zum Gonfaloniere, wie es sein Vater zweimal gewesen war, und wurde auch nie als Prior zum Mitglied einer Regierung gewählt. Dafür saß er fast ständig in den überaus zahlreichen Kollegien, die Teil der florentinischen Staatsmaschinerie waren. Die Wahl im Jahr 1413 zum Mitglied der «Ufficiali dello Studio», der Aufsichtsbehörde über die Universität, dürfte noch am meisten nach seinem Geschmack gewesen sein. Der Lehrbetrieb an der bereits 1348 gegründeten Universität war 1407 aus Mangel an Geld eingestellt worden. Die «Ufficiali» sollten neue Professoren berufen, deren Gehälter festsetzen und die Studieninhalte und Prüfungen kontrollieren. Sie beschlossen, neben den traditionellen Lehrfächern Jura und Medizin auch einen Lehrstuhl für Griechisch, Poetik und Rhetorik einzurichten, auf den der Humanist Guarino Guarini berufen wurde. Dieser hatte schon 1410 eine private Schule in Florenz eröffnet, in der er Latein und Griechisch unterrichtete, und war dabei von Palla Strozzi unterstützt worden. Guarini hielt es indes nicht lange in Florenz aus. Streitigkeiten mit dem eitlen Florentiner Humanisten Niccolò Niccoli veranlassten ihn schon 1414, die Universität wieder zu verlassen, um in Ferrara seine humanistisch ausgerichtete Schule zu gründen.

Dann aber häuften sich in Palla Strozzis Leben prosaischere Aufgaben, besonders im Bereich der staatlichen Finanzen: 1412 gehörte er der «Camera dell' Abbondanza» an, die die Kornpreise und die Versorgung der Stadt mit Getreide überwachte; 1415 war er einer der «Defectuum officiales», die für die Soldzahlungen zuständig waren, 1417 einer der «Regulatores», welche die Einkünfte und Ausgaben der Stadt kontrollierten, und 1420 einer der fünf «Camerarii Camerae», die der Schatzverwaltung vorstanden. 1426, als das Geldbedürfnis wegen des Kriegs gegen Mailand besonders dringend war, bekleidete er das Amt eines «Ufficiale del Monte». Die fünf «Ufficiali» waren für die Staatsfinanzen und Schulden der Republik zuständig und setzten auch die Steuern fest — eine besonders delikate Aufgabe.

In den zwanziger Jahren des 15. Jahrhunderts, als Florenz mit dem

Herzog von Mailand im Krieg lag, wurde Palla Strozzi mehrmals zum Mitglied des Zehnerrats («Dieci di Balìa») gewählt, eines mit Sondervollmachten ausgestatteten Gremiums, das in Kriegszeiten eingesetzt zu werden pflegte, wie auch in den für die innere und äußere Sicherheit zuständigen Rat der Acht («Otto di Custodia»). Er stand damit am Schalthebel der Macht. Der Krieg mit Mailand hatte seinen Grund im Expansionsdrang der mailändischen Herzöge. Giangaleazzo Visconti war 1402 von den Florentinern und ihren Verbündeten bei Bologna geschlagen worden, der Herzog hatte in der Schlacht den Tod gefunden, und in der Folge brach das Herzogtum auseinander. Doch 1412 kam nach langen Wirren sein jüngerer Sohn Filippo Maria an die Macht und nahm schon bald die Expansionspolitik seines Vaters wieder auf. 1420 schlossen die Florentiner ein Abkommen mit ihm, das die gegenseitigen Einflusssphären festlegte. Doch Filippo Maria Visconti hielt sich nicht daran, machte Eroberungen in der Romagna und ließ im Mai das jenseits der Demarkationslinie liegende, nur wenige Meilen von der florentinischen Grenze entfernte Forlì, im Jahr darauf auch Imola von seinen Truppen besetzen. Florenz rüstete zum Krieg und setzte den Zehnerrat ein, dem auch Palla Strozzi angehörte; 1424 und 1427 bekleidete er erneut dieses Amt. Nach der schweren Niederlage der Florentiner bei Zagonara in der Romagna am 14. Juli 1424 wurden im September Palla Strozzi und Giovanni de' Medici, der Vater Cosimos, beauftragt, in Venedig wegen eines Bündnisses gegen den Herzog zu verhandeln. Doch sie stießen auf taube Ohren. Palla Strozzi hielt eine ausgefeilte Rede vor dem Senat, in der er zum Kampf gegen den «Tyrannen» aufrief, der die ihnen gemeinsame republikanische Freiheit bedrohe. Doch die humanistische Rhetorik kam nicht an, Venedig war noch mit Mailand verbündet und höchstens bereit, im Konflikt zu vermitteln. Zu einer Allianz, der noch weitere italienische Fürsten beitraten, kam es erst 1425. Der Krieg ging unterdessen weiter.

Palla Strozzi führte in den Jahren 1423/24 ein Tagebuch, in dem er seine politische Tätigkeit jener beiden Jahre minutiös dokumentierte. Unter anderem verzeichnete er 1423 einen Besuch des Condottiere Nanni (Giovanni) Strozzi in Florenz. Dieser war aus Ferrara gekommen, wo er im Dienst von Niccolò d'Este, dem Herrn des kleinen Staates, stand. Er warf den Florentinern vor, sich in der Vergangenheit zu lasch gegenüber den Visconti verhalten zu haben. Jetzt gelte es, resolut zu handeln und Herzog Filippo Maria den Krieg anzusagen. Die Este, die dem mailändischen Druck besonders ausgesetzt waren, drängten auf Krieg. Als Sohn jenes Carlo Strozzi, der 1378 in die Verbannung gehen musste, war Nanni Strozzi ein Schwager Palla Strozzis, denn Pallas Frau Marietta war seine Schwester. Dies erklärt wohl auch, warum Palla Strozzi im Gegensatz zu Giovanni de' Medici zu den Befürwortern des Kriegs zählte. Nanni Strozzi zeichnete sich in diesem langen Krieg als einer der engagiertesten Heerführer der antimailändischen Koalition aus. Doch bei einem Scharmützel wurde er am 29. Mai 1427 am Po so schwer verwundet, dass er am 1. Juni seinen Verletzungen erlag. Er erhielt sein Grab in der Dominikanerkirche von Ferrara, wo am 18. Juni die feierlichen Exequien stattfanden. Um sein Gedächtnis zu ehren, traten schon bald nach seinem Tod einige Ferrareser Freunde an den Humanisten Leonardo Bruni heran, um ihn um einen würdigen Nachruf auf den Gefallenen zu bitten. Bruni sagte zu, musste aber die Arbeit am Text wegen seiner im November 1427 erfolgten Ernennung zum Kanzler von Florenz einstweilen zurückstellen.

Im Herbst 1427 fanden sich die erschöpften Gegner schließlich zu Friedensverhandlungen bereit, die in Ferrara stattfanden. Palla Strozzi und Averardo de' Medici, ein Cousin Cosimos, waren die florentinischen Unterhändler. Sie verhandelten monatelang, bis endlich am 18. April 1428 der Frieden geschlossen und am 16. Mai feierlich in Florenz verkündet wurde. Bei dieser Gelegenheit muss Leonardo Bruni seine *Oratio in funere Johannis Strozzae* öffentlich vor der Regierung und dem versammelten Volk vorgetragen haben.

Nanni Strozzi wird in dieser Grabrede, die sich an der bei Thukydides überlieferten Rede des Perikles auf die im Peloponnesischen Krieg gefallenen Athener ausrichtet, als florentinischer Patriot verklärt, der für die Freiheit von Florenz sein Leben opferte. Dann aber weitet sich die *Oratio* zu einem enthusiastischen Lobpreis auf Florenz, seine republikanische Verfassung und seine Kultur aus, die den Bürgern die Gleichheit vor dem Gesetz und die Teilnahme an Regierung und Ämtern, eben Freiheit, garantiere. Freiheit kontra Tyrannis ist das Leitmotiv dieser Rede, in der sich die politischen Auffassungen der herrschenden Schicht, nicht unbedingt aber die politische Realität widerspiegelten, denn die Teilnahme an der Regierungsmacht war praktisch auf die großen Familien beschränkt. Bruni überreichte auch Palla Strozzi, einem der herausragenden Exponenten dieser Schicht, ein Exemplar seines Werks, das mit Nanni gleichzeitig die Familie Strozzi feierte. Palla Strozzi bewahrte den ihm gewidmeten Band sorgfältig auf. Er wird in einem Verzeichnis der Handschriften seiner Bibliothek aufgeführt.

Es ist bezeichnend für die Tiefe der innenpolitischen Spaltungen in diesen letzten Jahren vor Palla Strozzis Verbannung, dass diese auch auf das intellektuelle Milieu von Florenz übergriffen. Dies zeigte sich besonders, als Francesco Filelfo, einer der bekanntesten Humanisten der Zeit und Griechischkenner, durch die Vermittlung Palla Strozzis an die Florentiner Universität berufen wurde. Palla Strozzi begegnete Filelfo wahrscheinlich 1428 während seiner Gesandtschaft nach Ferrara, als der Gelehrte, der gerade erst aus Byzanz nach Italien zurückgekommen war, nach einer Anstellung Ausschau hielt. Palla empfahl ihn in Florenz, wo sein Vorschlag, ihn an die Universität zu berufen, breite Zustimmung fand. Filelfo begann seine Lehrtätigkeit 1429 als Professor für Rhetorik und widmete zum Dank für die Vermittlung seinem Gönner seine ersten in Florenz angefertigten Übersetzungen aus dem Griechischen, zwei Reden des Lysias. Der Humanist war ein überaus streitbarer Mann, sodass es schnell zu Zerwürfnissen mit den führenden einheimischen Humanisten kam, vor allem mit Niccolò Niccoli und Carlo Marsuppini, zwei Protegés von Cosimo de' Medici. Filelfo schmähte sie auf übelste Weise in seinen *Satyrae*, in denen er zugleich Palla Strozzi höchstes Lob zollte. Die bissigen Streitereien zwischen den Intellektuellen waren ein Spiegelbild der politischen Konflikte. Während Filelfo im Dom vor einem begeisterten Publikum Vorlesungen über Dante hielt, wurde er zugleich aus der Universität herausgedrängt. Seine Stellung als Rhetorikprofessor erhielt Carlo Marsuppini. Filelfo prozessierte dagegen, aber auf Betreiben der Medici wurde als neuer Rektor ein Humanist von ihren Gnaden berufen, den Filelfo wiederum heftig attackierte. 1433 wurde sogar ein Mordanschlag gegen Filelfo verübt, der lauthals Cosimo de' Medici beschuldigte, der Anstifter zu sein. Seine *Satyrae* gegen ihn waren zum Teil so ausfällig, dass er nach Cosimos Sieg keinen Fuß mehr nach Florenz setzen konnte. Bei Palla Strozzi und sei-

nem humanistischen Kreis hatte er dagegen immer Unterstützung gefunden. Als Palla Ende 1434 verbannt wurde, hielt es der Gelehrte für
besser, aus der Stadt zu fliehen.

Einige Jahre nach diesen Ereignissen schrieb Francesco Filelfo ein
auf zehn Bücher geplantes Werk über das Thema des Exils mit dem
Titel *Commentationes Florentinae de exilio*, von dem nur drei Bücher erhalten sind. In Pallas Villa Petraia diskutieren der Hausherr und sein
Sohn Nofri in den Monaten vor der Verbannung mit anderen Gästen
über die Unbill des Exils. Die fiktiven Teilnehmer an den Gesprächen
sind Pallas politische Freunde – Rinaldo Albizzi, Ridolfo Peruzzi,
Francesco Soderini, Giannozzo Manetti und Niccolò della Luna –
und ihm verbundene Humanisten wie Leonardo Bruni. Es handelt
sich um philosophische Gespräche, in denen aber Anspielungen auf
die konkrete politische Situation und Anwürfe gegen Cosimo de' Medici und seine Humanisten nicht fehlen. Palla Strozzi tritt in diesen
Gesprächen als der Stoiker auf, den das Unglück der Verbannung
nicht aus dem seelischen Gleichgewicht bringt. Francesco Filelfo blieb
mit Palla Strozzi und seinen Söhnen auch in der Zeit des Exils in Verbindung. Als Palla 1462 starb, schrieb er einen warmen Kondolenz-
brief an die Söhne, die einst seine Schüler und Hörer gewesen waren.

Während Palla Strozzi auf dem Höhepunkt seiner öffentlichen Karriere stand, ging es mit seiner wirtschaftlichen Lage bereits rapide
bergab. Bis zu seinem Tod im Jahr 1418 war Nofri Strozzi die treibende Kraft in den Geschäften gewesen, doch schon wenige Jahre
nach seinem Tod sehen wir seinen Sohn in Schwierigkeiten. 1422
klagte Palla Strozzi seinem Verwandten und zeitweiligen Geschäftspartner Simone Strozzi, dass ihn das Begräbnis Nofris, die Ausgaben
für den Bau und die Dekoration der Sakristeikapelle in Santa Trinita,
die Mitgiften für seine Töchter und andere Notwendigkeiten die ungeheure Summe von 30 000 Fiorini gekostet hätten, wobei die Verluste
in den Geschäften nicht einmal einbegriffen seien. Palla besaß nicht
das gleiche Geschick und die Leidenschaft für die Geschäfte wie sein
Vater, und seine Aktivitäten warfen nicht mehr die großen Profite ab
wie zu dessen Zeiten. Nofri Strozzi hatte das immense Vermögen geschaffen, doch sein Sohn war weder fähig, es zu vermehren, noch, es
zu erhalten. Das vom Chronisten Giovanni Cavalcanti gezeichnete

Bild des den feineren Genüssen hingegebenen großen Herrn lässt auf das Leben eines Rentiers schließen. In der Tat resultierte der Hauptteil von Pallas Einkünften nicht mehr aus Geld- und Handelsgeschäften, sondern aus seinem Grund- und Immobilienbesitz sowie aus Schuldverschreibungen der Kommune.

Nach dem Tod des Vaters gründete Palla Strozzi eine Bank- und Handelsgesellschaft, die auf die Namen seines ältesten Sohns Lorenzo und des Minderheitsgesellschafters Orsino Lanfredini lief. Den nicht allzu üppigen Profit erwirtschaftete diese Gesellschaft mit dem Handel von Rohwolle und Wolltuchen sowie Leder und Farbstoffen. Für die Bankgeschäfte wurde ein Kontor in Florenz eröffnet. Dazu kamen Kommanditgesellschaften in Venedig und Pisa, von denen Erstere große Verluste machte. Daneben setzte Palla die von seinem Vater befolgte Strategie des Immobilienerwerbs fort. Er kaufte unzählige Güter im Umland von Florenz, darunter 1420 Poggio a Caiano und 1422 die Villa Petraia, in der Francesco Filelfo später seine Gespräche über das Exil ansiedelte und die Palla Strozzi mit großem Aufwand restaurieren ließ. Sein Vermögen bescherte ihm den obersten Platz auf der Liste der Florentiner Steuerzahler, aber dementsprechend hoch waren auch die Abgaben. Die Last der Steuern, die aufgrund der fortwährenden Kriege immer drückender für die Bürger wurde, machte Palla Strozzi mehr und mehr zu schaffen.

Giovanni Rucellai, der sich im Mai 1428 mit Palla Strozzis Tochter Jacopa verlobte, bezeichnet seinen Schwiegervater in seinen Aufzeichnungen als den mächtigsten und reichsten Mann der Stadt, gesegnet mit allen sieben Teilen des Glücks, der Anteilscheine am «Monte Comune» im Wert von mehr als 10 000 Fiorini besaß, über Bargeldreserven von 8000 Fiorini verfügte und dazu die Einrichtungen verschiedener Häuser mit ihrem Silber, Bücher und Juwelen sein Eigen nannte. Vom immensen Immobilienbesitz ist nicht einmal die Rede. Rucellai hatte am Tag des Verlöbnisses Leonardo Bruni, den Kanzler von Florenz, getroffen, der ihm dieses siebenfache Glück auf folgende Weise beschrieb: «Erstens, er (Palla) sei in der edelsten Stadt geboren, die es auf der ganzen Welt gebe; zweitens, er sei adligen Bluts und die Familie Strozzi eine der würdigsten überhaupt; drittens, er sei mit einer schönen Familie gesegnet, mit Kindern weiblichen und männlichen Geschlechts; viertens, er sei von schönem und gesundem Körper und in fünfzig Jahren nie krank gewesen, dazu von einem so schönen und edlen Aussehen, dass jeder, der ihn sehe, Zuneigung zu ihm fasse; fünftens, er sei reich, und diesen Reichtum habe er auf ehrliche Weise erworben; sechstens, er sei tugendhaft und gelehrt in Griechisch und Latein; siebtens, er sei sehr geliebt und von einer wunderbaren Anmut, die seiner Güte und Tugend entspringe, und genieße innerhalb und außerhalb der Stadt großes Ansehen.»

Rucellai gibt aber auch an, dass Palla Strozzi zwischen 1423 und 1433 allein an ordentlichen Steuern 160 000 Fiorini bezahlen musste. Deswegen sei sein Vermögen dahingeschmolzen, den Rest habe die Verbannung besorgt. Auch sein Biograph Vespasiano da Bisticci erwähnt Palla Strozzis Steuerprobleme: Die geforderten Abgaben hätten ihn in solche Schwierigkeiten gebracht, dass er sich große Summen habe leihen müssen, um sie bezahlen zu können, unter anderem 20 000 Fiorini bei der Medici-Bank, weshalb er sich entschlossen habe, Immobilien zu veräußern, um seine Gläubiger zufriedenzustellen. Diese Angaben entsprechen durchaus der Wahrheit. Palla musste mehrmals um Steuerminderungen nachsuchen: An die 120 000 Fiorini habe er seit 1423 an Steuern bezahlt und 38 000 Fiorini an Zinsen für geborgtes Geld, um seine Steuern bezahlen zu können, begründete er 1432 die Eingabe an die zuständigen Behörden. Tatsächlich hatte eine 1424 von ihm gegründete neue Bankgesellschaft schließlich nur noch die Aufgabe, seine Ausgaben und Steuern zu finanzieren. Dementsprechend verminderte sich Pallas Vermögen rapide. In der Steuererklärung von 1431 gab er 124 063 Fiorini als Bruttovermögen an, 1433 nur noch 65 401. Als sich 1433 die innenpolitische Lage zuspitzte, war Palla Strozzi ökonomisch auf dem Abstieg, während die Handels- und Bankgeschäfte der Medici blühten. Die glänzenden Zeiten, als er sich als Ritter vom Goldenen Sporn abbilden ließ, waren lange vorbei.

LEBEN IM EXIL

Wenige Tage nach dem Bannspruch, der am 9. November 1434 erging, brach Palla Strozzi, wie es ihm befohlen war, nach Padua auf. Mit ihm nach Padua ging Nofri, der einzige seiner Söhne, den ebenfalls ein Bannspruch getroffen hatte: Fünf Jahre sollte auch er in Padua bleiben. Bei der Bestimmung des Exils wurde gewöhnlich Rücksicht auf die wirtschaftlichen Interessen des Verbannten genommen, der meist in Orte relegiert wurde, mit denen ihn auch geschäftliche Interessen verbanden. Palla Strozzi unterhielt schon lange ein Kontor in Venedig und war auch in Padua geschäftlich vertreten. Ein Haus in der Nähe des Doms mit Strozzi-Wappen auf der Außenseite und im Inneren ist als Sitz der Paduaner Bank identifiziert worden. Privat ließ sich Palla Strozzi in einem einfachen Haus am Rand der Stadt nieder. Es lag am «Prato della Valle», dem größten Platz der Stadt, der für Märkte und andere öffentliche Veranstaltungen genutzt wurde und von Kanälen umgeben war (siehe Abb. Seite 39). Auch Pallas Haus lag an einem Kanal, über den man bequem andere benachbarte Städte erreichen konnte, und dazu in nächster Nähe des heute zerstörten Nonnenklosters Santa Maria di Betlemme mit der zugehörigen Kirche, an dessen Gründung im Jahr 1441 Palla maßgeblich beteiligt war. Nicht weit davon entfernt lag auch das altehrwürdige Benediktinerkloster Santa Giustina.

Dass Padua als Ort der Verbannung gewählt wurde, entsprach sicher auch einem Wunsch Palla Strozzis. Padua war der Sitz einer alten und berühmten Universität, was eine besondere Attraktion für einen Mann wie ihn, der sich tatkräftig schon um die Florentiner Universität gekümmert hatte, darstellen musste. In der Tat berief ihn die Universität von Padua schon 1436 in ihren Rat, dem er viele Jahre lang angehörte. Hier setzte er sich für eine Verstärkung der Griechischstu-

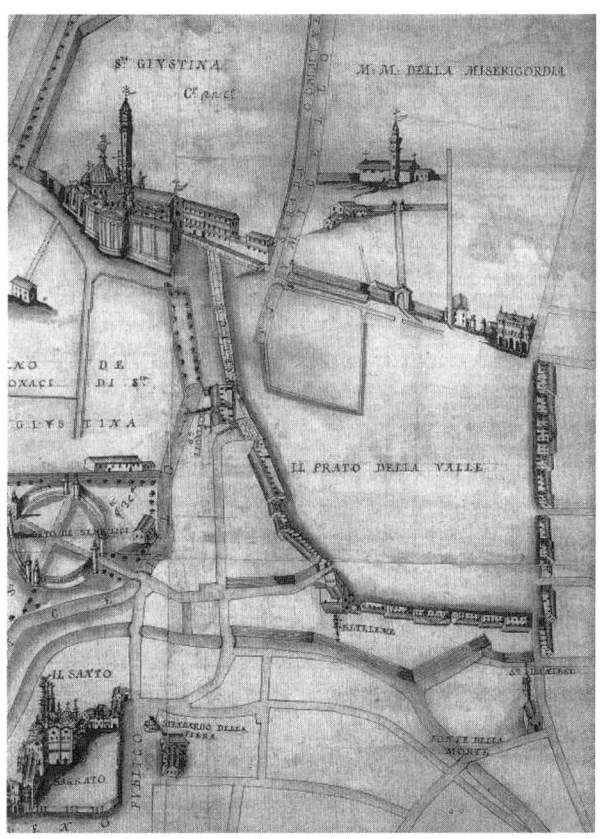

Der «Prato della Valle» in Padua, an dem Palla Strozzis Haus lag,
auf einem Plan des 18. Jahrhunderts. Deutlich zu sehen ist das von
Palla Strozzi gestiftete Kloster Santa Maria di Betlemme.

dien ein, denen er sich selbst auch privat mit immer größerem Eifer
widmete. Er kopierte mit eigener Hand griechische Codices und
stellte zu seiner Unterstützung sogar zwei Griechen an. Johannes Ar-
gyropulos, der später in Florenz vielbesuchte Vorlesungen über Aristoteles halten sollte, wohnte von 1441 bis 1444 bei ihm und fertigte
auch Übersetzungen aus dem Griechischen ins Lateinische an; in späteren Jahren übernahm Andronikos Kallistos diese Aufgaben. Auch
sein Sohn Nofri bewährte sich als Kopist, allerdings nur von lateini-

schen Texten. Auch er stellte einen Schreiber ein, einen gewissen Brancaccio Latini.

Giorgio Vasari zufolge soll der Maler Andrea Mantegna Palla und Nofri Strozzi auf den im Zweiten Weltkrieg zerstörten Fresken in der Ovetari-Kapelle der Chiesa degli Eremitani zusammen mit zwei anderen Gelehrten dargestellt haben, um ihre Rolle im intellektuellen Leben der Stadt hervorzuheben. Vielleicht übten Palla Strozzi und sein Sohn auch einen gewissen Einfluss auf das künstlerische Leben Paduas aus, das im Hinblick auf die in Florenz eingeführten Neuerungen noch etwas rückständig war. In den vierziger Jahren kam Donatello nach Padua, um hier bedeutende Skulpturarbeiten in der Basilika des heiligen Antonius auszuführen. Er schuf während seines zehnjährigen Aufenthalts in der Stadt auch das berühmte Reiterstandbild des Condottiere Erasmo da Narni, genannt Gattamelata (siehe Abb. Seite 41). Direkte Kontakte sind nicht belegt, aber es ist anzunehmen, dass Palla und Nofri Strozzi mit diesem großen Florentiner Künstler in Verbindung standen. Einige Zahlungen für das Reiterstandbild liefen über die Strozzi-Bank.

Pallas ältester Sohn Lorenzo, der schon lange die Geschäfte führte, war zunächst vom Bann nicht betroffen und blieb mit seiner Frau Alessandra Bardi und seiner Mutter Marietta Strozzi im angestammten Wohnhaus in Florenz zurück, wo er den umfangreichen Immobilienbesitz seines Vaters zu retten suchte, der wegen alter und neuer Steuerschulden von der Beschlagnahme bedroht war. In seiner Steuererklärung von 1427 hatte Palla Strozzi einen immensen Grundbesitz innerhalb und außerhalb von Florenz aufgeführt: 88 Bauernhöfe, 90 Häuser mit Grund, 211 Felder und acht ländliche Villen, dazu Stadthäuser und Gewerbeimmobilien; 14 Häuser besaß Palla allein im Städtchen Empoli. Von diesem Besitz hatte er wegen seiner Steuerprobleme schon vor 1434 einiges veräußern müssen (auch an die Medici), aber er war immer noch beträchtlich. Lorenzo versuchte so viel wie möglich davon zu verkaufen, um ihn vor der Beschlagnahme zu retten und flüssige Mittel zu gewinnen. Um die Steuerbehörde über die reale Vermögenslage zu täuschen, verbrannte er sogar das Hauptgeschäftsbuch und versteckte andere Unterlagen bei seinem Schwager Giovanni Rucellai. Lorenzos illegale Praktiken führten jedoch dazu, dass auch er 1438 aus Florenz wegen Steuervergehens verbannt wurde.

Donatello, Reiterstandbild des Condottiere Erasmo da Narni, genannt Gattamelata. Es entstand in den Jahren, als Palla Strozzi in Padua lebte und mit Donatello in Verbindung stand.

Pallas Immobilien wurden von der Kommune beschlagnahmt. Nun lag die Aufgabe, das Mögliche noch zu retten, auf den Schultern der beiden Frauen, die bis 1444, wenn nicht länger, in Florenz ausharrten.

Oft waren es ja gerade die Frauen, die in solchen Lagen die Stellung der Familie behaupteten und sich um die Belange ihrer verbannten Ehemänner kümmerten, wobei sie riesige Schwierigkeiten zu überwinden hatten. Dies lässt auch die ausführliche Vita erkennen, die Vespasiano da Bisticci Pallas Schwiegertochter Alessandra Bardi widmete. In dieser preist er sie als leuchtendes Beispiel der tugendsamen, aber von unsäglichem Unglück verfolgten Ehefrau, die sich mit den heroischen Frauen der Antike messen kann. Auch Alessandras eigene Familie wurde 1434 verbannt, ihr Vater Bardo starb in Padua im Exil, und dann verlor sie auch ihren Ehemann. Doch die beklagenswerte Frau trägt ihr Los mit Stärke und christlicher Ergebenheit. Bei aller Stilisierung erlaubt Vespasianos Vita doch auch einige realistische Einblicke in ihr Leben. Wir sehen sie, wie sie nach der Verbannung Lorenzos von Behörde zu Behörde hastet, um die Rechte ihrer Kinder zu verteidigen, wobei sie von einer Leidensgenossin und Verwandten, der Tochter von Pallas früh verstorbenem Bruder Niccolò, Caterina, begleitet wird, deren Ehemann Piero Ardinghelli 1434 ebenfalls in die Verbannung geschickt worden war. Von einer weiteren Gefährtin im Unglück aus der großen Familie der Strozzi erfahren wir später noch mehr.

Bei ihren Bemühungen fanden Marietta Strozzi und Alessandra Bardi Unterstützung in Pallas Schwiegersohn Giovanni Rucellai, der schon 1434, unmittelbar nach dem Bannspruch, große Vollmachten erhalten hatte. Rucellai bot sich an, beschlagnahmte Immobilien Pallas, die versteigert wurden, auf seinen Namen zu erwerben, sie dann aber nach dem Ende des Exils zum gleichen Preis an Palla zurückzuverkaufen. Daneben kaufte er, oft zu einem Schleuderpreis, solche Immobilien, die schon in andere Hände gelangt waren, von den ersten Käufern zurück – immer mit dem Versprechen, sie später an Palla zurückzugeben. Rucellais Transaktionen sind nicht ganz durchsichtig. Er bediente sich oft weiterer Strohmänner und bezog auch den Abt von San Pancrazio in solche Geschäfte mit ein, denn Palla hatte bestimmt, dass alle Einkünfte aus diesen zurückerworbenen Gütern kirchlichen Zwecken zugutekommen sollten. Rucellai kaufte im Laufe der Jahre fast den gesamten Grundbesitz Palla Strozzis auf. Doch war es für Palla eine riskante Sache. Würde er je nach Florenz zurückkehren und seine Güter zurückkaufen können?

1447, kurz vor dem Tod seiner Frau, setzte Palla Strozzi ein Testament auf. Wenig gebe es zu hinterlassen, schrieb er dort, «wegen des Exils und der Ausweisung und Verbannung und wegen der Steuern und Auflagen, die mir dann ohne jede Pflicht und Form und nur um meine völlige Vernichtung zu sehen, auferlegt wurden». Damals hoffte er immer noch auf eine Rückkehr nach Florenz – der 1444 um weitere zehn Jahre verlängerte Bann würde 1454 ablaufen –, und deshalb machte er auch sehr ausführliche Vorschriften für sein Begräbnis in der Heimatstadt. Er wollte, auch wenn er in Padua sterben sollte, in der Kapelle, die er im Auftrag seines Vaters Nofri in Santa Trinita erbaut hatte, begraben werden. Hier in der Krypta sollte er in einem einfachen Grab beigesetzt werden, gekleidet in die graue Kutte der

Mönche von Santa Trinita. Er verbat sich jeden Aufwand. Ein feierliches Begräbnis, wie es sein Vater Nofri erhalten hatte, schien ihm für einen Mann wie ihn, der seine politische und gesellschaftliche Stellung verloren hatte, nicht geziemend und auch finanziell nicht mehr tragbar. Entsprechend sollte die Trauerkleidung für seine Frau, die Töchter, seine Nichte und seine Schwiegertochter nicht allzu viel kosten, allerdings nicht so wenig, dass die «Ehre» der Familie darunter litt. Seine eigenen Kleider sollten verkauft, vom Samt seines Mantels ein Messgewand und eine Altardecke für Santa Trinita gefertigt werden, während das Hermelinfutter zu verkaufen war.

Doch auch 1454 konnte Palla nicht nach Florenz zurückkehren, sein Bann wurde abermals um zehn Jahre verlängert. Das traf ihn hart, aber es kam noch schlimmer. 1458 regten sich in Florenz starke Widerstände gegen das von Cosimo de' Medici geführte Regime. Girolamo Machiavelli und seine Gesinnungsgenossen planten eine Verschwörung und wandten sich auch an Palla Strozzi, um ihn zur Teilnahme aufzufordern. Aber Palla wollte sich nicht mehr einmischen. Die Verschwörung kam ans Licht, Machiavelli wurde verbannt, während ein Parlament im August 1458 weitere Maßnahmen gegen diejenigen beschloss, die 1434 verbannt worden waren. Deren Bann wurde nochmals um zehn Jahre verlängert, obwohl die Frist noch gar nicht abgelaufen war, und schließlich auch auf die Söhne und männlichen Nachkommen mehrerer der 1434 betroffenen Familien ausgedehnt; er sollte nun noch weitere fünfundzwanzig Jahre dauern. Unter den betroffenen Familien befanden sich natürlich auch die Strozzi und einige mit ihnen verschwägerte Familien wie die Castellani, Bardi und Brancacci.

Jetzt war jede Hoffnung auf eine Rückkehr nach Florenz vernichtet. Palla, nun hoch in den Achtzigern, wusste, dass er seine Heimatstadt nie mehr wiedersehen würde. Kurz vor seinem Tod setzte er ein neues Testament auf, das der Lage Rechnung trug. An ein Begräbnis in Florenz dachte er nun nicht mehr. Wer hätte ihn auch dort zur letzten Ruhe betten können, da auch seinen Söhnen und Enkeln der Zutritt zur Stadt verwehrt war? Er wollte jetzt in Padua in der Klosterkirche Santa Maria di Betlemme nahe seinem Haus begraben werden, doch auch hier gehüllt in die graue Kutte der Mönche von Santa Trinita. Die Exequien sollten nach seinem Wunsch «in bescheidener, sage ich, und nicht in vornehmer Weise stattfinden, aber auch nicht so, dass man dafür getadelt und verleumdet werden könnte. Wenig sollen sie kosten …» Für einen Mann im Unglück schien ihm jeder größere Aufwand unangemessen, ja unschicklich. Viel hatte Palla nicht mehr zu vererben. Er teilte den Hausrat, eingeschlossen das Silber, zu gleichen Teilen unter seinen vier Söhnen auf, wobei an die Stelle Lorenzos, der schon seit 1451 nicht mehr am Leben war, dessen Söhne Bardo und Lorenzo traten. Gesondert aufgeführt sind eine Reihe von Truhen und Schränken, von denen einige, wie wir erfahren, von Nofri selbst bemalt worden waren. Ein Gedanke ging auch an seine Tochter Tancia, die Witwe Tommaso Sacchettis, die in beengten Verhältnissen in Florenz lebte. Sie sollte acht Jahre lang mindestens zwölf Goldfiorini erhalten und von ihren Brüdern in allen Notlagen unterstützt werden.

Achtzehn seiner griechischen Handschriften vermachte Palla Strozzi den Mönchen von Santa Giustina in Padua, andere Handschriften sollten möglichst zusammen verkauft werden. Der Rest sollte zu gleichen Teilen an die Söhne Nofri und Giovanfrancesco sowie an Lorenzos Söhne gehen. Niccolò wurde nicht bedacht, da Bücher ihm, wie Palla meinte, bei seiner Beschaffenheit gar nicht nützlich sein würden. Es handelte sich um Handschriften, die Palla schon lange besessen hatte, darunter auch die *Cosmographia* des Ptolemäus, die Chrysoloras aus Konstantinopel mitgebracht hatte. Aber auch diese kostbaren Bände wurden zerstreut. Giovanfrancesco, in geschäftlichen und finanziellen Schwierigkeiten, seit er 1464 Bankrott gemacht hatte, stellte 1477 seinen Anteil von 83 griechischen und 60 lateinischen Handschriften zum Verkauf. Sie wurden in verschiedene Hände zerstreut. Einige der griechischen Handschriften kaufte Federico di Montefeltro für seine berühmte Bibliothek. Auch die Mönche von Santa Giustina gingen nicht sorgsamer mit der kostbaren Hinterlassenschaft um und veräußerten die ihnen vermachten Codices später.

Die Florentiner Immobilien, die Palla Strozzi im Testament nannte und vermachte, gehörten ihm zum größten Teil gar nicht mehr, denn sie waren längst in andere Hände gelangt, wobei Giovanni Rucellai der Löwenanteil zugefallen war. Nur das Haus in Padua, der Banksitz in Venedig und ein kleines Haus für die Sommerfrische in Arquà, dem Ort, wo der große florentinische Mitbürger Petrarca begraben lag, waren noch sein Eigen. Es berührt, wie der greise Palla von seinen alten Besitzungen spricht, die für ihn die materielle Grundlage für die Verwurzelung seiner Familie in Florenz darstellten. Nie und nimmer durften sie von seinen Kindern und Kindeskindern verkauft werden. Dies betraf besonders die Gebäude, in denen die Familie in Florenz gewohnt hatte: «Es sind unsere alten Besitztümer: das Haupthaus, das von Grund auf von unserem Ahn erbaut wurde, und das Haus, das einst Currado di Paolo gehörte, das zwar nicht von unseren Vorfahren errichtet wurde, diesen aber immer gehört hatte.» Von allen Besitzungen im Umland von Florenz erschien ihm die Villa in Trefiano bei Carmignano in diesem Sinne die bedeutsamste. Das Herrenhaus war zwar verfallen und kaum mehr noch als ein einfaches Bauernhaus. Trotzdem durfte diese Besitzung nach seinem Willen genauso wenig wie das Familienhaus in der Stadt je veräußert werden, sondern musste im Besitz seiner Nachkommen bleiben. Denn es war von seinem Urgroßvater Jacopo und seinem Großvater Palla erbaut worden und einst «groß, schön und prächtig» gewesen. Er treffe diese Bestimmung, schrieb Palla, «in Erinnerung an die, welche es bauten und am Anfang (der Familie) stehen, und auch wegen des Orts, an dem es sich befindet, nämlich in Carmignano, wo die Strozzi und unsere eigene Familie immer Güter besessen haben». Trefiano fiel wie so viele andere Besitzungen in die Hände Giovanni Rucellais.

Palla Strozzi starb am 8. Mai 1462 in Padua und wurde auf einfache Weise, so wie er es sich gewünscht hatte, in Santa Maria di Betlemme begraben. Da die Kirche im 19. Jahrhundert abgerissen wurde, hat sich auch jede Spur von seinem Grab verloren.

SIPPENHAFT

Keinem von Palla Strozzis Söhnen gelang es, nach Florenz zurückzukehren. Als Palla starb, waren nur noch drei am Leben – Nofri, Niccolò und Giovanfrancesco –, und nur einer, Nofri, lebte bei seinem Vater in Padua. Der geliebte Bartolomeo, dessen Tod Palla wegen seiner glänzenden Geistesgaben sehr betrauert hatte, war schon 1426 als Jüngling in Florenz gestorben. Carlo, der Einzige, der eine kirchliche Laufbahn eingeschlagen hatte, starb 1450 in Rom. Er hatte in Bologna kanonisches Recht studiert, und die Wahl Tommaso Parentucellis, der einst in Pallas Haus Unterricht gegeben hatte, zum Papst mit dem Namen Nikolaus V. hatte seine Chancen an der Kurie erheblich erhöht. Carlo besaß schon ein Kanonikat in Padua, als Nikolaus V. ihn zu seinem Cubicularius ernannte. Man erwartete seine Erhebung zum Kardinal – da erlag er der Pest und machte alle schönen Hoffnungen zunichte.

Lorenzo, der Älteste, wurde 1451 unter tragischen Umständen ermordet. Er hatte sich in Gubbio niedergelassen, wohin schließlich auch seine Frau Alessandra Bardi mit dem ältesten Sohn Bardo gekommen war. Drei weitere Kinder wurden in Gubbio geboren. Marietta, Carlo (der schon bald wieder starb) und Lorenzo, der vielleicht erst nach dem Tod seines Vater auf die Welt kam, denn er erhielt dessen Namen. Der Mörder war ein junger Mann aus der Familie Bardi, also ein Verwandter, der in seinem Haus lebte. Aus Zorn über Lorenzos Vorhaltungen soll er diesen umgebracht haben. Seine Witwe führte in der Folge ein unstetes, mühevolles Leben. Sie lebte zeitweilig bei ihrem Schwiegervater in Padua, kehrte für einige Zeit nach Florenz zurück, um sich dort um ihren Besitz und das Erbe ihrer Kinder zu kümmern (1458 erhielt sie endlich Teile der Villa Petraia zurück, die ihr zur Sicherung ihrer Mitgift überschrieben waren und die sie dann 1463 verkaufte), hielt sich hier und dort auf und lebte zuletzt bei ihrem Schwager Giovanfrancesco in Ferrara. Sie starb 1465. Der gewaltsame Tod Lorenzos war der dritte Trauerfall, den der greise Palla Strozzi in kurzer Zeit zu ertragen hatte, denn am 28. August 1447 war auch seine Frau Marietta gestorben.

Von den überlebenden Söhnen muss Niccolò das schwarze Schaf der Familie gewesen sein. Viel ist nicht über ihn bekannt. In jungen Jahren, noch vor der Vertreibung seines Vaters aus Florenz, hatte Palla Strozzi 500 Fiorini Lösegeld für ihn bezahlen müssen, als er in der Provence in die Hände von Raubrittern fiel, offenbar nicht ohne eigene Schuld. Das Lösegeld wurde ihm noch auf sein Erbe angerechnet. Mit seinen Brüdern stand er in einem so gespannten Verhältnis, dass Palla sein Erbteil von dem seiner Brüder trennte. Er erhielt, wie gesagt, keine Handschriften aus dem Nachlass und sollte auch vom gemeinsamen Eigentum des Florentiner Familiensitzes ausgeschlossen sein – «um meinen Sohn Niccolò nicht mit seinen Brüdern und Neffen zu vermischen, wegen der Ruhe und des Friedens unter ihnen», bestimmte Palla Strozzi im Testament. Zum Ausgleich erhielt er jedoch ein benachbartes Haus an der Via degli Legnaiuoli. Dieses war zwar noch in Händen der Rucellai, aber da es Palla Strozzi sehr am Herzen lag, verpflichtete er Niccolò, es zurückzukaufen. Darum bemühte sich Niccolò tatsächlich nach dem Tod seines Vaters.

Von allen Söhnen entwickelte sich vor allem der 1418 geborene Giovanfrancesco zu einem tüchtigen Geschäftsmann. Er übernahm die Niederlassung in Venedig, wo sein Schwager Giovanni Rucellai fast zwanzig Jahre sein Kompagnon war, und eröffnete eine Bank in Ferrara, wo er sich mit seiner Frau Luisa Donati, die ihm zwölf Kinder schenkte, nach der Heirat niederließ. Später bemühte sich Giovanfrancesco noch einmal in einem letzten verzweifelten Versuch, dem Exil seiner Familie ein Ende zu setzen. 1466 verschworen sich einige große Florentiner Bürger, um Piero de' Medici zu vertreiben. Der Umsturzversuch scheiterte, die Beteiligten traf wie üblich der Bann. Im Gegenzug wurde einigen der 1434 verbannten Familien die Rückkehr gewährt, darunter auch zwei anderen Strozzi. Für Pallas Nachkommen hatte Piero de' Medici dies jedoch ausdrücklich abgelehnt. Giovanfrancesco schloss sich deshalb den exilierten Gegnern Piero de' Medicis an, die mit der militärischen Unterstützung des

Condottiere Bartolomeo Colleoni und der schweigenden Duldung Venedigs gegen Florenz zogen. Der Feldzug misslang. Die Folge war, dass Giovanfrancesco Strozzi am 18. Juni 1467 zum Rebellen erklärt wurde. Damit hatte er jede Chance für eine Heimkehr verspielt.

Die Nachkommen Palla Strozzis vergaßen auch nach Jahrzehnten in der Fremde nie ihre Florentiner Wurzeln. Bardo und Lorenzo Strozzi, die Söhne Lorenzos und Enkel Pallas, prozessierten mit ihrem Onkel Niccolò gegen Giovanni Rucellai und handelten 1470 einen Vergleich mit ihm aus, um wenigstens eine finanzielle Entschädigung für den in dessen Hände gelangten Besitz zu erreichen. Dennoch eilte Bardo Strozzi 1494, kurz nach der Vertreibung der Medici, nach Florenz, in der Hoffnung, Besitz und Stellung wiederzugewinnen. Das Angebot seines entfernten Verwandten Alfonso Strozzi, bei ihm zu logieren, lehnte er freundlich ab. Er wolle im alten Haus seines Vaters wohnen, wo seine Vorfahren gelebt hatten, schrieb er diesem, es sei sein Recht und seine Pflicht. Dieses Haus befand sich jedoch im Besitz der Familie Ardinghelli. Palla Strozzi hatte es wahrscheinlich seiner Nichte Caterina, der Frau Piero Ardinghellis, überlassen, mit der Bedingung, es später zurückzugeben. Caterinas Söhne, die 1466 begnadigt worden waren, zeigten jedoch wenig Neigung dazu. Wie weit Bardo mit seinen Bemühungen kam, ist nicht bekannt. An Savonarola, den er von Ferrara her kannte, schrieb er im Februar 1496, er habe die feste Absicht, nach Florenz zurückzukehren, um dort wieder inmitten seiner Verwandten und Freunde zu leben. Er erhob sogar Ansprüche auf das Gut in Poggio a Caiano, das Giovanni Rucellai schon 1474 Lorenzo de' Medici verkauft hatte. Nun, da die Medici vertrieben waren, hoffte Bardo, wenigstens eine Entschädigung zu erhalten. In Florenz ließ er sich dann doch nicht nieder. Er lebte weiterhin wie die Nachkommen Giovanfrancescos in Ferrara, wo alle diese Enkel Palla Strozzis mit den Söhnen Nanni Strozzis die Familiensolidarität pflegten. In seiner Familiengeschichte konnte Lorenzo Strozzi schreiben: «Von ihm (Palla) und von Carlo di Strozza stammen die Unseren in Ferrara ab.»

Die Ächtung, die Palla Strozzis Söhne erfuhren, verschonte auch seine fünf Töchter nicht. Als Palla ins Exil gehen musste, waren bis auf die Jüngste alle schon unter der Haube. Sie hatten in große Florentiner Familien eingeheiratet. Margherita wurde 1416 die Frau

Francesco Soderinis, Maddalena, genannt Lena, heiratete 1421 oder 1422 Neri Acciaiuoli und nach dessen Tod 1431 in zweiter Ehe Felice Brancacci, Tancia 1423 Tommaso Sacchetti. Jacopa wurde 1428 mit Giovanni Rucellai verlobt, der über die Verschwägerung mit einer so eminenten Familie ungemein glücklich war; die Hochzeit fand 1431 statt. Für Ginevra fand ihr Bruder Lorenzo 1436 trotz Pallas Banns einen Ehemann in der Person Francesco Castellanis. Dessen Vater Matteo war 1415/16 Pallas Mitgesandter in Neapel gewesen, und nach seinem Tod im Jahr 1429 war dem erst zwölfjährigen Francesco die väterliche Ritterwürde übertragen worden. Mehrere Mitglieder der Familie wurden 1434 verbannt, doch blieb der junge Francesco von den Säuberungen verschont.

Da jede Ehe Bündnisse zwischen den Familien begründete und mit diesem Ziel vereinbart wurde, blieb es nicht aus, dass auch die Schwiegersöhne in Palla Strozzis Unglück mit hineingezogen wurden. Alle hatten sie mehr oder weniger schwer unter politischer Verfolgung zu leiden. Francesco Soderini war Cosimo de' Medici schon deshalb verdächtig, weil er 1433 Mitglied der «Otto di guardia» gewesen war, die jene Balìa eingesetzt hatte, welche Cosimo ins Exil schickte. Er wurde nach 1438 wegen politischer Umtriebe zu einer dreijährigen Kerkerhaft verurteilt, am gleichen Tag, als auch der Bann gegen seinen Schwager Lorenzo Strozzi erging. Er tritt als einer von Palla Strozzis Gesprächspartnern in Francesco Filelfos *De exilio* auf. 1444 wurde er dann für zehn Jahre auf venezianisches Gebiet verbannt. In der Tat hatte sich 1444 eine Opposition gegen Cosimo de' Medici gebildet, deren Mitglieder sich in der Strozzi-Kapelle in Santa Trinita zu versammeln pflegten, was schon allein Verdacht erregen musste. Auch Francesco Castellani wurden in diesem Zusammenhang 1444 die politischen Rechte entzogen. Als seine Frau Ginevra 1446 starb, gab er jedoch die Solidarität mit den Strozzi auf und verheiratete sich 1447 neu mit der Vermittlung Cosimo de' Medicis.

Auch Tommaso Sacchetti und Giovanni Rucellai, die Ehemänner von Tancia und Jacopa, waren Mitglieder jener Balìa von 1433 gewesen und mussten deshalb als unsichere Kandidaten gelten. Giovanni Rucellai schrieb in seinem *Zibaldone*, dass er 27 Jahre lang dem «stato», das heißt der dominierenden Partei der Medici, suspekt gewesen sei. Er erhielt nur ein paar unwichtige Ämter, 1455 wurde sein Name sogar aus den Wahlbeuteln für die Auslosung der Regierung entfernt – «pro rei publice florentine quiete ac pace», der Ruhe und des Friedens der florentinischen Republik wegen. Es traf damals auch Jacopo, den Sohn Tommaso Sacchettis, der in der Zwischenzeit verstorben war. Die Nähe zur Familie seiner Frau, deren Interessen er in Florenz tatkräftig vertrat, musste Rucellai in Cosimos Augen diskreditieren. Die Wende brachte erst 1461 die Verlobung seines Sohns Bernardo mit Cosimos Enkelin Lucrezia, der Tochter Piero de' Medicis, die sein politisches Abseits beendete. 1463 kehrten die Zettel mit seinem Namen in die Wahlbeutel zurück. Dennoch unterhielt Rucellai weiterhin gute, wenn auch nicht konfliktlose Beziehungen zur Familie seiner Frau.

Das Schicksal Felice Brancaccis war besonders hart. Lena Strozzi hatte nach dem Tod ihres ersten Mannes ihre vier kleinen Kinder der Familie ihres verstorbenen Gemahls überlassen, um sich auf Geheiß ihres Vaters mit Felice Brancacci neu zu verheiraten. Auch für diesen war es die zweite Ehe, durch die der Seidenhändler in den nächsten Umkreis von Palla Strozzi trat. Brancacci war nicht annähernd so wohlhabend wie sein Schwiegervater, aber doch von angesehener Familie. Für die Brancacci malten Masolino und Masaccio die berühmten Fresken in deren Familienkapelle in der Chiesa del Carmine. Felice Brancacci hatte in der Vergangenheit auch gute Beziehungen zu Cosimo de' Medici gepflegt, bei dem er allerdings hoch in der Kreide stand. Bis 1433 waren seine Schulden bei der Medici-Bank auf 2426 Fiorini aufgelaufen. Kurz vor der Hochzeit mit Lena war er dazu verurteilt worden, 2885 Fiorini, die er Jahre zuvor als Fiskalbeamter veruntreut hatte, in doppelter Höhe zurückzuzahlen, was ihn in noch größere finanzielle Bedrängnis brachte. Diese Schulden belasteten seine Beziehungen zu Cosimo und waren auch mit dafür verantwortlich, dass dieser nach seiner Rückkehr im Herbst 1434 trotz ihrer dreißigjährigen Verbundenheit nichts mehr von ihm wissen wollte. Brancacci wurde 1434 nicht sofort verbannt. Als er aber sah, dass die Proskriptionen kein Ende nahmen, floh er kurz vor Weihnachten 1434 nach Siena in der Erwartung kommender Dinge. Appelle an Cosimo und seine Rechtfertigung, er habe 1433 zusammen mit Palla Strozzi Cosimos Verurteilung zum Tod verhindert, halfen nichts. Am 28. März 1435 wurde er auf zehn Jahre nach Capodistria verbannt und schließlich am 8. Juli zum Rebellen erklärt unter der Anklage, Kontakte zum Herzog von Mailand geknüpft zu haben, um mit dessen Hilfe die Verbannten gewaltsam nach Florenz zurückzuführen. Felice leugnete dies Cosimo gegenüber entschieden ab, ohne jedoch Gehör zu finden.

Die Verurteilung zum Rebellen war für Felice Brancacci eine Katastrophe. Sein Vermögen wurde eingezogen, er selbst irrte durch Italien, mühsam seinen mageren Geschäften nachgehend. Nur seine Frau Lena kam wieder in den Besitz ihrer Mitgift. Sie starb 1449 an der Pest, wenig später muss auch Felice gestorben sein. Ihre vier gemeinsamen Töchter konnten dank der Bemühungen ihrer mütterlichen Familie, besonders des Onkels Giovanni Rucellai, heiraten. Ginevra, die Älteste, wurde 1450 mit Francesco Caccini verheiratet, doch schon 1458 wurde dieser ein Opfer der erneuten Säuberungen, weil er am Umsturzversuch Girolamo Machiavellis beteiligt gewesen sein sollte. Er wurde ins Umland von Florenz verbannt und durfte die Stadt nicht mehr betreten. Als 1465 die Macht von Piero de' Medici, der 1464 seinem Vater gefolgt war, zu wanken begann, nährte Caccini große Hoffnungen, endlich nach Florenz zurückkehren zu können. Er fand auch Befürworter seiner Begnadigung, dann aber starb er plötzlich im Dezember 1465 und ließ seine Frau mit vier kleinen Kindern zurück.

Mit dieser systematischen Verfolgung hatten die Medici das 1434 gesteckte Ziel erreicht. Palla Strozzi und seine Nachkommen konnten nie mehr nach Florenz zurückkommen und waren damit politisch ausgelöscht.

GLÜCK UND UNGLÜCK MATTEO STROZZIS

Zusammen mit Palla Strozzi wurde neben Smeraldo Strozzi auch sein Nachbar Matteo Strozzi aus Florenz verbannt. Er war nur entfernt mit Palla verwandt und eine Generation jünger als dieser. Geboren am 22. September 1397, war er der älteste Sohn von Simone Strozzi und Andreuola Rondinelli. Der gemeinsame Stammvater von Palla und Matteo war ein Lapo Strozzi, der zu Beginn des 14. Jahrhunderts gelebt hatte. Simone Strozzi hatte mit seinen Brüdern Pinaccio, Piero und Lionardo das Unternehmen seines Vaters Filippo übernommen und war wie Nofri und Palla Strozzi, mit denen er auch Geschäftsverbindungen unterhielt, im Wollgeschäft tätig. 1416 erwarb er das Haus am Corso degli Strozzi, das unmittelbar neben den Häusern Nofri Strozzis lag. Simone ließ dieses Haus, in dem Matteo später mit seiner Familie wohnte, in den Jahren 1421/22 von Grund auf renovieren. Er war ein angesehener Bürger, der im Laufe seines Lebens verschiedene öffentliche Ämter bekleidete und 1421 als Prior sogar einmal in der Regierung saß, doch war er nicht entfernt so reich wie sein Nachbar Palla Strozzi.

Am 22. Juli 1424 starb Simone Strozzi während seiner Amtszeit als Meereskonsul in Pisa an der Pest. Seine Frau und Matteos Mutter Andreuola Rondinelli waren schon am 11. Juni 1424 der gleichen Seuche erlegen. Beide wurden zunächst in Pisa beigesetzt, dann ließ Matteo ihre sterblichen Überreste nach Florenz überführen, wo sie im Familiengrab in Santa Maria Novella ihre letzte Ruhe fanden. Matteo war Simones einziger Erbe, da sein jüngerer Bruder Lorenzo schon früh gestorben war. Die Schwester Lena war schon verheiratet, also versorgt, und hatte deshalb keinen Anspruch auf das Erbe. Das von Simone hinterlassene Vermögen bestand aus Anteilen an der Handelsgesellschaft, die er zusammen mit Palla Strozzi und anderen Verwandten gegründet hatte, sowie aus Schiffsversicherungskontrakten, Schuldverschreibungen der Kommune und mehreren Immobilien, zu denen außer dem Wohnhaus am Corso degli Strozzi und einem zweiten Haus in der Stadt vier Landgüter, Felder, ein Weingarten und eine ländliche Herberge gehörten.

So war Matteo Vorstand einer noch sehr kleinen Familie geworden, die nur aus ihm selbst und seiner jungen Ehefrau bestand. 1422 hatte Matteo die um etwa zehn Jahre jüngere Alessandra Macigni geheiratet. Sie stammte aus einer alten Florentiner Familie, die, wie die Steuerlisten von 1427 zeigen, zu den wohlhabendsten des Stadtviertels San Giovanni gehörte. Die Hochzeit wurde am 9. Juni 1422 gefeiert. Der Vater der Braut, Filippo Macigni – ihre Mutter Caterina war eine Alberti –, war zu dieser Zeit bereits verstorben, sodass ihre Onkel die Heiratsverhandlungen geführt hatten. Alessandras Mitgift konnte sich sehen lassen, sie betrug beträchtliche 1600 Fiorini. Sein neuer Status als Familienvater bewegte Matteo, nach alter Sitte ein eigenes Familienbuch zu beginnen, in das er, wie er schrieb, alle seine «privaten Angelegenheiten» eintragen wolle. Hierin verzeichnete er im Laufe der Jahre alle Ausgaben für die Familie, die Geburts- und eventuellen Todesdaten seiner Kinder, dazu wichtige Ereignisse und Dokumente, darunter das schon 1429 aufgesetzte Testament.

Das Familienbuch gibt Auskunft darüber, dass seine Frau Alessandra in den ersten zwölf Jahren der Ehe acht Kinder zur Welt brachte, vier Jungen und vier Mädchen, von denen das am 11. Juli 1424 geborene erste Kind, ein Mädchen, auf den Namen der soeben verstorbenen Großmutter getauft wurde. Doch brachte dieser Name dem Kind kein Glück, denn die kleine Andreuola wurde nur wenig mehr als ein Jahr alt. Sie starb im August 1425 in Pistoia, wo sich die Familie damals aufhielt. Bald aber schon gab es Ersatz. Am 15. Oktober 1425 erblickte ein zweites Mädchen das Licht der Welt, das wiederum den Namen Andreuola erhielt. Es wurde im Beisein bekannter Persönlichkeiten der Stadt getauft. Es folgten am 6. April 1427 der erste Sohn Simone, der wie üblich den Namen seines Großvaters erhielt, am 4. Juli 1428 Filippo, am 25. November 1429 Piero, am 17. Mai 1431 Caterina, am 21. August 1432 Lorenzo und schließlich im August 1434 – der Tag ist nicht bekannt – Alessandra.

Dem Reichtum an Kindern entsprach der materielle Reichtum nicht ganz. Matteo Strozzi scheint als Geschäftsmann nicht sehr erfolgreich gewesen zu sein, denn er konnte das väterliche Vermögen nicht vermehren, sondern erhielt es nur knapp. 1427 gab er in seinen Aufstellungen für die Steuer ein Vermögen von 4400 Fiorini an, was etwa dem Kapital entsprach, das sein Vater Simone in die Handelsgesellschaft eingebracht hatte. In der folgenden Zeit müssen ihm ähnlich wie Palla Strozzi die Steuern das Leben schwer gemacht haben. Wie sein Vater übernahm auch Matteo mehrere öffentliche Aufgaben. Er bekleidete 1424, 1425 und 1426, in den Jahren des Kriegs mit Mailand, das Amt eines «Provveditore» der «Dieci di Balìa». Als Gesandter ging er 1426 nach Venedig und 1433 nach Reggio zu Francesco Sforza, der von Florenz den noch ausstehenden Sold für seine militärischen Dienste einforderte. 1434 führten ihn Missionen zu den Herren von Piombino und Faenza. Es war die übliche Karriere für einen Mann, der zur politischen Elite der Stadt gehörte. Für eine Wahl in die Regierung war er noch etwas zu jung, denn für das Amt des Priors waren fünfunddreißig, für das des Gonfaloniere sogar fünfundvierzig Jahre vorgeschrieben. Dass er, wie Vespasiano da Bisticci in der kurzen Vita Matteos berichtet, nach der Rückkehr Cosimo de' Medicis aus dem Exil im Herbst 1434 das Amt des Gonfaloniere angestrebt haben soll, ist schon deshalb nicht ganz glaubhaft.

Neben den offenbar nur mäßig prosperierenden Geschäften ging Matteo mit dem gleichen Eifer wie Palla Strozzi und seine Söhne, mit denen er befreundet war, humanistischen Interessen nach. Vespasiano da Bisticci schreibt sogar: «Er widmete sich ausschließlich der klassischen Literatur.» Dies scheint zwar etwas übertrieben. Sicher ist jedoch, dass er mit Begeisterung Latein und wohl auch etwas Griechisch lernte und in Verbindung mit den führenden Humanisten der Stadt stand. Schon in jungen Jahren tat er sich mit gleichgesinnten Freunden zu einer Art privater Akademie zusammen. Die Gruppe versammelte sich in einem Gartenhäuschen auf den Hügeln von Fiesole, um hier in fast klösterlicher Abgeschiedenheit die Werke der Alten zu studieren. Zu Matteos engstem Freundeskreis gehörten Palla Strozzis Söhne Nofri und der früh verstorbene Bartolomeo, die Cousins Benedetto di Piero Strozzi und Niccolò di Lionardo Strozzi sowie angeheiratete Verwandte wie Niccolò della Luna, Luigi Guicciardini und vor allem der gelehrte Giannozzo Manetti. Sie lasen zusammen die Werke der

Klassiker, schrieben einander zur Übung und zum Vergnügen lateinische Briefe und liehen sich gegenseitig Handschriften aus. Von Matteo selbst sind mehrere lateinische Briefe überliefert, die zeigen, dass er ein flüssiges, an Cicero geschultes Latein schrieb. So gab ihm zum Beispiel der Tod seines jüngeren Bruders Lorenzo Anlass zu einem bewegenden Brief in ciceronischem Stil, in dem er einem Freund schmerzlich das gottergebene Hinscheiden des Jünglings schilderte. Seine Kenntnisse und sein lateinischer Stil wurden von seinen Briefpartnern sehr bewundert. Wie Palla Strozzi sammelte auch Matteo Handschriften mit antiken Werken, ohne darin freilich mit diesem mithalten zu können, denn seine finanziellen Mittel waren viel beschränkter.

Doch warfen die inneren und äußeren Wirren schon bald ihre Schatten auf diese beschauliche Welt des Umgangs mit den antiken Autoren. Während des Krieges um Lucca, als die oligarchische Partei sich spaltete und Florenz sich von mächtigen Feinden umzingelt sah, klingt in den Briefen Matteos und seiner Freunde Besorgnis an. Sie fürchteten um die florentinische Freiheit, die Unabhängigkeit der Republik, die ein «Tyrann», nämlich der Herzog von Mailand und Luccas Verbündeter, erneut bedrohte. Kein Zweifel: Sie kannten Leonardo Brunis «Grabrede» auf Nanni Strozzi. Es war die gleiche Zeit, als Francesco Filelfo, der Protegé Palla Strozzis, die Gemüter erhitzte. Matteo hörte seine Vorlesungen und stand wie seine Freunde in den Streitigkeiten auf seiner Seite, ermahnte ihn aber auch zu friedfertigerem Verhalten. Filelfo bedachte ihn mit einer wohlwollenden Satyra und schrieb ihm einige lateinische Briefe.

Die politischen Ereignisse der Jahre 1433/34 zogen dann auch Matteo in ihren Strudel. Obwohl er in den Wirren, die zuerst zur Verbannung Cosimo de' Medicis und dann zu dessen triumphaler Rückkehr nach Florenz führten, nur eine Nebenrolle gespielt hatte, wurde er doch zusammen mit Palla Strozzi und Smeraldo Strozzi, einem anderen Strozzi-Nachbarn, verbannt. Am 9. November 1434 erging der Bannspruch gegen ihn, am 11. wurde er ihm zugestellt. Er befahl Matteo, das Gebiet von Florenz innerhalb kürzester Frist zu verlassen, um sich fünf Jahre lang in Pesaro aufzuhalten. Darüber hinaus musste er, wie es üblich war, eine Bürgschaft stellen. Die geforderten 2000 Fiorini machten etwa die Hälfte seines Vermögens aus. Sie wurden für ihn von fünf Personen, darunter den Cousins Jacopo und Niccolò Strozzi, bei den Behörden hinterlegt. Unter den Matteo erteilten Auflagen war auch das übliche Verbot, den Ort des Exils zu verlassen. Zum Beweis musste die Anwesenheit im zugewiesenen Ort wöchentlich von einem Notar beglaubigt und das Attest nach Florenz geschickt werden. Matteo ordnete seine Angelegenheiten und verließ schon am 12. November Florenz. Für die Zeit seiner Abwesenheit bestellte er seine Frau Alessandra und den Cousin Jacopo Strozzi zu seinen Bevollmächtigten.

Matteo Strozzi hat seinen Auszug aus der Stadt in seinem Familienbuch in allen Einzelheiten beschrieben. Er verließ sein Haus nicht allein. Es begleiteten ihn zwei Cousins, der schon genannte Jacopo Strozzi, Sohn des Onkels Lionardo, und Francesco, ein Sohn des Onkels Piero Strozzi, dazu ein weiterer Verwandter aus der großen Familie der Strozzi, der ebenfalls Francesco hieß. Das familiäre Netzwerk bewährte sich auch in dieser dramatischen Situation. Während die meisten Verwandten ihn nur eine kurze Strecke Wegs begleiteten, reiste Berto Macigni, ein illegitimer Sohn seines Schwiegervaters und Stiefbruder seiner Frau, mit ihm bis nach Pesaro. Am ersten Abend übernachtete die Gesellschaft im Landhaus von Giovanni di Gualtieri Portinari, dem Ehemann der Cousine Checca, die ebenfalls eine Tochter von Piero Strozzi war. Am folgenden Tag machte Matteo bei seinem Schwager Zanobi Macigni in Antella halt, um auf dessen Gut zu Mittag zu speisen. Erst danach schlug er den Weg durchs Arnotal ein, der ihn über Sansepolcro und Mercatello nach Pesaro führte. Unterwegs hatte er die Gastfreundschaft verschiedener Freunde und Verwandter genossen. Am 18. November ließ er seine Ankunft in Pesaro von einem Notar beglaubigen. Mit diesem Attestat kehrte Berto Macigni am nächsten Tag nach Florenz zurück.

Matteo richtete sich in der neuen Situation so gut wie möglich ein. Er fand nach eigenem Bezeugen in der kleinen Stadt in den Marken, die unter der Herrschaft der Brüder Galeazzo, Pandolfo und Carlo Malatesta stand, freundliche Aufnahme; es kam ihm vor, «als ob ich immer schon hier gelebt hätte». Dies schrieb er in einem lateinischen Brief an einen Freund, in dem er sein Schicksal mit bewegten Worten beklagte. Obwohl er seine Güter und sein Vaterland, die Gesellschaft der Verwandten und das Gespräch mit alten Jugendfreunden vermissen müsse, habe er doch auch in diesem Städtchen Menschen gefunden, die wie er an den humanistischen Studien, sein einziger Trost in dieser Lage, interessiert seien – darunter auch die Herren von Pesaro selbst. Diese stellten ihm ein Haus zur Verfügung, in das er schon am 21. November einziehen konnte. Wahrscheinlich war von Anfang an beschlossen worden, dass seine Frau und die Kinder, von denen das kleinste noch ein Säugling war, nachkommen sollten. Zunächst schickte Alessandra Macigni nur Kleidung und Hausrat für Matteos eigenen Gebrauch nach Pesaro, dann auch ihre eigenen Kleider und die der Kinder. Im Frühjahr 1435 verließ sie mit ihrer Kinderschar Florenz, um zu ihrem Mann zu ziehen. Die Familie war wieder vereint.

Doch die launische Göttin Fortuna, welche die florentinischen Kaufleute so oft beschworen, wandte sich ein zweites Mal ab und ließ das größte Unglück über die Familie kommen. Im Sommer 1435, wahrscheinlich im Juli, denn der letzte Eintrag im Familienbuch ist auf den 5. Juli datiert, starb Matteo Strozzi an der Pest, und zusammen mit ihm raffte die Seuche auch drei seiner Kinder dahin, Andreuola, Simone und Piero. Mit den vier verbliebenen machte sich seine Witwe bald wieder auf den Rückweg nach Florenz. Auch die Gebeine der Verstorbenen kehrten heim, Alessandra ließ sie im Familiengrab der Strozzi in Santa Maria Novella beisetzen. Kein Florentiner ließ sich gerne an einem fremden Ort begraben. Auch Matteo Strozzi hatte in seinem Testament den Wunsch geäußert, in Florenz, in der Grablege seiner Vorfahren in Santa Maria Novella, zur letzten Ruhe gebettet zu werden. Er hatte jedoch seinen Hinterbliebenen die Wahl gelassen, ihn am Ort seines Todes zu begraben, falls dieser mehr als sechzig Meilen von Florenz entfernt sein sollte. Auch in diesem Fall wollte er jedoch in einer Dominikanerkirche wie Santa Maria Novella begraben werden. Alessandra entschied sich für die Rückführung der sterblichen Überreste nach Florenz. Nicht in der Stadt der Verbannung, sondern in der Heimatstadt sollten ihre Lieben ruhen. Auch sie selbst wünschte sich in einem 1437 aufgesetzten Testament, in Santa Maria Novella neben ihrem Mann und ihren Kindern zur letzten Ruhe gebettet zu werden.

EINE WITWE IN NÖTEN

Als Matteo Strozzis Witwe nach Florenz zurückkam, war sie wiederum schwanger. Den Jungen, den sie am 1. März 1436 zur Welt brachte, taufte sie auf den Namen ihres verstorbenen Mannes – Matteo. Nun hatte Alessandra Macigni fünf kleine Kinder zu versorgen, aber ihre Mittel waren bescheiden. Matteos flüssiges Vermögen war in der Verbannung dahingeschmolzen, eigene Einkünfte besaß sie fast keine. Nur das kleine Bauerngut Pozzolatico in der Nähe von Florenz hatte ihr Matteo im Testament übertragen. Sie sollte es nach seinem Willen bis zu ihrem Tod besitzen, um es dann an ihre Söhne weiterzuvererben. Schutz bot nur das alte, bequeme Wohnhaus am Corso der Strozzi gegenüber der Pfarrkirche Santa Maria degli Ughi, das ihr Schwiegervater einst erworben hatte. Doch nun schien es Alessandra zu groß für ihre Verhältnisse, sodass sie es zu vermieten beschloss, um sich kleiner zu setzen. Sie zog mehrmals um, wohnte längere Zeit im Viertel Santo Spirito und kehrte erst 1454 ins alte Haus zurück, das sie zuletzt für drei Jahre an den entfernten Verwandten Antonio Strozzi vermietet hatte.

Aus Anlass der Vermietung wurde 1451 ein Inventar der Einrichtungsgegenstände aufgestellt. Es lässt auf ein komfortables Haus schließen, mit sieben auf drei Stockwerke verteilten Räumen, die mit kunstvoll gearbeiteten Möbeln, Betten und Truhen ausgestattet waren. Der Hauptraum im ersten Stock, die «camera», scheint sogar mit Fresken ausgeschmückt gewesen zu sein, denn er wird als «camera dipinta» bezeichnet. Auch ein «scrittoio» fehlte nicht, das Arbeits- und Studierzimmer des Hausherrn, wo noch immer «gewisse lateinische Bücher» und «zwei Köpfe aus Gips», Abdrücke offenbar von antiken Marmorbüsten, standen, die Hinterlassenschaften von Matteos humanistischer Gelehrsamkeit.

Matteo Strozzi hatte seiner Frau im Testament von 1429 für den Fall seines Todes die Vormundschaft über die gemeinsamen Kinder übertragen und ihr einige andere Personen als Vormünder beigesellt. Es waren alles Verwandte, direkte, fernere oder angeheiratete. Aber keine dieser Personen war, wie das Vormundschaftsgericht feststellte, vor dem Alessandra sich gleich nach der Rückkehr aus Pesaro im Dezember 1435 präsentierte, jetzt noch in der Lage, diese Aufgabe zu übernehmen. Lionardo Strozzi war gestorben, Jacopo, sein Sohn und Matteos Cousin, hielt sich in England auf; Palla Strozzi war verbannt und sein Sohn Lorenzo verhindert; die beiden Della Luna sagten mit der Entschuldigung ab, sie hätten selbst viele Kinder zu versorgen, und auch Alessandras Bruder Zanobi Macigni winkte ab. Ein neuer Vormund musste gesucht werden. Der Ehemann von Matteos Cousine Checca, Giovanni di Gualtieri Portinari, übernahm schließlich dieses Amt.

Als Witwe hatte Alessandra Macigni Anrecht auf die Rückgabe ihrer Mitgift, die sie aber erst 1440 zurückerhielt. Statt der 1600 Fiorini, die sie in die Ehe eingebracht hatte, ließ sie sich jedoch Matteos Immobilienbesitz überschreiben, wahrscheinlich auch, um ihn vor dem Zugriff des Fiskus zu bewahren, denn Mitgiften waren für die Steuerbehörden unantastbar. Dieser Immobilienbesitz war mehr oder weniger der gleiche, den Matteo schon von seinem Vater Simone geerbt hatte: drei Häuser in der Stadt – das Familienhaus und ein kleineres, das an dieses angrenzte (auch hier wohnte Alessandra einige Zeit), dazu ein weiteres in einem anderen Viertel –, ein paar Bauernhöfe und Felder, ein Weingarten und die Herberge außerhalb der Stadt. Der Zins der Pächter und der Verkauf des Überschusses aus dem Anbau brachten bescheidene Einkünfte und deckten den Nahrungsbedarf der Familie. Zudem veräußerte Alessandra einige Immobilien. In ihren Steuererklärungen schilderte sie die Lage so: «Die oben genannten Söhne unterhält sie mit ihrer Mitgift, denn diese selbst haben nichts, und sie haben eine gute Summe Schulden gegenüber der Steuerbehörde und der Kommune. Sie hat auch oben genannte Mädchen, die verheiratet werden müssen, wie ihr seht.»

In den vielen Jahren, als Alessandra sich als Witwe und alleinstehende Mutter um ihre Kinder und die Verwaltung ihrer Güter kümmern und sich mit dem Fiskus herumschlagen musste, stützte sie sich stets auf das weite Netzwerk der Familie Strozzi. Bei ihrer eigenen Familie, den Macigni, fand sie keine Hilfe. Ihren einzigen leiblichen Bruder Zanobi – die anderen Geschwister stammten aus der zweiten Ehe ihres Vaters, und das Verhältnis zu ihnen war gespannt – musste sie selbst unterstützen. Sie gab ihm Geld für seine drückenden Steuerschulden, und da er allein und verlassen auf seinem Gut in Antella lebte, nahm sie ihn zu sich, bis er Anfang 1452 starb. Um sein Erbe entbrannte ein heftiger Streit, der die Geschwister endgültig entzweite. Alessandra beanspruchte für sich das Gut Antella aufgrund der Ausgaben, die sie für Zanobi gemacht hatte, doch den Prozess, den ihre Stiefgeschwister gegen sie anstrengten, verlor sie. Sie musste das Geld, das ihr der Verkauf von Antella eingebracht hatte, schweren Herzens wieder zurückgeben. In diesem Erbstreit hatte ihr Mieter Antonio Strozzi zu vermitteln versucht und einen Schiedsspruch erlassen, der aber von der Gegenseite verworfen wurde.

Umso herzlicher waren ihre Beziehungen zu den näheren Verwandten ihres verstorbenen Mannes. Ein Blick auf die Stammtafeln der Strozzi zeigt, dass Matteo Strozzi mit Onkeln und Tanten, Cousins und Cousinen, Schwägern und Schwägerinnen reich gesegnet war. Sein Vater Simone stammte aus einer sehr kinderreichen Familie, und dessen Brüder Lionardo und Piero konnten gleichfalls auf einen großen Nachwuchs blicken. Viele dieser Strozzi begegnen in den Briefen, die Alessandra im Laufe ihres Lebens schrieb, wie zum Beispiel jener Francesco Strozzi, einer der Söhne Pieros, der ihr als Nachbar auch räumlich nahestand, und dessen Schwester Checca, die mit jenem Giovanni Portinari verheiratet war, der die Vormundschaft über die Kinder übernommen hatte. Als dieser starb und Checca Witwe wurde, wohnte sie zeitweilig bei Alessandra. Wie sie sich auf die Hilfe der Verwandten verlassen konnte, so nahm sie auch selbst sich dieser Verwandten an, wenn sie in Nöte kamen. Besondere Unterstützung aber erfuhr sie, wie sich zeigen wird, von den Söhnen Lionardos.

Obwohl ihr Mieter Antonio Strozzi nur ein entfernter Verwandter war (sein Vater hieß Benedetto, sein Großvater Carroccio), wurde er doch einer der geschätztesten Ratgeber Alessandras in jenen Jahren. Er kümmerte sich um ihre Söhne und half ihr, als es darum ging, die Töchter zu verheiraten. In der ganzen Familie galt er als Autorität, seit er als erster Strozzi nach den Verbannungen von 1434 wieder in die Regierung gewählt worden war. Seine Wahl zum Prior im September 1450 wurde in der Familie mit Jubel und Erleichterung begrüßt. Die Strozzi sahen in dieser Wahl ein Zeichen dafür, dass ihre politische Diskriminierung zu Ende ging. Als Antonio Strozzi persönlich Alessandras Sohn Filippo seine Wahl mitteilte, schrieb er: «Dass ich mich an diesem Ort befinde, hat allen Strozzi sehr gefallen und gefällt ihnen, denn es scheint ihnen, als hätten auch sie an dieser Regierung teil. Sie haben in der Tat recht, denn das Eis beginnt endlich zu schmelzen», womit er die eisige Ablehnung meinte, die den Strozzi von den Medici entgegengebracht wurde. Antonios Wahl gab der Familie Hoffnung, bald wieder politisch mitreden zu können. Doch Antonio Strozzi starb schon am 1. September 1454, und alle diese Hoffnungen zerstoben. Alessandra vermerkte Antonios Tod in ihrem Ausgaben- und Einnahmenbuch, das sie nach aller Kunst der Buchhaltung führte, denn er war ihr als Mieter noch Geld schuldig geblieben. Sie bekam es von den Erben zurück und dazu noch 100 Fiorini, die Antonio ihr im Testament vermacht hatte.

Kaum wurden ihre Kinder größer, von denen fast wie ein Wunder keines mehr starb, stellte sich für Alessandra die brennende Frage nach ihrer Zukunft. Die beiden Mädchen mussten möglichst schnell und gut verheiratet werden, die Jungen, was noch wichtiger war, mussten einen Beruf erlernen. An eine humanistische Erziehung, wie sie in den besseren florentinischen Kreisen für die Knaben üblich war, konnte sie nicht einmal von ferne denken, denn damit wären nur Zeit und Geld verschwendet worden. Nur im Lesen, Schreiben und Rechnen, den unverzichtbaren Grundkenntnissen für einen Kaufmann, ließ sie sie unterrichten, und um zu sparen, schlüpfte sie sogar selbst in die Rolle des Schulmeisters, um ihre Kinder Schreiben und Lesen zu lehren. Schon bald schaute sie sich deshalb nach einer Möglichkeit um, ihre drei Söhne so früh wie möglich in eine Lehre zu geben. Auch hier kamen die Verwandten zur Hilfe. Die Söhne Lionardos und Cousins Matteos, Filippo, Jacopo und Niccolò Strozzi, erfolgreiche Kaufleute und Bankiers, schlugen ihr vor, sie in ihrem Geschäft auszubilden. Der Nachteil war nur, dass sie nicht in Florenz lebten. Sie hatten sich kurz zuvor in Spanien niedergelassen, wo sie in Barcelona und Valencia ihre Geschäfte betrieben.

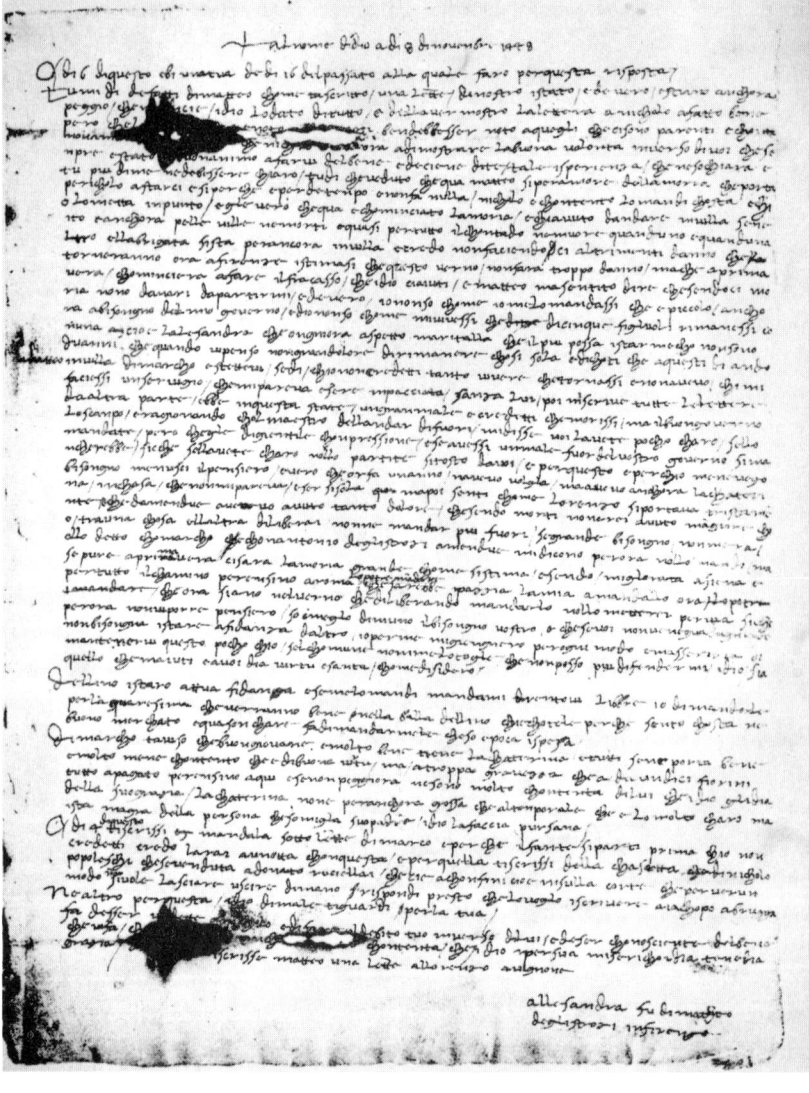

Faksimile eines Briefs von Alessandra Macigni mit ihrer Unterschrift

So begann für Alessandra Macigni eine lange Zeit schmerzlicher Trennung. Dieser Trennung verdanken wir aber auch den schönsten und bewegendsten Briefwechsel des 15. Jahrhunderts. Die Briefe, die Alessandra (sie selbst schrieb ihren Namen Allesandra) im Laufe von mehr als zwanzig Jahren an ihre fernen Söhne schrieb, sind ein einmaliges Zeugnis der Lebensart jener Zeiten. Dreiundsiebzig Briefe sind von dieser Korrepondenz erhalten, die mit Unterbrechungen die Jahre zwischen 1447 bis 1470 umfasst (siehe Abb. Seite 62). Von vielen Dingen ist in diesen Briefen die Rede. Durchzogen von immerwährender Sorge um das Ergehen der Söhne und dem Schmerz über ihre Abwesenheit, berichten sie nicht nur von den Familienereignissen, von Heiraten, Krankheiten und Todesfällen und den täglichen Mühen und Sorgen der Briefschreiberin wie der Last der Steuern, den Problemen mit Bauern und Hauspersonal und der gefürchteten Pest, die schon ihren Mann und die drei Kinder hinweggerafft hatte. Alessandra Macigni erweist sich auch als eine scharfsichtige Beobachterin der politischen Verhältnisse, die besonders in späteren Jahren so wichtig für das Geschick ihrer Familie wurden. Sie war keine rhetorisch gebildete Schreiberin, und so kommen alle diese Nachrichten kunterbunt gemischt daher, in einer lebhaften, herzhaften Sprache, die dem gesprochenen Toskanisch sehr nahe steht. Alessandra schreibt farbig, wie ihr der Schnabel gewachsen ist und wie ihr es gerade in den Sinn kommt, wobei sie immer wieder auf die Mühe verweist, die ihr das Schreiben bereitet. Ihre Briefe sind das Zeugnis einer außergewöhnlichen Frau, die trotz aller Beschränkungen, die ihr Geschlecht und Witwenstand auferlegten, mit Willen und Tatkraft ihr schwieriges Leben meisterte und ihren Kindern die Zukunft garantierte.

DREI STROZZI IN FREMDEN LÄNDERN

Mit Filippo, Jacopo und Niccolò, den drei Söhnen seines Onkels Lionardo, die sich der Söhne Alessandras annehmen wollten, hatte Matteo Strozzi ein besonders freundschaftliches Verhältnis unterhalten. 1404, 1406 und 1410 geboren, waren sie etwas jünger als er. Niccolò war einer seiner lateinischen Briefpartner gewesen; Jacopo war 1434, als er Florenz verlassen musste, von ihm zu seinem Bevollmächtigten ernannt worden, und er hatte ihm zusammen mit seinem Bruder Niccolò auch einen Teil der geforderten Bürgschaft gestellt. Filippo hatte damals Florenz schon verlassen, es hatte ihn früh ins Ausland gezogen. Siebzehnjährig trat er 1423 in Avignon als Angestellter in das Geschäft von Niccolò Serragli und Piero di Mariozzo ein. In Avignon blieb er viele Jahre und arbeitete sich dort langsam hoch. 1431 war er Teilhaber der Gesellschaft von Lorenzo Tecchini und Ramondo Mannelli, eines angeheirateten Verwandten, der 1427 eine Cousine von ihm geheiratet hatte, Maria, die Tochter des Onkels Piero. Doch dann trieb es Filippo in noch weitere Ferne. 1433 ließ er sich in Barcelona nieder.

Obwohl nicht direkt von den Säuberungen betroffen, machte die Ächtung der Strozzi durch das Regime der Medici allmählich auch die Luft für die beiden in Florenz zurückgebliebenen Brüder dünner. Die Geschäfte liefen nicht mehr gut, sodass auch Jacopo sich entschloss, der Stadt den Rücken zu kehren und zu seinem Bruder nach Spanien zu ziehen. Anfang 1438 brach er auf, um sich mit Filippo über die Zukunft zu beraten, während Niccolò noch in Florenz blieb, um das Erbe ihres 1433 verstorbenen Vaters zu verwalten. In Valencia gründeten Jacopo und Filippo am 15. März 1438 eine Bank- und Handelsgesellschaft. Das schon bestehende Kontor in Barcelona wurde deshalb nicht aufgegeben. Auch Niccolò hielt es daraufhin nicht mehr lange in Florenz. Er liquidierte den gemeinsamen Besitz und siedelte ebenfalls nach Spanien über, wo die drei Brüder 1441 eine neue Gesellschaft ins Leben riefen, der auch eine Filiale in Brügge angegliedert wurde. Das Kontor im spanischen Valencia wurde von Jacopo geführt, während Filippo sich weiterhin in Barcelona um die Geschäfte kümmerte. Die Brüder trieben Handel, vor allem mit Tuchen und Korn, waren aber auch als Bankiers tätig, indem sie Einlagen annahmen und Kredite vergaben. Es war das übliche Geschäftsmodell der italienischen Kaufleute der Zeit. 1446 wurde darüber hinaus eine Niederlassung in Neapel gegründet, die Niccolò übernehmen sollte. Die Geschäfte im Ausland liefen blendend, an eine Rückkehr nach Florenz dachten die Brüder nicht mehr. Filippo, der Sohn Matteos und Alessandras, der bei ihnen seine Lehrzeit absolvierte, schätzte 1446 ihr Vermögen auf 25 000 Fiorini, von denen Filippo 12 000, Jacopo 8000 und Niccolò 5000 besaßen. Dennoch rissen ihre Verbindungen nach Florenz nicht ab, denn Filippo und Jacopo wünschten sich Florentinerinnen zur Frau; eine Spanierin zu heiraten kam für sie nicht infrage. Dies lag durchaus in der Tradition. Die italienischen Kaufleute im Ausland passten sich ihrer Umgebung nur wenig an. Sie lebten im Kreis ihrer Landsleute, blieben auch weiterhin Bürger ihrer Heimatstädte und heirateten, wenn eben möglich, Frauen von dort.

Filippo heiratete aus Liebe – ein wahrer Skandal in den Augen seiner Verwandten. Ohne auf die gesellschaftlichen und ökonomischen Vorteile zu achten, welche die Wahl des Ehepartners zu bestimmen pflegten, verliebte er sich bei einem Besuch in Florenz in ein junges Mädchen namens Filippa Bischeri und wollte sie auf Biegen und Brechen möglichst sofort heiraten. Filippa stammte aus einer angesehenen Kaufmannsfamilie, die der gleichen gesellschaftlichen Schicht wie die Strozzi angehörten. Hier also lag das Problem nicht. Schon eine Tante Filippos, Lena, eine Schwester seines Vaters, hatte vor Jahren einen Mann aus dieser Familie geheiratet. In diesem Sinne war es keine Mesalliance, jedoch scheint das Betragen der jungen Dame Grund zu Tadel gegeben zu haben. Der Vater Filippas war schon verstorben, aber die Mutter, die ihre Tochter nicht nach Spanien schicken wollte, widersetzte sich der Heirat. Dann starb auch die Mutter, und Filippa kam zu Verwandten, die sie jedoch wegen ihres schlechten Betragens gern schnell wieder losgeworden wären. Wir erfahren von der Geschichte aus einem Brief, den Alessandra Macigni viele Jahre später an ihren Sohn Filippo schrieb, um ihn davor zu warnen, eine ähnliche Torheit, wie sie meinte, zu begehen. Da ihre Worte sehr anschaulich die Florentiner Auffassung von der Ehe widerspiegeln, seien ihre Bedenken hier wörtlich wiedergegeben. Sie billigte zwar, dass sich ihr Sohn Zeit für die Wahl einer Braut nehmen wollte: «Ich wundere mich nicht», schrieb sie ihm, «dass du die Angelegenheit mit der Frau so auf die lange Bank schiebst. Wie du ja selbst sagst: Es ist ein sehr wichtiger Schritt, ja wohl der wichtigste, den einer tun kann. Denn eine gute Gefährtin zu haben ist für den Mann ein Trost für Leib und Seele.» Jedoch: «Wenn sie töricht und dumm sind oder wie die, die Filippo hatte, dann hat man sein Leben lang zu leiden.» Zum Beweis dafür rief sie ihm die ganze missliche Angelegenheit von der Ehe seines gleichnamigen Onkels noch einmal ins Gedächtnis zurück. «Was die von Filippo angeht, so wurde ihm das von Anfang an gesagt, als er hier war und sie sah und ihm ihr törichtes Wesen so sehr gefiel, dass er zu keiner anderen Ja sagen wollte. Als er hier war, wollte er sie unbedingt heiraten, aber die Mutter wollte sie nicht nach auswärts geben. Wir hatten noch verschiedene andere treffliche Mädchen an der Hand, aber keine davon wollte er. Dann geschah es, dass die Mutter starb und sie ins Haus von Herrn Manno kam. Da benahm sie sich so, dass es ihnen ewig lang erschien, bis sie wieder ging, auch weil sie keine Mitgift hatte. Und so gaben sie sie dem Filippo. Über sie, die Filippa, braucht man sich also nicht zu wundern, wohl aber über ihn, den Trottel, der sie sich auf dem Kopf herumtanzen ließ und sich so in sie vernarrte, dass sie sich selbst und ihm nur Schande bereitete. Wenn die Männer solch hirnlose Frauen heiraten, dann müssen sie sie an die Kandare nehmen, denn ein Mann, der ein rechter Mann ist, der macht erst seine Frau zu einer rechten Frau, nur darf er sich dabei nicht so sehr verlieben. Wenn sie anfangs kleine Fehler begehen, dann muss er sie zurechtweisen, damit sie später nicht noch größere machen.» Alessandra Macigni teilte also kritiklos die Auffassung, dass die Ehe keine Liebe vertrage und die Frau sich in allem dem Mann unterzuordnen habe. Ihr Sohn Filippo teilte das harsche Urteil seiner Mutter wahrscheinlich nicht, denn er hatte Mona Pippa als eine sehr liebenswürdige Frau kennengelernt, als er als Lehrling in ihrem Haus in Barcelona lebte. Aber zurück zu Filippo und Filippa.

Das Problem der fehlenden Mitgift wurde schließlich gelöst, 600 Fiorini kamen zusammen. Am 7. März 1441 wurde das erste Abkommen über die Heirat getroffen und am 25. Mai 1441 formell die Ehe geschlossen. Kinder gingen aus dieser Liebesehe nicht hervor. Nur acht Jahre dauerte das gemeinsame Leben, denn Filippo starb schon am 6. Juli 1449 in Barcelona. Er hatte dort für die beträchtliche Summe von 2000 Fiorini eine Grabkapelle erworben – «die schönste der ganzen Stadt», befand Alessandras Sohn Filippo – und für diese Kapelle sogar ein steinernes Strozzi-Wappen in Florenz arbeiten lassen. Hier wurde er auch begraben. Die Entfremdung Filippos von der Heimat war so groß geworden, dass er sogar das Bürgerrecht von Barcelona erwarb. Seine Witwe blieb zunächst bei ihren Brüdern, die in Jacopos und Niccolòs Gesellschaft arbeiteten, und kehrte nach der Auflösung des Geschäfts nach Florenz zurück. Ihre Schwäger trauten ihr nicht über den Weg, weil sie fürchteten, Filippa habe nach dem Tod ihres Mannes Geld und Juwelen beiseitegeschafft. Ob sie es tat, ist unbekannt, aber ein solcher Vorwurf wurde den Witwen, die sich ihrerseits zu sichern suchten, wahrscheinlich nicht immer zu Unrecht gemacht.

Jacopo war schon 42 Jahre alt, als er sich endlich entschloss, in die Ehe zu treten. Als sich sein Bruder Filippo 1441 verheiratete, hatte er diesen Gedanken noch weit von sich gewiesen: «Ich bin nicht bereit, eine Frau zu heiraten, wenn ich sie dann nicht in mein Haus nehmen kann. Ich werde abwarten, wie sich die Dinge entwickeln, und dementsprechend werde ich handeln», schrieb er aus Valencia an Alessandra Macigni. Fünf Jahre später übernahm er die Leitung der Filiale in Brügge und sah ein, dass es jetzt nötig war, einen eigenen Hausstand zu gründen. Die Suche nach der Braut überließ er den Florentiner Verwandten. Zwei Mädchen kamen in engere Auswahl. Jacopo entschied sich für Lucrezia, die Tochter des Donato Cavalcanti, die aus einer alten, aber nicht mehr sehr wohlhabenden Familie stammte und ein Vierteljahrhundert jünger als der Bräutigam war. Sie hatte viele Brüder und Schwestern, die noch zu versorgen waren, weshalb ihr Vater auch bereit war, seine Tochter ins ferne Flandern zu schicken, wo Jacopo jetzt tätig war. Die Verhandlungen wurden von Jacopos Cousin Giovanni della Luna, seinem Schwager, Francesco Ginori und Francesco di Benedetto Strozzi di Benedetto geführt. Als Jacopos Bevollmächtigte unterschrieben sie im Juli 1446 das erste Abkommen über die Mitgift, dann im Oktober den Ehevertrag, wobei sie anstelle des Bräutigams Lucrezia den Ring an den Finger steckten. Lucrezia brachte eine Mitgift von 1100 Fiorini in die Ehe, dazu aber auch ihren ältesten Bruder Carlo, der als Lehrling ins Geschäft seines Schwagers eintreten sollte. Dies war die Bedingung, die Donato Cavalcanti gestellt hatte, um in die Heirat einzuwilligen. Später kam noch ein weiterer Bruder Lucrezias nach Brügge. Die Hochzeit fand auf halbem Weg am 6. November 1446 in Avignon statt, gefeiert wurde sie ohne größeren Aufwand im Haus eines befreundeten Florentiner Kaufmanns. Dafür gab es in Brügge umso größere Festlichkeiten. Wie Jacopo Strozzi in seinen Aufzeichnungen festhielt, erwies die ganze italienische Kaufmannskolonie dem Brautpaar große Ehren, schon vor den Toren der Stadt kam ihnen ein Zug von 200 Personen entgegen. Zwei Tage später richtete Jacopo selbst ein großes Fest aus und lud dazu Bürger von Brügge und italienische Kaufleute ein, dazu Damen jüngeren und älteren Alters, im Ganzen 70 Personen. Lucrezia gebar ihrem Mann mindestens drei Kinder, 1448 den Sohn Lionardo und in den fünfziger Jahren die Töchter Margherita und Anna, die später auf den Namen Gostanza umgetauft wurde. Sie war eine eitle Frau, die auf schöne Kleidung hielt und sich bei Ausgängen von einem Diener die Schleppe tragen ließ.

Neben den ehelichen hatte Jacopo auch zwei uneheliche Kinder, beide vor seiner Heirat gezeugt: Jacopo, Coppino genannt, und Isabella, 1431 und 1441 geboren. Die florentinischen Kaufleute pflegten, genau wie Jacopo, erst in reiferem Alter zu heiraten, weil sie sich in jungen Jahren oft lange im Ausland aufhielten und sich erst dann, wenn sie sich eine Position geschaffen hatten, eine Frau suchten. Während dieser Zeit hatten sie «Verhältnisse», nicht selten mit den Mägden und Sklavinnen (solche arbeiteten häufig in florentinischen Häusern), die ihnen den Haushalt führten, und diesen «Verhältnissen» entstammten dann auch Kinder. Kinder aber, gleich, wie geboren, waren ein zu kostbares Gut, als dass man sie hätte verlieren wollen. Die Bastarde wurden meist vom Vater anerkannt und im Haus mit aufgezogen, oft ohne die Mutter. Jacopo, genannt Coppino, arbeitete im Geschäft seines Vaters, Isabella, das Kind einer Hausklavin, wuchs in Valencia auf und blieb, als Jacopo 1446 nach Brügge ging und heiratete, zunächst in Spanien zurück. Doch der Tod Filippos, der die Aufgabe der spanischen Standorte nach sich zog, bewog Jacopo, sie nach Florenz zu Alessandra Macigni zu schicken.

Da diese den drei Brüdern sehr verpflichtet war, nahm sie das Mädchen gerne bei sich auf und suchte, als Isabella ins Heiratsalter kam, auch einen Mann für sie. Als unehelich Geborene war Isabella benachteiligt. Sie konnte keinen Anspruch auf eine hohe Mitgift oder die Einheirat in eine der großen Florentiner Familien erheben. Unter diesen Umständen fand Alessandra mit der Hilfe anderer Verwandten schließlich einen kleinen Seidenweber und Kurzwarenhändler, der glücklich war, Isabella mit ihrer Mitgift von 680 Fiorini zu heiraten. Er hieß Marco und war einundzwanzig Jahre alt. Seine Verhältnisse waren zwar etwas beengt, da er mit den Eltern und sechs noch unverheirateten Schwestern zusammenlebte. Aber es seien die besten Leute der Welt und die Familie sogar nicht ganz unvermögend, versicherte Alessandra dem Vater Jacopo. Es sei ein wahres Glück, dass Isabella trotz ihrer Lage und ihrer Kurzsichtigkeit es so gut getroffen habe. Man habe bei der Wahl des Bräutigams weniger Wert auf Geld und Vermögen gelegt als vielmehr darauf geachtet, Isabella in eine Familie zu geben, in der sie geliebt und gut behandelt werde. Sie habe Jacopo zuliebe bei der Hochzeit mehr Aufwand getrieben als bei den Heiraten ihrer eigenen Töchter. Alessandra versprach dem Vater, Isabella so gut auszustatten, dass sie wie ein Mädchen aus guter Familie auftreten könne. Die uneheliche Tochter eines Strozzi genoss offenbar immer noch ein besseres Ansehen als ein kleiner Krämer. Ihren ersten Sohn taufte das junge Paar natürlich auf den Namen Jacopo.

Der dritte Bruder, Niccolò Strozzi, konnte sich dagegen nie zur Ehe entschließen; er blieb Junggeselle bis zu seinem Tod. Sein Laster war die Völlerei. Alessandras zweiter überlebender Sohn Lorenzo, der 1446 seine Lehrzeit bei ihm in Valencia begann, schilderte seiner Mutter sehr anschaulich Niccolòs ausschweifende Essgewohnheiten. Gleich nach seiner Ankunft hatte der Lehrjunge den Auftrag erhalten, täglich auf dem Markt die Einkäufe für den Haushalt zu besorgen. «Für Niccolò», schrieb Lorenzo, «kaufe ich nur Kapaune, und zwar ein Paar jeden Tag, einen davon fürs Frühstück. Davon ist er so fett geworden, dass er sich nicht mehr bewegen kann, und er war auch schon ein bisschen krank deswegen. Aber mit Gottes Gnade ist er genesen.» Wir erkennen den feisten Niccolò in der Porträtbüste wieder, die er sich 1454

Mino da Fiesole, Porträtbüste des Niccolò Strozzi, angefertigt 1454 in Rom, heute aufbewahrt im Bode-Museum in Berlin

in Rom vom berühmten Bildhauer Mino da Fiesole meißeln ließ, eine Marmorbüste nach antikem Vorbild, ähnlich den beiden Büsten, die sich Piero und Giovanni de' Medici vom gleichen Künstler schaffen ließen (siehe Abb. oben). Sie verweist auf Niccolòs humanistische Bildung, verbirgt aber trotzdem nicht sein Laster. Obgleich geschönt, kommen seine fetten, herabhängenden Backen doch sehr prominent zur Geltung.

1446 gründeten die drei Brüder die Niederlassung in Neapel, die ihre Arbeit unter der Leitung Niccolòs am 25. März 1447 aufnehmen sollte. König Alfonso V. von Aragon hatte nach langen Wirren als Erbe Königin Johannas II. von Anjou die Herrschaft über das Königreich Neapel errungen, was zu diesem Entschluss beigetragen haben muss. Da die Brüder seit Jahren im Königreich Aragon ihre Geschäfte betrieben und dort auch Kontakte zum Königshof unterhielten, standen die Aussichten günstig. Die Handels- und Finanzgeschäfte im Königreich Neapel lagen seit jeher fest in den Händen der Florentiner.

ZEIT DER LEHRE,
ZEIT DER TRENNUNG

Am 7. März 1441 verließ der noch nicht dreizehnjährige Filippo, Alessandras ältester Sohn, Florenz, um in Spanien bei Filippo, Jacopo und Niccolò Strozzi in die Lehre zu gehen. Seine Abreise vergaß seine Mutter nie, sie erinnerte sich noch zwölf Jahre später genau an den Tag. Dennoch hielt es Alessandra für einen unausweichlichen Schritt. Filippo hatte im Florenz der Medici keine Chancen. «Hier besteht dagegen die Hoffnung, dass er tüchtig werden wird», schrieb Jacopo Strozzi an die Mutter. Alessandra war sehr dankbar für die Bereitschaft der Cousins, ihren Sohn zum Kaufmann auszubilden. Bei ihnen würde er von Grund auf alles lernen, was für diesen Beruf nötig war: die Erledigung der Korrespondenz, die Buchführung und alle Regeln des Handels und der Bank.

Über die ersten Jahre Filippos in Spanien ist nicht viel bekannt. Das früheste erhaltene Lebenszeichen ist ein Brief, den er im März 1445 aus Barcelona an seine Mutter schrieb. Er war zuvor in Valencia gewesen. Jetzt aber sei er nach Barcelona geschickt worden, weil Filippo Strozzi dort einen Angestellten brauche und einen Verwandten einem Fremden vorgezogen habe. In Filippos Kontor in Barcelona arbeiteten schon zwei weitere junge Verwandte, die Brüder seiner Frau Filippa, Giovanni und Bernardo Bischeri. In den vier Jahren Lehrzeit hatte Filippo offenbar viel gelernt und sich Vertrauen erworben. So rückte der junge Filippo vom Lehrjungen zum Angestellten auf und erhielt jetzt auch ein Gehalt. Sein neuer Status drückte sich, wie er seiner Mutter stolz schrieb, auch in der Kleidung aus: Er sei jetzt nicht mehr wie ein Bursche, sondern wie ein Mann gekleidet. Filippo erhielt den Auftrag, die Korrespondenz zu besorgen. Dreißig Briefe habe er in einem Male abgeschickt, brüstete er sich.

Ganz glatt scheint es aber trotzdem nicht gelaufen zu sein. Im August des folgenden Jahres glaubte er, sich vor seiner Mutter rechtfertigen zu müssen: Wenn sie höre, dass Filippo Strozzi sich über ihn beklage, dann dürfe sie nicht daran glauben. Filippo sei ihm vielmehr sehr zugetan und habe durchblicken lassen, dass er ihn eines Tages beerben könne, da er selbst keine Kinder habe. Dasselbe gelte für Niccolò. Beide, so vermutete er, würden einmal gern von ihm im Alter betreut werden. Die Geschäfte der drei Onkel in Spanien liefen blendend, sie besäßen schon ein großes Vermögen, das der junge Filippo auch bezifferte. Wenn die Mutter ihm 400 Fiorini geben könne, dann wolle er sich an ihrem Geschäft beteiligen. Da jetzt auch eine Niederlassung in Neapel gegründet worden sei, hoffe er sehr, von Niccolò nach dort mitgenommen zu werden. Da gebe es viele Florentiner, und er wäre näher bei der Heimat. Eine Möglichkeit zur Rückkehr nach Florenz sehe er allerdings nicht, erst müssten sich die Verhältnisse dort ändern. Und dann machte er seiner Mutter das große Versprechen: «Ich habe die Absicht, unser Haus wieder aufzurichten.»

Filippo schrieb diesen Brief aus Valencia, wohin er mit seinem Onkel aus Barcelona gekommen war. Dort war jüngst auch sein Bruder Lorenzo eingetroffen, um seine Lehrzeit zu beginnen. Filippo berichtete seiner Mutter, dass der Bruder sich sehr zum Guten gewandelt habe, er wolle aber trotzdem hinter ihm her sein, damit er nicht ausbüxe. Die Hierarchie stand fest, der ältere Bruder hatte Gewalt über den jüngeren und trug Verantwortung für ihn. Das galt besonders, da der Vater fehlte.

Kurz nach seiner Ankunft in Valencia schrieb auch Lorenzo seiner Mutter am 28. April 1446 einen langen Brief, in dem er allerlei Nachrichten in kunterbunter Folge aneinanderreihte. Darin erzählte er, der noch keine vierzehn Jahre alt war, aber immerhin ein Jahr älter als Filippo in der gleichen Lage, etwas lamentabel von den Schwierigkeiten, die er zu bewältigen habe. Lorenzo wartete sehnsüchtig auf Nachrichten von zu Hause. Die Reise sei schrecklich gewesen. Man müsse, wie er schnell gelernt habe, in der Fremde seine ganze Lebensweise ändern. Schon in Livorno habe er vier Tage auf das Schiff warten und sich selbst versorgen müssen – ganz anders als daheim, wo die Mutter für ihn gesorgt hatte. Auf dem Schiff sei er seekrank geworden und habe drei Tage sterbensübel unter Deck gelegen, ohne dass sich jemand um ihn gekümmert hätte: Man habe ihn nicht besser als einen Hund behandelt. «Ich kann Euch sagen, ich war ein Dreck.» Aber dann sprudelt es nur so aus ihm heraus, um die neue, schöne, fremde Welt, in der er sich nun befand, der Mutter zu beschreiben: Er war von Barcelona, der schönen reichen Stadt mit den vielen Balkonen, nach Valencia gekommen, nach einem Ritt von zweihundert Meilen. Dort kommt er aus dem Staunen gar nicht mehr heraus: Die Rosmarinbüsche bilden ganze Wälder, sind höher als die kleinen Eichen in Florenz; die Apfelsinen «so dick wie eine Korbflasche», frische Mandeln und Kirschen zuhauf. Statt mit Jasminhecken wie in Florenz sind die Gärten mit Apfelsinensträuchern umhegt, aus denen auch Tore gebildet werden. Und was ihn am meisten beeindruckte: «Niemals hat man so schöne, engelgleiche Frauen gesehen!» Ihre Schlappen sind mit Gold durchwirkt, und sie tragen keine Haube wie die Frauen in Florenz – «kein Tuch um den Kopf wie Ihr» –, sondern über einem goldenen Netz einen kurzen Schleier, der lustig absteht – «so wie sie auf den Wandteppichen gemalt sind». Ihre Kleider – nicht aus Seide, sondern aus Tuch – haben trichterartige Ärmel und lange Schleppen, die Diener hinterhertragen. «Niemals werde ich schönere (Frauen) im Leben sehen!», rief er aus. Er selbst trägt nun nach Landesart Schuhe mit dreifingerlangen Spitzen, nicht mehr die besohlten Strümpfe wie in Florenz: «Sie sehen sehr hübsch aus.»

Wir hören auch von den Aufgaben, die ihm als Lehrling zugeteilt werden. Er muss den ganzen Tag im Kontor am Schreibpult stehen, um die ein- und auslaufende Korrespondenz ins Kopierbuch abzuschreiben – zwölf Briefe am Tag. Aber darüber beklagte er sich nicht: «Ich schreibe so schnell, dass Ihr Euch wundern würdet, schneller als jeder andere hier im Haus.» Der Arbeitstag war lang: «Wir schlafen nicht mehr als drei Stunden», gab er an, wobei anzumerken ist, dass diese Stunden länger waren als unsere heutigen von sechzig Minuten. Außerdem musste er jeden Tag auf dem Markt einkaufen gehen. Katalanisch hatte er, so brüstete er sich, inzwischen so gut gelernt, dass er sich verständlich machen konnte. Die Wege der Brüder trennten sich jedoch schon bald wieder. Filippo ging, wie er gehofft hatte, Ende 1446 mit Niccolò nach Neapel. Lorenzo blieb noch einige Zeit in Valencia, wo Giovanni Bischeri, der Neffe Filippos, die Leitung übernahm. Dann folgte er Jacopo nach Brügge.

Hier führte er sich nicht so gut auf, wie es von ihm erwartet wurde. 1452 machte ihm seine Mutter in einem Brief heftigste Vorhaltungen. Seinen Wunsch, ihm Netze fürs Vogelfangen zu schicken, wies sie indigniert zurück. Geld für dergleichen Dinge habe sie angesichts der vielen Steuern, die sie zu bezahlen habe, nicht zu verschenken: «Denke an wichtigere Dinge als an Netze fürs Vogelfangen!» Er betrage sich immer noch wie ein Kind, obwohl er alt genug sei zu wissen, was falsch und richtig sei (Lorenzo war damals schon fast zwanzig). Es tue ihr weh zu hören, wie er sich betrage. «Von allen Mühen und Sorgen, die ich habe, bist du die größte», warf sie ihm vor. Sie habe gehofft, dass er sein Geld zusammenhalte, um mit Filippo zusammen ein Geschäft gründen zu können, aber er werfe das Geld zum Fenster hinaus und bringe Schaden und Schmach über die Seinen: «Du hast keine guten Sitten, wie ich höre, und alle Vorhaltungen, die man dir macht, nützen nichts …, nur meinetwegen hat man dich ertragen.» Lorenzo spielte – Karten-, Ball- und andere, weniger harmlose Spiele. Die Standpauke half nichts. Im Jahr darauf brach er sich beim wüsten Ballspiel sogar den Arm, und Jacopo schrieb verzweifelt an Filippo in Neapel: «Wenn Du wüsstest, wie oft ich ihm das elende Ballspiel verboten habe und mich deswegen über ihn erzürnt habe!» Er vergeude seine Zeit und gebe sich Glücksspielen hin. Wenn er gewinne, dann verschleudere er das gewonnene Geld mit Frauen und anderen Spielen, wenn er verliere, dann gehe er an die Geschäftskasse. Schwere Vergehen also, die Lorenzo jedoch abstritt. Trotz seines schlechten Betragens warf Jacopo ihn nicht hinaus. Lorenzo blieb in Brügge bis zu dessen Tod im Jahr 1461 und wickelte Jacopos Unternehmen dort ab. Damals gestand er seiner Mutter, dass er in Brügge nie glücklich gewesen sei.

Was aber sollte aus Matteo, dem jüngsten Bruder, werden? Die Diskussion darüber war in vollem Gange, als 1447 der Briefwechsel Alessandras mit ihren Söhnen einsetzt. Schon im Sommer 1446 hatte Filippo seiner Mutter vorgeschlagen, auch Matteo zu Niccolò zu schicken, da sie in Florenz keinerlei Rückhalt besäßen, um ihm eine gute Ausbildung zu verschaffen. Die Mutter würde dann zwar allein bleiben, aber sie könne zum Ersatz ein Kind aus einer armen Familie zu sich nehmen. Matteo war zu diesem Zeitpunkt erst zehn, und Alessandra sträubte sich mit allen Fasern ihres Herzens gegen diesen

Vorschlag. Am 24. August 1447 schrieb sie Filippo, der inzwischen in Neapel war: «Im Augenblick möchte ich Matteo noch nicht wegschicken, denn obwohl er noch klein ist, habe ich doch eine Stütze an ihm und kann schlecht ohne ihn auskommen … und dann schiene es mir auch, dass ich allzu allein bliebe. Im Augenblick habe ich nicht im Sinn, ihn zu schicken … Von der Rechenschule habe ich ihn weggenommen, und jetzt lernt er schreiben.» Matteo konnte zwar schon schreiben, seine Mutter hatte es ihm beigebracht, aber es fehlte ihm noch die gute Form. Danach wolle sie ihn im Winter in eine Bank geben. «Dann sehen wir, was er machen will.» Auch ein Jahr später weigerte sie sich standhaft, sich von Matteo zu trennen. In einem Brief vom 8. November 1448 an Filippo brachte sie tausend Ausflüchte vor: «Ich weiß nicht, wie ich ihn schicken soll, er ist noch klein und hat es noch nötig, dass ich für ihn sorge, und ich weiß selbst nicht, wie ich weiterleben soll … Wenn ich daran denke, befällt mich ein großer Schmerz, dass ich so allein bleibe.» Sie brauche Matteo, machte sie Filippo klar. Er mache ihr die Besorgungen und schreibe alle Briefe für sie. Als er im Sommer schwer krank war, habe nur ihre Pflege ihn genesen lassen. Auch sein Lehrer habe ihr damals gesagt: Ihr liebt ihn nicht, wenn Ihr ihn fortschickt, denn er ist von zarter Konstitution. Und nun sei Winter, und die Pest treibe immer noch ihr Unwesen: «Ich wäre wahnsinnig, wenn ich ihn jetzt schickte.»

Im Sommer des nächsten Jahres gab sie ihren Widerstand auf, zu groß war das Drängen aus Neapel: Die Wünsche von Niccolò und von Filippo selbst könne sie nicht unerfüllt lassen, schrieb sie an diesen, und sie habe dabei nicht an ihren eigenen Trost, sondern an den Nutzen ihrer Kinder gedacht. Aber dann klagte sie doch: «Du verstehst, wie hart es mich ankommt, wenn ich daran denke, dass ich als junge Frau fünf kleine Kinder, wie ihr es wart, aufziehen musste. Und Matteo trug ich damals im Leib, und ich habe ihn aufgezogen im Glauben, dass nur der Tod ihn von mir scheiden würde; vor allem aber meinte ich, dass es genüge, wenn zwei von dreien draußen leben.» Doch habe sie Matteo jetzt ausgestattet mit einem neuen Mantel, einem roten Röckchen und Hemden und Messerchen und Sandalen und Bällen. Dennoch: Alle Verwandten und Freunde hätten ihr vorgehalten, sie liebe ihn nicht, sie sei verrückt, ihn jetzt auf die Reise zu schicken, wegen der Pest, der Hitze, des mühsamen Wegs. Und wenn etwas passierte, dann würden ihr alle vorwerfen: «Es geschieht dir recht!» Vor September würde sie Matteo nicht auf die Reise schicken.

Dann aber wurden ihr noch ein paar Monate Aufschub gewährt. Erst Anfang 1450 kam Niccolò Strozzi nach Florenz, um Matteo abzuholen. Er befand sich auf dem Weg nach Spanien, um das Geschäft seines verstorbenen Bruders Filippo aufzulösen. Während seiner Abwesenheit sollte der junge Filippo die Geschäfte in Neapel führen — ein großer Vertrauensbeweis für den noch nicht Zweiundzwanzigjährigen. In Florenz war Niccolò Gast im Haus Alessandras. Er habe ihn sehr gelobt, berichtete sie Filippo und mahnte ihren Sohn zugleich mit eindringlichen Worten, die Chance zu nutzen und sich des Vertrauens würdig zu erweisen. Niccolò habe ihr zugesichert, ihn, wenn er ordentlich seine Pflicht tue, so zu fördern, dass er «sein Haus» wieder in die Höhe bringen könne. Im anderen Falle wolle er ihn fallen lassen und sich nicht mehr um ihn kümmern. Alessandra begann Zukunftspläne zu schmieden: «Und wenn ich mich ein wenig besser eingerichtet habe, dann will ich, dass du daran denkst, nach Hause zu kommen …, aber besser in zwei oder drei Jahren. Und dann werde ich dir auch eine Frau geben wollen, denn du bist jetzt in dem Alter, dass du eine Familie führen kannst … Als Niccolò hier war, sagte er mir, er wolle, dass du bald nach hier zurückkehrst und heiratest, und sie würden dir so viel Arbeit verschaffen, dass du hierbleiben könntest, denn sie sähen es lieber, dass du dich um ihre Geschäfte kümmertest als um die anderer.» Sie hätten versprochen, Filippo in jeder Weise zu unterstützen. Dies schrieb Alessandra ihrem Sohn am 6. Dezember 1450.

Matteo verließ mit Niccolò Florenz am 6. Februar 1450 — guten Mutes, wie es heißt. Alessandra ertrug es mit «männlicher Standhaftigkeit», so schrieb ihr Schwiegersohn Marco Parenti an Filippo. Sie selbst schrieb ihm zwei Tage nach Matteos Abreise, der Abschied habe sie so sehr geschmerzt, dass sie immer noch nicht wieder ganz zu sich gekommen sei. Sie klammerte sich an die Hoffnung, dass Niccolò mit Matteo unzufrieden sein könnte und ihn zurückschicken würde. Aber dies geschah nicht. Matteo begleitete Niccolò während seiner langen Reise nach Spanien, von der die beiden erst im Februar 1451 nach einer gefahrvollen Überfahrt in Neapel wieder ankamen.

Alessandra war erleichtert, sorgte sich aber immer noch um ihren kleinen Jungen, der Matteo in ihren Augen geblieben war, obwohl er nun fünfzehn Jahre alt war. Sie empfahl ihn heiß seinem Bruder Filippo, dem sie schon vor Matteos Ankunft in Neapel am 11. Dezember 1450 schrieb: «Vergiss nicht, meinen Matteo liebevoll zu behandeln, wenn er kommt, und sorge dafür, dass er sich sauber und reinlich hält, denn er hat es noch nötig, dass man ihn daran erinnert. Und wenn er sich in seiner körperlichen Beschaffenheit und seinem Betragen nicht verschlechtert hat, weiß ich, dass dir sein Wesen gefallen wird. Denn er war ein liebenswürdiges Kind und benahm sich so, dass alle ihn lieb hatten.» Und dann, als Matteo und Niccolò endlich in Neapel angelangt waren, noch einmal: «Tu ihnen alles Liebe an, und vor allem Matteo, der noch nicht allein für sich sorgen kann, er muss ganz erschöpft sein.» Sie beschwor Filippo, nicht zu hart mit ihm umzugehen: «Schlag ihn nicht, tu so, dass er dich achtet, denn er ist meiner Meinung nach gut veranlagt. Wenn er fehlen sollte, ermahne ihn sanft, damit wirst du mehr erreichen als mit Schlägen.»

Alessandra wusste nicht, dass ihr die härteste Prüfung noch bevorstand. Ende Juli 1459 erkrankte Matteo in Neapel an einem Wechselfieber – es war wohl Malaria –, an dem bis auf Filippo auch alle anderen Hausgenossen erkrankten – sogar Niccolò, der gerade aus Rom gekommen war. Doch während die anderen langsam wieder gesund wurden, erholte sich Matteo nicht mehr und starb am 23. August. Briefe hatten von der Krankheit berichtet, Alessandra war in Sorge und hoffte, dass auch Matteo wieder genesen würde. Als dann die Unglücksbotschaft am 1. September in Florenz ankam, wussten ihre Angehörigen nicht, wie sie es ihr mitteilen sollten. Alessandra befand sich auf dem Landgut ihres Schwiegersohns Giovanni Bonsi, genannt «Le Selve», ihre Verwandten beschlossen deshalb, sie zunächst durch einen Boten über eine Verschlechterung von Matteos Zustand zu unterrichten und sie zu bitten, nach Florenz zurückzukommen. In größter Beklommenheit ritt sie noch am gleichen Tag in die Stadt zurück. Männer und Frauen der Verwandtschaft hatten sich schon in ihrem Haus versammelt, um ihr beizustehen. Als sie vom Tod Matteos erfuhr, brach sie nicht zusammen. Sie weinte und klagte zwar, ertrug den Schicksalsschlag aber mit bewundernswerter Stärke und Gottergebenheit. Marco Parenti, ihr anderer Schwiegersohn, selbst zutiefst betroffen, schilderte seinem Schwager Filippo Strozzi in Neapel den Hergang so: «Spät dann ist Monna Alexandra vom Gut zurückgekommen. Sie ist vom Pferd gestiegen und hat sich ein wenig ausgeruht. Francesco und Battista Strozzi, Monna Nannina und Monna Caterina di Piero di Neri und andere Frauen haben ihr darauf so schonend, wie es in solchen Fällen möglich ist, vom Tod von Matteo berichtet … Wenn ich dir sagte, dass sie dies nicht heftig geschmerzt hätte, dann würde man mir nicht glauben … Wir bemühen uns, sie mit allen Kräften zu trösten.» Francesco Strozzi, der Nachbar, der die Briefe mit der Nachricht von Matteos Tod empfangen hatte, fand Filippo gegenüber folgende Worte: «Ich brauche dir nicht zu sagen, dass dieser Fall (Matteos Tod) uns allen allergrößten Kummer und Schmerz bereitet hat, vor allem aber der armen Mutter … Nachdem sie jedoch, wie wir alle, erkannt hat, dass es kein Heilmittel dagegen gibt, hat sie die Kräfte ihres tapferen Geistes zurückgewonnen und sich beruhigt, indem sie Gott dankte für die Unglücksfälle, die sie so lange Zeit heimgesucht haben, dass man von ihr sagen könnte: Sie ist ein Spielball der Fortuna.»

Die Sorge um die noch lebenden Söhne gewann jedoch bald die Oberhand über die Trauer um Matteo. Keine Woche nachdem sie von Matteos Tod erfahren hatte, schrieb sie am 6. September einen langen Brief an Filippo in Neapel, in dem sie Matteos Tod mit den Worten kommentierte: «Dann aber habe ich gehört, dass es Dem, der ihn mir gegeben hat, gefallen hat, ihn am 23. zu sich zu rufen, in gutem Bewusstsein und Gnade, versehen mit allen Sakramenten, wie es sich für einen guten und treuen Christen ziemt. Und es ist mir ein großes Bitternis gewesen, eines solchen Sohns beraubt zu sein, und es will mir scheinen, dass ich durch seinen Tod noch viel mehr verloren habe als nur seine kindliche Liebe. Dies betrifft auch euch beiden anderen Söhne, die ihr nun so wenige an der Zahl geworden seid … Und obwohl ich im Herzen einen solch großen Schmerz empfand, wie ich ihn nie im Leben gespürt habe, so haben mich doch zwei Dinge getröstet», und dies war, dass Matteo während der Krankheit den Beistand seines Bruders genossen hatte, der nichts unversucht gelassen hatte, um sein Leben zu retten, zum anderen, dass Matteo vor dem Tod gebeichtet und die Kommunion und die Letzte Ölung empfangen hatte, sodass er, wie sie glaubte, sicherlich in den Himmel gekommen war. Dann aber wandte sie sich Filippos Zustand zu, der ihr Sorge machte: Sie wisse, dass ihm der Tod Matteos sehr zu Herzen gehe, er müsse aber an sein eigenes Wohlergehen denken. Und als die «Mutter voller Schmerzen», wie sie sich selbst bezeichnete, schrieb sie ihm in dem ihr eigenen, bildhaften Stil die ergreifenden Sätze: «Ich weiß, es hat dir sehr weh getan. Sorge aber, dass der Schmerz dich nicht übermannt und dir Schaden antut und du den Griff hinter dem Beil herwirfst … Ich denke mir, um deine Gesundheit wird es nach all der Beschwerde der bösen Nächte, nach dem Kummer um seinen Tod und all das andere nicht zum Besten stehen. Und so sehr geht mir dieser Gedanke Tag und Nacht durch den Kopf, dass ich keine Ruhe finde. Ich wollte, ich hätte niemanden um Rat gefragt, sondern das getan, was ich für richtig hielt und was ich tun wollte, dann wäre ich noch zeitig genug bei euch angekommen und hätte meinen süßen Sohn noch einmal lebend gesehen und geherzt und hätte Trost daraus geschöpft und ihn auch ihm und dir gespendet. Ich will aber alles zum Besten nehmen. Nur möchte ich dich bitten …, dass du dich mir zuliebe zusammennimmst, alles in Geduld zu ertragen und auf dein körperliches Wohl zu achten und die Geschäfte ein wenig beiseitezulegen … Was hilft es mir, dass ihr mir von eurem großen Vermögen erzählt, wenn ihr durch so viele Plage und Beschwerde eure Gesundheit ruiniert!»

Dann aber kamen schnell auch die praktischen Fragen zu Wort: Sie freute sich über das ehrenvolle Begräbnis, das Matteo in Neapel erhalten hatte, zumal ein solches in Florenz für einen Verbannten nicht möglich gewesen wäre, sprach von der Trauerkleidung für sie selbst und Matteos Schwestern und deren Kosten, von Matteos Testament und den Beileidsbesuchen und Briefen, die sie erhalten hatte. Ein Wachsbild des Verstorbenen sollte vor dem Gnadenbild der Gottesmutter in der Kirche der Annunziata aufgestellt und ein Messgewand gestiftet werden, wie Filippo es während Matteos Krankheit gelobt hatte. Dann rührte sie auch Fragen an, die sie seit mehreren Monaten bewegten. Es ging darum, dass sie Florenz verlassen und mit ihren Söhnen zusammenziehen sollte. Dies war infolge der politischen Ereignisse entschieden worden. Doch bevor wir uns dieser neuen Phase im Leben der Familie zuwenden, müssen wir noch einmal zurückgehen in die Zeit, als Matteo Florenz verlassen sollte.

HEIRATSANGELEGENHEITEN

Es ist im Laufe dieser Geschichte schon mehrmals von Heiraten die Rede gewesen, und auch später wird dieses Thema noch öfter aktuell werden, denn Heiraten hatten für alle Florentiner Familien eine entscheidende Bedeutung. Eheschließungen waren in Florenz nie eine nur private Angelegenheit, sondern hatten immer auch eine gesellschaftliche und politische Valenz. Heiraten stifteten Bündnisse zwischen den Familien und sollten ihre Präsenz auf der politischen Bühne stärken. Viele Aspekte waren für die Wahl eines Ehepartners wichtig. Vor allem aber legte man Wert auf die Stellung seiner Familie im sozialen Gefüge der Stadt, bei den Mädchen kamen dazu noch die Höhe der Mitgift und ihr Aussehen. Die Strozzi, die seit 1434 im gesellschaftlichen und politischen Abseits standen, hatten es deshalb nicht leicht, passende Ehepartner zu finden.

Alessandra Macigni hatte zwei Töchter, Caterina und Alessandra, und ihre Verheiratung war bei dieser Lage kein einfach zu lösendes Problem. Nur die Tatsache, dass Matteo Strozzi Vorsorge getroffen und, wie in Florenz üblich, früh schon Heiratsversicherungen bei der staatlichen Mitgiftkasse für seine Töchter abgeschlossen hatte, erleichterte ihr die Aufgabe etwas. Da aber die gesellschaftliche und politische Stärkung der Familie, die sich alle von einer Heirat erhofften, bei einer Verbindung mit einer Strozzi schlecht zu verwirklichen war, stellte die Suche nach geeigneten Ehemännern Alessandra vor nicht geringe Schwierigkeiten.

Mit den Vorbereitungen von Caterinas Heirat hebt der Briefwechsel Alessandra Macignis an. Am 24. August 1447 meldete sie ihrem Sohn Filippo in Neapel, dass es ihr gelungen sei, Caterina mit Marco Parenti zu verloben. Der Bräutigam schien ihr bei den ungünstigen Voraussetzungen keine üble Partie, denn er war der einzige Sohn eines wohlhabenden Seidenhändlers. Seine Familie stand gesellschaftlich zwar nicht so hoch wie die Strozzi, denn die Parenti hatten noch bis vor nicht allzu langer Zeit zu den niederen Zünften gehört. Jetzt aber waren sie Mitglieder in der angesehenen Zunft der Seidenfabrikanten, und Marcos Vater Parente hatte sogar schon einige Staatsämter bekleidet, er wurde als Prior sogar einmal Mitglied der Regierung. Für die Parenti bedeutete die Heirat mit einer Strozzi ganz im Gegenteil einen gesellschaftlichen Aufstieg. Alessandra gab zu, dass sie auch eine Familie von höherem Rang hätte finden können, aber nicht für die 1000 Fiorini Mitgift, mit denen sich die Parenti zufriedengegeben hatten. Sie hätte, schrieb sie, 1400 oder 1500 Fiorini für eine bessere Partie ausgeben müssen, was ihr eigener und der Ruin ihrer Söhne gewesen wäre. Die Parenti seien jedoch überglücklich über die Heirat, und Caterina würde es bei ihnen sicher gut haben. Der Bräutigam überschlage sich geradezu: «Immerzu sagt er ihr, verlang, was du willst!»

Marco Parenti ließ seiner Braut zur Verlobung ein Überkleid aus karmesinrotem Samtbrokat und ein Kleid aus demselben Stoff anfertigen. Dazu bekam Caterina ein Gebinde aus Perlen und Pfauenfedern, in Silber gefasst, und zwei Perlenzöpfe als Haarschmuck. Für die Hochzeit selbst bestellte Marco ein mit Marderfell gefüttertes und mit weiten Ärmeln versehenes Übergewand aus rotem Samt und ein mit Perlen besticktes Kleid. Als echte Kaufmannsfrau bezifferte Alessandra dies alles in klingender Münze: «Wenn sie aus dem Haus geht (gemeint war: wenn sie am Hochzeitstag durch die Straßen in feierlichem Zug in das Haus ihres Ehemanns geführt wird), hat sie mehr als vierhundert Fiorini auf dem Leib.» Dies verdiente Caterina ihrer Meinung nach auch: «Sie ist schön, und Marco möchte, dass sie noch schöner aussieht. In Wirklichkeit gibt es kein anderes Mädchen wie sie in Florenz, sie hat, wie viele meinen, alle erdenklichen Vorzüge.»

Marco Parenti scheute also keine Kosten, die er fein säuberlich, Stoff für Stoff, Juwel für Juwel, in seinem Ausgaben- und Familienbuch verzeichnete. Allein eine Agraffe mit zwei Saphiren und drei großen Perlen kostete 27 Fiorini, ein Perlenkollier fast 50. Andererseits war Marco nach Florentiner Brauch zu solchen Geschenken verpflichtet, sie waren die Gegengabe zur Mitgift. Aber in seinem Fall überstieg die ausgegebene Summe – 700 Fiorini gegenüber einer Mitgift von 1000 – doch das übliche Maß. Marco Parenti war, wie gesagt, seiner Braut nicht ganz ebenbürtig und musste deshalb zeigen, dass er es sich leisten konnte, eine Strozzi zu heiraten. Überhaupt diente der ganze Aufwand bei der Hochzeit gewöhnlich mehr dem Prestige des Bräutigams als der Eitelkeit der Braut, da die Kleider und der Schmuck nicht einmal in ihr Eigentum übergingen. Sie gehörten dem Ehemann, und wenn dieser starb, durfte die Witwe sie nicht behalten, es sei denn, der verstorbene Gatte hatte es im Testament so verfügt. Bei Marco Parenti konnten solche Probleme gar nicht aufkommen. Schon bald nach der Hochzeit verkaufte er die Juwelen und einen guten Teil der Prunkkleider wieder – er hatte sich wohl doch finanziell etwas übernommen. Die jungen Frauen, wie wir sie schmuckbehangen auf den Gemälden der Zeit sehen, trugen die kostbaren Roben und Juwelen nur bei der Hochzeit und in der ersten Zeit danach bei Festen und besonderen Anlässen. Es sei noch erwähnt, dass Marco Parenti für das gemeinsame Schlaf- und Wohnzimmer, die «camera», zwei kostbare Truhen anfertigen ließ, die der bekannte Maler Domenico Veneziano bemalte.

Die Hochzeit fand am 14. Januar 1448 statt, und Caterina kam tatsächlich in gute Hände, wenn auch ihre Schwiegermutter eine etwas zänkische Frau war. Ihre Mutter fand im Schwiegersohn dagegen einen zuverlässigen und ergebenen Helfer, der eine große Stütze für sie wurde. Er muss ein liebenswürdiger Mann gewesen sein, dazu humanistisch gebildet, wie es Florentiner Kaufleute damals oft zu sein pflegten. Von seiner Hand stammen historische Aufzeichnungen – *Ricordi* – für die Jahre 1464–1467, als die Macht der Medici nach Cosimos Tod eine Krise durchlief. Vespasiano da Bisticci nennt ihn «literarisch gebildet sowie mit guter Kenntnis der Naturphilosophie» und ordnet ihn einem Kreis von gelehrten Männern zu, die sich zweimal im Jahr zu versammeln pflegten, um literarische und philosophische Fragen zu debattieren.

Marco Parenti hielt enge Verbindung auch zu den Brüdern seiner Frau, die er fleißig mit Nachrichten aus Florenz versorgte. Seinem neu erworbenen Schwager Filippo teilte er seine Verlobung am 19. August 1447 mit, wobei er auch auf seine nicht ganz gleichwertige gesellschaftliche Stellung anspielte: «Sehr viel müsste ich schreiben, um auszudrücken, wie sehr mir rundherum Eure ganze Verwandtschaft gefällt, wenn man bedenkt, wer und was für Männer sie (die Strozzi) sind und wie viel man von Dir und Deinem Bruder erwartet und erhofft … Nur eine Sache tut mir in der Angelegenheit leid, dass ich nämlich kein so guter Verwandter sein zu können glaube, wie Ihr es verdienen würdet, aber in allem, was ich bin und tue, könnte niemand Euch mehr zur Verfügung stehen und Euch mehr lieben als ich.» Dies war die Haltung, die er stets bewahrte, wenn auch seine Schwiegermutter später einmal meinte, von den Parenti sei nicht viel zu erwarten, womit sie wohl auf ihren geringen Einfluss anspielte. Caterina Strozzi schenkte ihrem Gatten acht Kinder, die nicht alle das Erwachsenenalter erreichten. Ihre Mutter freute sich über die Enkelschar, die sie die Abwesenheit der Söhne besser ertragen ließ, und verbrachte oft mit ihnen die Sommer- und Herbstzeit auf dem Land in der Villa der Parenti.

Die jüngere Tochter hatte weniger Glück. Zwar war Giovanni Bonsi in gesellschaftlicher Hinsicht Marco Parenti überlegen, aber er hatte viele Geschwister, die noch zusammen mit ihm im Haus lebten, und einen unehelichen Sohn von einer Sklavin. Dazu war er schon 38 Jahre alt, als er die sechzehnjährige Alessandra Strozzi im Mai 1451 zur Frau nahm. Diesmal war es Filippo Strozzi, der seinem Schwager dafür dankte, dass er seine Schwester geheiratet habe. Giovanni Bonsi wies dies höflich zurück und schrieb, es gelte vielmehr das Umgekehrte. Er bat Filippo auch, ihn nicht mit «Ihr» anzureden: «Denn damit gäbest du nur zu verstehen, ich sei alt.» Auch Giovanni Bonsi half seiner Schwiegermutter nach Kräften, aber er hatte einen schwerwiegenden Fehler: Er war ein rundherum glückloser Kaufmann, der nicht wusste, wie er über die Runden kommen sollte.

1459 bot ihm seine Schwiegermutter an, mit seiner Familie zu ihr zu ziehen, damit er die Mietkosten sparen könne, denn sein eigenes Haus hatte er zur Hälfte verkauft. Alessandra rechtfertigte dies ihren Söhnen gegenüber damit, dass sie auf diese Weise Gesellschaft bekomme. Aber es kam noch schlimmer: Anfang 1466 legte sie dem Sohn Filippo, den Giovanni Bonsi um einen Kredit angegangen hatte, Giovannis erbärmliche wirtschaftliche Lage dar. Seine Schulden seien höher als die 200 Fiorini, um die er ihn gebeten habe. Sie glaube nicht, dass er sie fristgemäß zurückzahlen könne, was unweigerlich zum Streit in der Familie führen würde. Die Ernte sei ihm im Sommer verhagelt, sodass kaum etwas für den nötigen Lebensbedarf übrig geblieben sei. Er sei in so großen Nöten, dass er sogar seine alten Kleider verkauft habe, und wenn Alessandra, ihre Tochter und Filippos Schwester, ihr einziges Kleid ausbessern müsse, dann sei sie gezwungen, den Mantel gleich über dem Hemd zu tragen. Alessandra warnte Filippo davor, ihm Geld in die Hände zu geben, er sei einfach unfähig, damit umzugehen. Filippo scheint ihm dennoch ab und zu mit Geld ausgeholfen und ihn auch auf andere Weise unterstützt zu haben. Als Giovanni Bonsi Ende 1473 starb, hinterließ er viele Schulden bei seinen Schwägern. Um sie abzutragen, arbeiteten seine Söhne Donato und Matteo ohne Gehalt in Filippos Bank in Neapel. 1476 verheiratete Filippo Strozzi die Nichte Maddalena Bonsi mit Girolamo Strozzi, einem entfernten Verwandten, der ebenfalls bei ihm arbeitete. Die Familiensolidarität, die trotz aller persönlichen Katastrophen selbst Giovanni Bonsi bewiesen hatte, bewährte sich auch hier.

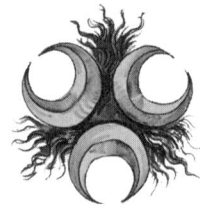

FILIPPO STROZZIS AUFSTIEG

Als ihr Schwager Giovanni Bonsi sie um finanzielle Unterstützung bat, waren Filippo und Lorenzo Strozzi längst erfolgreiche Kaufleute und Bankiers. Ihre Finanzen waren ungleich solider als die Lorenzo de' Medicis, Cosimos Enkels, der 1469 in Florenz das politische und wirtschaftliche Erbe seines Vaters Piero antrat. Der Weg dahin war für die Strozzi voller Mühen und Schwierigkeiten gewesen. Wir haben Filippo und Lorenzo verlassen, als der eine bei Niccolò Strozzi in Neapel, der andere bei Jacopo Strozzi in Brügge arbeitete. Während Lorenzo wegen seines Betragens und mehrerer Krankheiten seiner Mutter oft viele Sorgen machte, entwickelte Filippo schon früh ein ausgesprochenes Talent für die Geschäfte. Niccolò Strozzi gründete, als zwischen 1451 und 1454 den florentinischen Kaufleuten und Bankiers in Neapel die Tätigkeit verboten wurde, eine Niederlassung in Rom und hielt sich fortan meist dort auf. Filippo blieb dagegen in Neapel, wo Niccolò ihm immer mehr die Geschäftsleitung überließ. Er beteiligte sich nun auch mit dem Geld, das seine Mutter ihm und seinen Brüdern mehrmals lieh, an der Firma. Schon 1455 vertrat er auch die Medici-Bank in Neapel mit der Erlaubnis, Wechsel auf deren Bank auszustellen. Niccolò Strozzi gab 1458 gegenüber der Florentiner Steuerbehörde an, er habe sein Kapital von Neapel abgezogen, was nicht ganz zu stimmen scheint. Er kam jedenfalls öfter nach Neapel, um Filippo zu kontrollieren, wobei er zu dessen Ärger viel Misstrauen an den Tag legte.

1456 wurde Filippo Zeuge des großen Erdbebens, das die Stadt traf. Ein Brief an die Mutter zeugt vom Schrecken und von der Gefahr, die er durchgestanden hatte. Das Dach seines Hauses stürzte ein, er flüchtete unter das Bett und blieb dort, bis das Beben aufzuhören schien; aber zwei Nächte musste er noch auf einem Schiff verbringen, da die Erde nicht zur Ruhe kam. Er zählte sechzig bis auf den Grund zerstörte Häuser und weitere vierhundert mit so schweren Schäden, dass sie nicht mehr bewohnbar waren, ganz zu schweigen von den eingestürzten Kirchen und Klöstern.

Nie aber hatte die Mutter in der ganzen Zeit die Hoffnung aufgegeben, dass ihre Söhne eines Tages nach Florenz zurückkommen würden, um in der Heimat eine eigene Firma zu gründen. Die Trennung lastete sehr schwer auf ihr. 1450 wollte sie sogar zum Heiligen Jahr nach Rom pilgern, um sich dort mit Filippo zu treffen, was die Verwandten ihr aber ausredeten. Ihre Söhne kamen zwar zuweilen nach Florenz, aber von einer endgültigen Heimkehr war nicht die Rede. Doch dann verhängte die Florentiner Regierung 1458 jenen neuen Bann über die Exilierten von 1434, der auch auf die Nachkommen ausgedehnt wurde. Er begrub nicht nur die Hoffnungen des greisen Palla Strozzi, sondern machte auch die Heimkehr von Alessandras Söhnen unmöglich. Filippo, Lorenzo und Matteo, der damals noch am Leben war, würden auf unabsehbare Zeit im Exil leben müssen. Nur ein politischer Umschwung konnte die Lage ändern. Der aber war nicht in Sicht, die Stellung der Medici war stärker denn je. Alle Lebenspläne mussten jetzt neu überdacht werden.

Filippo kommentierte seiner Mutter die neue Situation mit erstaunlich gelassenen Worten: «Liebste unglückselige Mutter», begann er den Brief, den er ihr am 18. November 1458 aus Rom schrieb. Er habe zunächst nicht geglaubt, dass die Maßnahmen auch ihn beträfen, aber dann durch Briefe von Verwandten Gewissheit erlangt. Es tue ihm vor allem ihretwegen leid, er selbst sei zur Überzeugung gelangt, dass sich nichts dagegen ausrichten lasse: «Dies sind eben die Früchte dieser Welt, und wer von ihnen so häufig wie wir zu kosten bekam, die wir schon in frühester Jugend damit begonnen haben, der macht nicht mehr so viel Aufhebens davon.» Er glaube aber fest, dass die Regierenden nur zum Wohl und für den Frieden der Stadt gehandelt hätten. Er wolle deswegen auch weiterhin den großen Bürgern, die in Florenz das Sagen hatten, freundlich gesinnt bleiben und sein Vaterland lieben. Dies war eine Loyalitätserklärung gegenüber der florentinischen Regierung, die zweifellos auch über den familiären Kreis hinaus bekannt werden sollte.

Vereinbart wurde jetzt, dass Alessandra Florenz verlassen und zu ihren Söhnen ziehen sollte. Die Brüder wollten so bald wie möglich eine eigene Firma gründen, wussten aber noch nicht, wo und mit welchem Geld. Niccolò Strozzi riet zu Avignon, wo er selbst erst eine Niederlassung aufmachen wollte, die Filippo und Lorenzo einstweilen führen sollten. Dann würde man weitersehen. Aber Filippo, fest davon überzeugt, dass seine Mutter nie ins Ausland gehen würde, verwarf den Plan. Er gedachte in Neapel zu bleiben, aus dem sich Niccolò wegen der schwierigen politischen Verhältnisse endgültig zurückziehen wollte. König Alfonso war am 27. Juni 1458 gestorben, und die Nachfolge gestaltete sich schwierig. Alfonso hatte seinen unehelichen Sohn Ferrante zu seinem Nachfolger bestimmt, aber wie schon nach dem Tod Johannas II. von Anjou, die Alfonso zum Erben bestimmt hatte, machte das französische Haus Anjou, unterstützt von einem Teil des einheimischen Adels, seine Ansprüche auf Neapel geltend. Es kam zum offenen Krieg zwischen den Parteien, der das Königreich ins Chaos stürzte.

Indessen suchte Alessandra in Florenz ihre Besitzungen zu verkaufen und begann den Haushalt aufzulösen. Alle wertvollen Gegenstände, darunter die Bücher Matteos, die Wandteppiche aus Flandern, sogar den «lucco», den eleganten Übermantel der Florentiner Bürger, gab sie weg. Als aber im August 1459 Matteo in Neapel starb, kam der ganze Plan wieder ins Wanken. Alessandra zögerte, nach Neapel zu gehen, sie fürchtete die schlechte Luft dort, die Matteo, wie sie glaubte, getötet hatte. Filippo ließ sich indes nicht beirren und traf Vorbereitungen für das gemeinsame Leben in Neapel. Seinem Bruder Lorenzo, den er aus Brügge erwartete, trug er auf, verschiedene Einrichtungsgegenstände in Flandern für ihn zu erwerben: Decken, Kandelaber, Tafelgeschirr aus Zinn. Aber Anfang 1460 wurde die Lage in Neapel wegen des Kriegs unhaltbar; die Wege waren unterbrochen, und der Handel stockte. Filippo sah sich gezwungen, nach Rom zurückzugehen. Im Sommer dieses Jahres traf sich Alessandra mit ihren Söhnen in San Quirico, auf sienesischem Gebiet, um das Weitere zu besprechen. Immer noch waren sie ungewiss darüber, ob angesichts der Lage im Königreich Neapel nicht besser doch ein anderer Ort für den Geschäfts- und Wohnsitz gewählt werden sollte. Ein Problem war auch, dass Jacopo Strozzi Lorenzo nicht aus Brügge fortziehen lassen wollte, während zugleich Filippo immer noch in Rom bei Niccolò Strozzi festsaß.

Alessandra schrieb eigenhändig im März 1461 an Jacopo, um ihn inständig zu bitten, Lorenzo freizugeben. Als der Brief aus Florenz abging, war Jacopo jedoch schon schwer krank. Er starb am 26. März 1461, noch bevor Alessandras Brief in Brügge ankam. Alessandra betrauerte seinen Tod sehr, der zusätzlich viele neue Probleme mit sich brachte. Es ging um Jacopos Nachlass. Sie mahnte Lorenzo, sich keinesfalls darum zu kümmern, sondern so schnell wie möglich sein bisschen Geld abzuziehen und nach Rom zu kommen, sonst würde er sich nur Scherereien aufladen. Sie hatte recht mit ihrer Warnung, die Lorenzo nicht hören wollte. Er stürzte sich vielmehr Hals über Kopf in die Auflösung des Unternehmens, weil er glaubte, dies Jacopo schuldig zu sein, der an ihm den Vater vertreten hatte. Mit Jacopos Geschäft stand es in der Tat nicht zum Besten, er hatte Schulden und Verpflichtungen hinterlassen. Lorenzo rechtfertigte der Mutter sein Verbleiben in Brügge mit der Pflicht, den Bankrott von Jacopos Firma abzuwenden, der die Ehre des ganzen Hauses Strozzi beschädigen könnte. Die Ehre, das heißt die geschäftliche Vertrauenswürdigkeit und Korrektheit, war in der Tat das wichtigste Kapital eines Kaufmanns, und eine Zahlungsunfähigkeit konnte den Ruf einer Firma auf immer ruinieren. Dann kam Lorenzo im Sommer 1461 doch nach Rom, um Niccolò Strozzi, Jacopos testamentarischem Nachlassverwalter, Rechenschaft abzulegen. Hier kamen die Brüder dann endgültig überein, sich zusammen selbstständig zu machen. Ihre Mutter billigte den Entschluss mit Überzeugung und schrieb: «Ihr seid jetzt nicht mehr in einem Alter, jemand über euch zu haben.»

Trotz der Wirren ging Filippo im Frühjahr 1462 nach Neapel zurück, um selbst zu sehen, wie die Lage war. Die Hauptstadt des Königreichs war Ferrante d'Aragona treu geblieben, und auf dessen Sieg setzte Filippo. Er sollte recht behalten. Obwohl über seine Tätigkeit in Neapel in diesen Jahren nur wenig bekannt ist, da Geschäftsbücher erst ab 1466 überliefert sind, so darf man doch schließen, dass er bald einer der wichtigsten Geldgeber von König Ferrante wurde. Sein Sohn Lorenzo, der viele Jahrzehnte später das Leben seines Vaters beschrieb, erzählt, dass dieser während des Kriegs Neapel mit Korn versorgt und dem König viel Geld geliehen habe. Tatsache ist, dass Ferrante d'Aragona ihm am 28. Januar 1463 ein Privileg verlieh, das ihm Handelsfreiheit im ganzen Königreich gewährte. Die guten Verbindungen zum König und seinem Hof waren die Grundlage für Filippos überwältigenden Erfolg.

Sein Bruder Lorenzo verstrickte sich dagegen immer mehr in die Probleme von Jacopo Strozzis Nachlass. Er kehrte noch einmal nach Brügge zurück und erwog sogar, ganz dort zu bleiben, als ihm eine gute Stellung in der Medici-Niederlassung angeboten wurde. Erst Anfang 1464 kam er schließlich nach Neapel. Nun aber schob die Mutter es heraus, Florenz zu verlassen. Sie verlangte, dass ihre Söhne sich erst verheiraten sollten, bevor sie selbst nach Neapel komme, und betrieb mit großem Eifer die Suche nach geeigneten Bräuten. Das übliche Problem war nicht nur, dass die Familien ihre Töchter nicht mit einem Verbannten verheiraten wollten – auch Alessandra selbst hatte ihre Ansprüche. Sie wünschte keine hässlichen Schwiegertöchter, und außer Schönheit sollten sie möglichst auch viele gute Eigenschaften besitzen. «Was mich angeht, so möchte ich so traurige Gestalten nicht vor mir sehen, es bringt wenig Genugtuung, sie im Haus zu haben», schrieb sie an Filippo. Die Sache kam nicht so recht voran, auch weil Filippo und Lorenzo keine Eile zeigten, den Junggesellenstand aufzugeben. Der Haushalt in Neapel lief auch ohne das Walten einer Hausfrau gut. Die Sklavin Marina führte ihn zu voller Zufriedenheit und erfüllte offenbar auch sonstige eheliche Pflichten. Lorenzo hatte in Neapel eine Geliebte gefunden, die ihm zwei Kinder gebar. Diese schickte er schon als Kleinkinder zu seiner Mutter nach Florenz.

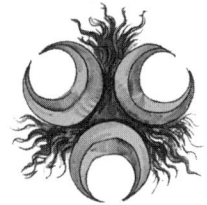

FLORENTINER KRISEN UND
ENTTÄUSCHTE HOFFNUNGEN

Inzwischen geschahen in Florenz Dinge, die hoffen ließen, dass das Exil doch früher ein Ende nehmen könnte, als es der Bannspruch vorsah. Am 1. September 1464 starb in seiner Villa in Careggi bei Florenz Cosimo de' Medici. In der Folge regte sich Widerstand gegen die Vormachtstellung der Medici, selbst bei deren engsten Anhängern. Man forderte eine Rückkehr zu demokratischeren Gepflogenheiten. Cosimos Sohn Piero, schwer an der Gicht leidend, hatte die Kontrolle nicht mehr fest in der Hand. Diese neue politische Lage fand sogleich ein Echo in der Familienkorrespondenz, denn Alessandra Macigni verfolgte mit lebhaftem Interesse die politischen Entwicklungen. Schon am 15. September, zwei Wochen nach Cosimos Tod, schrieb sie an Filippo: «Ohne Zweifel haben sich einige Bürger nach dem Todesfall, der sich ereignet hat, Gedanken über eine Änderung der Regierung dieser Stadt gemacht.» Sie hörte herum, um zu erfahren, wie die Stimmung war, und ließ alle ihre Verbindungen spielen, um einflussreiche Bürger zu bewegen, sich für eine Aufhebung des Banns ihrer Söhne einzusetzen. Bei ihren Bemühungen wandte sie sich zunächst an jene Männer, die den Widerstand gegen Piero de' Medici anführten. Die wichtigsten von ihnen waren Luca Pitti, Angelo Acciaiuoli und Dietisalvi di Nerone, drei der großen Bürger der Stadt. Acciaiuoli stand den Strozzi-Brüdern schon lange nahe. Er hatte Handelsniederlassungen im Königreich Neapel und besaß dort auch Feudalgüter, weshalb er öfter in Neapel weilte und Filippo gut kannte.

Aber gerade der Antagonismus zwischen Piero de' Medici und diesen großen Bürgern erwies sich als ein Hindernis. Das zeigte sich schon, als Filippo und Lorenzo Strozzi sich um eine Genehmigung bemühten, für kurze Zeit nach Florenz zurückkommen zu dürfen, um dort, in Hinsicht auf die Übersiedlung ihrer Mutter nach Neapel, ihre Angelegenheiten zu regeln. Der Vorschlag erhielt keine Mehrheit in den zuständigen Regierungsgremien, die Widerstände kamen vor allem von Piero de' Medicis Getreuen. Nach langem Hin und Her erhielt Lorenzo im Februar 1465 dann doch die gewünschte Erlaubnis – man griff dabei sogar zu einem juristischen Trick, um zu verhindern, dass er festgenommen wurde. Aber er durfte die Stadt nicht betreten und musste sich mit seiner Mutter außerhalb von Florenz treffen, wo ihn außer den Verwandten auch Luca Pitti und Angelo Acciaiuoli besuchten. Sie versprachen, sich dafür einzusetzen, dass die Verbannung aufgehoben wurde.

Ermutigt von diesem ersten Erfolg begannen jetzt die großen Manöver. Der größte Trumpf in diesem diplomatischen Spiel war König Ferrante von Neapel. Er war Filippo wohlgesinnt und, wie Alessandra meinte, ihm auch verpflichtet, womit sie offenbar auf die dem König in schwieriger Lage gewährten Kredite anspielte. Noch während Lorenzo in der Nähe von Siena auf die Erlaubnis wartete, florentinisches Gebiet betreten zu dürfen, gab seine Mutter Filippo Instruktionen, welche Schritte er in Neapel unternehmen sollte. Sie hielt die politische Konstellation für außerordentlich günstig. Florenz war dabei, Gesandte nach Neapel zu schicken, um die Unterstützung des Königs in einer außenpolitischen Frage zu erreichen. Da die Florentiner Gesandten als Bittsteller kamen, war Alessandra der Ansicht, dass der König ihnen seinerseits Bitten vortragen könne, welche die Gesandten dann nach Florenz weiterleiten sollten. Filippo solle mit den Gesandten darüber sprechen und sie günstig stimmen, indem er für ihre Unterkunft sorgte und ihnen eventuell auch Geschenke machte. Ebenfalls sollten die beiden Gesandten, die in gleicher Sache nach Mailand gingen – einer war Dietisalvi di Nerone –, den Herzog von Mailand, Francesco Sforza, dazu bringen, ein gutes Wort für sie bei der florentinischen Regierung einzulegen. Das Anliegen der Strozzi begann sich mit der großen Politik zu verschränken.

Gleichzeitig wurden auch Annäherungen an die Medici versucht. Schon die Tatsache, dass Bernardo de' Medici, ein Angehöriger der Familie aus einer Nebenlinie, 1459 seinen Sohn Antonio zu Filippo nach Neapel in die Lehre geschickt hatte, war als Vertrauensbeweis und ein gutes Zeichen angesehen worden. Als Antonio dann 1461 nach Brügge ging, um in der dortigen Medici-Niederlassung zu arbeiten, pries Alessandra ihrem Sohn Lorenzo, der sich damals noch dort befand, Antonios Vater in höchsten Tönen: «Du weißt, wie sehr wir alle Bernardo verpflichtet sind», schrieb sie ihm. «Wir sollten die Erde küssen, auf die er seinen Fuß setzt, in Anbetracht der großen Liebe, die er uns entgegenbringt, und wegen allem, was er für uns getan hat und fortgesetzt noch tut. Er nimmt großen Anteil an unserem Ergehen.»

Mit Interesse verfolgte Alessandra Macigni dann auch eine Affäre, die sich unter ihren Augen abspielte und ebenfalls eine Brücke zu den Medici herstellen konnte. Der junge Lorenzo de' Medici, Pieros Sohn, machte Lucrezia Donati, der anverlobten Braut von Niccolò Ardinghelli, sehr heftig den Hof. Er hatte sie zur Dame seines Herzens erkoren und besuchte sie oft. Niccolò Ardinghelli war wie Filippo, Lorenzo und Matteo Strozzi 1458 unter den Bann gefallen, weil sein Vater Piero zu den Gegnern Cosimo de' Medicis gehört hatte, die 1434 exiliert wurden. Er war aber auch verwandtschaftlich mit den Strozzi verbunden, denn seine Mutter war Palla Strozzis Nichte Caterina Strozzi, die Gleiche, die einst mit Alessandra auf die Ämter gezogen war, um die Rechte der Kinder zu verfechten; sie wohnte zudem gleich neben Alessandra. Auch Caterina hatte 1459 angefangen, Besitzungen in Florenz zu verkaufen, um zu ihren Söhnen zu ziehen. Doch diese suchten vorerst in der Levante ihr geschäftliches Glück, sodass sie einstweilen in Florenz bleiben musste. Im Frühjahr 1465, als die Affäre schon in vollem Gang war, schickte sich Niccolò Ardinghelli nach mehr als zwei Jahren Verlöbnis endlich an, Hochzeit zu feiern und die Ehe zu vollziehen. Die Erlaubnis, zu diesem Zweck kurz nach Florenz zu kommen, verdankte sich, wie Alessandra etwas spitz vermerkte, wahrscheinlich auch der Fürsprache Lorenzo de' Medicis bei seinem Vater. Die Ardinghelli sahen das höfische Techtelmechtel durchaus positiv. Sie hofften, dass es helfen würde, die Aufhebung des Banns zu erreichen — vergeblich allerdings, wenigstens vorläufig. Niccolò Ardinghelli reiste nach Ablauf der ihm für die Hochzeit gewährten Frist von zwölf Tagen sofort wieder in die Levante zurück und ließ seine schöne, junge Frau bei seiner Mutter in Florenz, wo sie weiterhin von ihrem Ritter mit Festen und Liebesgedichten, die sie wohl kaum je zu lesen bekam, gefeiert wurde. Alessandra bemerkte ironisch zu diesem Treiben, dass es vielleicht besser sei, eine schöne Frau zu haben als die Empfehlungen des Königs von Neapel.

Filippo Strozzi bot sich zur selben Zeit eine etwas banalere Gelegenheit, mit den Medici näher in Verbindung zu treten. Lucrezia Tornabuoni, Piero de' Medicis Gemahlin, hatte Filippo Strozzi darum ersucht, ihr etwas von dem begehrten süditalienischen Flachs zu besorgen. Filippo ließ sich nicht zweimal bitten und schickte ihr mehrere Ballen zum Geschenk. Die Empfängerin, begeistert von der vorzüglichen Qualität des Flachses, dankte ihm dafür am 18. März 1465 ganz überschwänglich: Sie habe das Geschenk gar nicht verdient, denn sie habe ja nie etwas für ihn getan. Filippos guter Ruf und sein Verhalten ließen jedoch sie und ihren Gatten wünschen, ihm zu Gefallen zu sein. Er solle ihr nur schreiben, was sie für ihn tun könne, um ihre Schuld bei ihm abzutragen. Darauf hatte Filippo nur gewartet. Er bat sie umgehend, sich bei ihrem Gatten für ihn zu verwenden. Sie habe mit Piero über seine Angelegenheiten (sprich: Aufhebung des Banns) gesprochen, schrieb Lucrezia Tornabuoni ihm am 19. April 1465 zurück; Piero habe sich sehr wohlwollend geäußert und wolle ihm schreiben. Dies tat er auch am 4. Mai und versprach, Filippos Anliegen zu fördern. Schon eine Woche später, am 10. Mai, beauftragte er ihn auch, in seinem Namen Ferrante d'Aragona eine ihm gehörige, in Neapel liegende Galeere zu übergeben, die er dem König zum Geschenk machen wollte.

Ferrante d'Aragona bedankte sich und schrieb auch noch ein zweites Mal an Piero de' Medici, um ihm die Aufhebung des Banns der Strozzi-Brüder ans Herz zu legen. Dieser antwortete ihm am 31. Mai sehr unterwürfig, aber seine Antwort war enttäuschend: Es sei ihm außerordentlich peinlich, dem König in dieser Frage nicht dienen zu können, es liege einfach nicht in seiner Macht. Denn was der König fordere, sei in seiner Stadt wegen der hier herrschenden Gewohnheiten und Gesetze von sehr schwerwiegender Bedeutung. Er wolle sich der Angelegenheit jedoch annehmen, müsse aber darauf hinweisen, dass sie nicht sofort zu verwirklichen sei. Dies war eine Entschuldigung, welche die Medici gern vorzubringen pflegten und die bis zu einem gewissen Grad auch der faktischen Lage entsprach. Die Medici waren keine Alleinherrscher wie der König von Neapel, sondern hatten in dem korporativ republikanischen Staatswesen, das Florenz war, die Unterstützung wenigstens eines Teils der großen Bürger nötig – und die drohte Piero de' Medici gerade jetzt zu verlieren.

Einige Wochen vor diesem Briefwechsel war am 17. April 1465 der blutjunge Federico d'Aragona, König Ferrantes zweiter Sohn, mit seinem Gefolge in Florenz eingetroffen. Er befand sich auf der Reise nach Mailand, wo er Ippolita Sforza, die Braut seines Bruders, des Thronfolgers Alfonso d'Aragona, abholen sollte, um sie nach Neapel zu geleiten. Wie es seinem hohen Rang entsprach, wurde er in Florenz mit den größten Ehren empfangen. Er hatte zwar keinen Auftrag, von der Aufhebung des Banns zu sprechen, aber zwei Höflinge des Prinzen, Carlo und Rinaldo Mormile, Freunde Filippos, machten bei Alessandra Macigni einen Besuch und versprachen Unterstützung. Filippos Schwager Marco Parenti bemühte sich seinerseits sehr eifrig um Kontakte zum Prinzen, zu dem er aber nicht vordringen konnte. Die Sache stockte.

Dann kam auf der Rückreise der Königssohn mit der mailändischen Braut im Juni noch einmal durch Florenz, und diesmal war alles besser vorbereitet worden. Federico hatte inzwischen von seinem Vater einen formellen Auftrag erhalten, in Florenz für die Strozzi zu intervenieren. Wie Marco Parenti seinem Schwager Filippo berichtete, zeigte Federico d'Aragona Piero de' Medici den Brief seines Vaters und wollte gleich eine Antwort von ihm haben, die jedoch ähnlich ausfiel wie die, welche Piero bereits seinem Vater gegeben hatte: Die Zeit sei noch nicht reif. Und als der Prinz nachhakte, wann dies denn der Fall sein würde, meinte Piero etwas vage, «sicher bald». Beim Abschied kam Federico nochmals auf die Frage zurück, ohne jedoch auch diesmal eine genauere Antwort zu erhalten.

Alessandra Macigni selbst hielt so und so nicht viel von Piero de' Medici. Er sei ein Wendehals und halte seine Versprechen nicht, schrieb sie an Filippo. Dabei hatte sie die innenpolitische Lage genau im Auge: Piero gelinge es nur noch mit Mühe, seine Vorhaben in der Regierung und in den Räten durchzusetzen, berichtete sie. Andererseits hatten die Strozzi nie allein auf die Unterstützung der Medici gebaut. Schon im April 1465 hatte Filippo Strozzi an Luca Pitti geschrieben und ihn um seine Hilfe gebeten. Mit Pitti, dessen Ansehen zusehends wuchs, verhandelte monatelang auch Marco Parenti, der zwar Zusagen erhielt, denen aber ebenfalls keine Taten folgten. Alle behaupteten, die Zeit sei noch nicht gekommen. Der schwelende Konflikt zwischen Piero de' Medici und seinen Rivalen machte in der Tat jede Einigung über einen eventuellen Gesetzesvorschlag aussichtslos. Filippo versuchte unter anderem auch, Piero de' Medici mit einem Geschenk von 450 Orangen auf die Sprünge zu helfen. Dieser tat ihm dann im Juli die Absicht kund, seinen Sohn Lorenzo zu König Ferrante nach Neapel zu schicken, und bat um Filippos Fürsorge für ihn. Doch Lorenzo de' Medici ging erst im Frühjahr 1466 nach Neapel. Die Hoffnungen auf Erfolg wurden im Laufe der Monate immer schwächer, denn die inneren Konflikte spitzten sich auf dramatische Weise zu.

Die Vorbereitungen für die Übersiedlung Alessandra Macignis nach Neapel gingen also weiter, wobei weder sie noch ihre Söhne größere Eile zeigten. Für Filippo und Lorenzo Strozzi verbesserten sich die geschäftlichen Aussichten in Neapel noch mehr, nachdem Ferrante d'Aragona am 7. Juli 1465 in einer Seeschlacht im Golf von Neapel die provenzalische Flotte des französischen Thronprätendenten besiegt und damit die volle Kontrolle über sein Reich zurückgewonnen hatte. Die Brüder teilten sich nun die Aufgaben: Filippo war für die Bank zuständig, während sich Lorenzo um den Fondaco, das Warenlager, kümmerte. Dennoch war Alessandra nicht glücklich über die Aussicht, ihre Heimatstadt verlassen zu sollen. Auf jeden Fall wollte sie, das war ihre Bedingung, nur in Begleitung einer Schwiegertochter die Reise nach Neapel antreten, doch Schwiegertöchter waren immer noch nicht gefunden.

So ging auch die Suche nach den Bräuten weiter. Alessandra schickte ihre Schwiegersöhne aus, zog selbst viele Erkundigungen ein und lauerte den Mädchen, die in die engere Wahl kamen, sogar in der Kirche auf, um sich selbst ein Bild von ihrem Äußeren zu machen. Besonders eine gefiel ihr sehr gut, sie beschrieb sie Filippo in höchsten Tönen. Es handelte sich um eine Tochter des Francesco Tanagli. Marco Parenti fühlte bei ihrem Vater vor, der unter den gegebenen Bedingungen aber eine so geringe Mitgift wie nur möglich bezahlen wollte. Die Tanagli waren zwar eine angesehene Familie, aber wirtschaftlich etwas in der Klemme, wozu noch kam, dass Francesco viele Kinder hatte. Mit einer kleinen Mitgift könne man sich abfinden

Hans Memling, «Das Jüngste Gericht», Flügelaltar.
Auf der Außenseite der Flügel die Bildnisse der Stifter Agnolo Tani und Caterina Tanagli.
Die geplante Ehe von Caterina mit Filippo Strozzi war nicht zustande gekommen.

angesichts der vielen Qualitäten des jungen Mädchens, meinte Alessandra. Doch Filippo konnte sich nicht entscheiden, während Lorenzo sogar noch zwei Jahre warten wollte, um zu heiraten. Die Verhandlungen verliefen schließlich im Sand, und Tanagli fand eine andere Partie für seine Tochter. Die schöne Caterina wurde mit Agnolo Tani, einem Angestellten und Minderheitsgesellschafter der Medici, verlobt, der in Brügge lebte, wo er lange die Medici-Niederlassung geleitet hatte. So kam das Mädchen trotzdem ins Ausland, zu billigem Preis für ihren Vater, darf man vermuten.

In Brügge porträtierte sie wenige Jahre später Hans Memling, von dem sich Agnolo Tani einen grandiosen Flügelaltar mit der Darstellung des Jüngsten Gerichts malen ließ (siehe Abb. Seite 96). Hier kniet die junge Frau betend, als Pendant zu ihrem Gatten, als Stifterfigur auf der Außenseite der Seitenflügel vor einer Skulptur des Erzengels Michael. Die Bilder der beiden Stifter blieben also sichtbar, wenn die Flügel geschlossen waren. Die Identifizierung der knienden weiblichen Gestalt mit jener Caterina Tanagli, die als Braut für Filippo Strozzi im Gespräch gewesen war, verdanken wir Aby Warburg, der auch das kuriose Schicksal des Gemäldes rekonstruiert hat. Tani wollte das Gemälde 1473 nach Florenz schicken, um es in einer florentinischen Kirche aufzustellen. Doch wurde das Schiff, das es nach Italien bringen sollte, auf der Fahrt nach London von einem Kapitän (oder besser Piraten) der Hanse gekapert, der es mit seiner Ladung nach Danzig brachte und Memlings Gemälde der Marienkirche dort vermachte. Die Danziger gaben es trotz aller Proteste des Herzogs von Burgund, unter dessen Flagge das Schiff segelte, und der Androhungen Papst Sixtus' IV. nicht wieder heraus. In Danzig blieb es, und hier befindet es sich noch heute im Muzeum Narodowe.

HEIMKEHR NACH FLORENZ

In all dieser Zeit hatte Alessandra Macigni nie ganz die Hoffnung aufgegeben, dass der Bann am Ende aufgehoben werden und die Söhne zu ihr nach Florenz zurückkehren würden. Dieser heiße Wunsch erfüllte sich im Spätsommer 1466. Die Briefe aus den Jahren 1465, oft in Chiffre geschrieben, denn in der Korrespondenz mit Verbannten durften keine politischen Themen berührt werden, hatten immer wieder auch von den Spaltungen und Konflikten in der Stadt berichtet. Piero de' Medicis Einfluss und Macht waren im Laufe des Jahres zunehmend geschwunden, während seine Gegner immer größere Erfolge verbuchen konnten. So wurde im August 1465 das alte Losverfahren bei der Wahl zu den höchsten Ämtern wieder eingeführt, das 1458, wie so oft zu Zeiten Cosimos, den «Accoppiatori» überlassen worden war, die nach eigenem Ermessen die Namen bestimmten. Piero hatte nun also weniger Möglichkeit, die Wahlen in seinem Sinn zu beeinflussen. Auch der Fiskus wurde reformiert, mit der Folge, dass die in der Vergangenheit oft arbiträr zur Schwächung der politischen Gegner verhängten Steuern wieder gerechter verteilt wurden.

Unter Pieros Gegnern tat sich jetzt auch Niccolò Soderini hervor, der in den letzten zwei Monaten des Jahres 1465 das Amt des Gonfaloniere bekleidete. Als Ehemann ihrer Stiefschwester Ginevra war er Alessandras Schwager, aber sie erwartete von ihm keine Förderung. Im Streit um das Erbe ihres Bruders Zanobi hatte er sie vor Gericht gezerrt, und das Verhältnis war weiterhin gespannt geblieben. Wie sie ihn nicht liebte, so nährte auch er keine Sympathie für ihre Söhne. Da von Februar 1466 bis Anfang 1469 keine Briefe Alessandras erhalten sind und auch die Briefe Marco Parentis eine dreijährige Lücke aufweisen, kennen wir ihre Reaktionen auf die Vorkommnisse der folgenden Monate nicht. Wohl aber hat Marco Parenti diese Ereignisse in einem historischen Abriss über die Zeit 1464 bis 1467 sehr detailliert beschrieben. Seine *Ricordi* sind eine der wichtigsten Quellen für die innenpolitischen Konflikte dieser Jahre.

Zum Eklat kam es nach Monaten der Unruhe im August 1466, als Piero de' Medici auf der einen und Pitti, Acciaiuoli, Dietisalvi und Soderini auf der anderen Seite sich nach auswärtiger Unterstützung umsahen. Piero de' Medici forderte vom Herzog von Mailand Truppen an, seine Gegner wandten sich an den Herzog von Ferrara. Noch während die Gegner der Medici in den letzten Augusttagen unschlüssig auf den Einmarsch der Truppen warteten, ging Luca Pitti, durch Versprechungen verlockt, auf die Seite Piero de' Medicis über. Damit sahen sich dessen Gegner verloren. Während in der Stadt Tumulte ausbrachen, wurde auf Vorschlag Pittis am 2. September ein Parlament, die Vollversammlung der Bürger, einberufen, um die Ruhe wiederherzustellen. Dieses Parlament bewilligte ohne Widerstand die Einsetzung einer Balìa, des mit Sondervollmachten ausgestatteten Krisenrats, der die Maßnahmen ergriff, die in wenigen Tagen Piero de' Medicis Vormachtstellung wiederherstellten. Nachdem eine wahre Verfolgungsjagd stattgefunden hatte, verbannte die Balìa am 11. September Pieros Gegner wegen Anschlags auf die republikanische Freiheit. Wiederum wurde eine beträchtliche Anzahl von Bürgern und Familien ins Exil geschickt und der politischen Rechte beraubt. Acciaiuoli, Dietisalvi und Soderini hatten schon vorher die Flucht ergriffen und wurden später wegen Missachtung des zugewiesenen Exils sogar zu Rebellen erklärt. Sozusagen als Ausgleich für diesen erzwungenen Exodus wurde am 20. September für eine Reihe der 1458 Verbannten das Exil aufgehoben, während andere die politischen Rechte zurückerhielten, die ihnen damals entzogen worden waren. Unter den Begnadigten befanden sich auch Filippo und Lorenzo Strozzi. Auf die Nachricht vom Ausgang des Konflikts hatte König Ferrante am 13. September 1466 an Lorenzo de' Medici geschrieben, der im Frühjahr in Neapel gewesen war und den König bezaubert hatte, und nochmals um die Aufhebung von Filippo und Lorenzo Strozzis Exil gebeten. Am gleichen Tag beglückwünschte Filippo selbst Lorenzo de' Medici zum Sieg über die Gegner seines Hauses. Zusammen mit den Brüdern Strozzi wurden auch Niccolò Ardinghelli, der Mann der schönen Lucrezia Donati, Francesco Castellani, der einstige Schwiegersohn Palla Strozzis, sowie die Söhne des inzwischen verstorbenen Francesco Caccini, der Palla Strozzis Enkelin Ginevra Brancacci geheiratet hatte, zurückgerufen. Die Söhne und Nachkommen Palla Strozzis wurden dagegen, wie Marco Parenti in seinen *Ricordi* eigens anmerkt, auf ausdrücklichen Wunsch Piero de' Medicis von dieser Begnadigung ausgeschlossen.

Kaum hatte er die frohe Nachricht erhalten, dankte Filippo Strozzi am 26. September Piero de' Medici bewegt in einem Brief, dann traf er Vorbereitungen, um nach Florenz zurückzukehren. Am 27. November 1466 war er in Siena angelangt, von wo aus er seiner Mutter seine baldige Ankunft in Florenz ankündigte: «Morgen reise ich ab, wenn das Wetter nicht allzu schlecht ist, denn es regnet und schneit. Auf jeden Fall aber gehe ich bis Castellina oder nach San Giorgio, und Samstag werde ich in San Casciano sein. Dort erwarte ich eine Nachricht von Euch, und Sonntagabend, wenn es Gott gefällt, habt Ihr mich dort. Sorgt dafür, dass es zu Abend etwas anderes als nur Wurst zu essen gibt!»

Am 18. Januar 1467 feierte Filippo seine Hochzeit mit der anmutigen Fiammetta Adimari, nachdem die schon vor längerer Zeit angeknüpften Verhandlungen mit ihrer Familie endlich zum Abschluss gekommen waren. Nun, da er kein politisch Verfolgter mehr war, der in der Fremde leben musste, hatte der Vater nicht mit der Mitgift geknausert; die Braut brachte 1500 Fiorini in die Ehe. Filippo suchte das alte Haus, in das er seine junge Frau führte, etwas freundlicher zu gestalten, indem er sein Wohn- und Schlafzimmer, die «camera», mit neuen Möbeln und einem Madonnenbild ausstattete. Das Prunkstück in diesem Raum war die große, mit Intarsien geschmückte Truhe, die 1468 Giuliano da Maiano für ihn anfertigte.

Filippos Bruder Lorenzo sträubte sich dagegen noch lange gegen eine Heirat. Schon vor Jahren war eine Ehe mit Marietta Strozzi, der Enkelin Pallas und Tochter des ermordeten Lorenzo Strozzi, erwogen worden. In die engere Wahl kam Marietta, als sie Anfang 1464, nun in heiratsfähigem Alter, von ihrer Mutter Alessandra Bardi, die mit ihren Kindern damals in Bologna lebte, nach Florenz geschickt wurde. Marietta war wahrscheinlich Gast bei ihrem Onkel Giovanni Rucellai und ihrer Tante Jacopa, der Tochter Palla Strozzis und Schwester von Mariettas Vater Lorenzo. Ihr Onkel hatte mit Giovanfrancesco Strozzi, Mariettas Vormund, lange geschäftlich zusammengearbeitet. Durch Rucellais Vermittlung sollte eine florentinische Ehe für Marietta arrangiert werden.

Giovanni Rucellai hatte sich in der Zwischenzeit den Medici angenähert, sein Sohn Bernardo sich 1461 mit Cosimo de' Medicis Enkelin Lucrezia, der Tochter Pieros, verlobt. Mit dem Rückhalt der Medici musste es gelingen, Marietta gut unter die Haube zu bringen.

Marietta Strozzi machte in Florenz Furore. Sie war sehr hübsch und erwarb sich in Windeseile den Ruf, das schönste Mädchen der Stadt zu sein, vergleichbar nur mit jener Lucrezia Donati, der Lorenzo de' Medici den Hof machte. Die männliche Jugend von Florenz war hingerissen. Der Karneval mit seinen ausgelassenen Sitten erlaubte Annäherungen, die sonst nicht möglich waren. Der vertrauliche Brief eines Freundes an den jungen Lorenzo de' Medici schildert eine anmutige Schneeballschlacht, die sich Marietta mit ihren Verehrern lieferte. In Florenz war viel Schnee gefallen, sodass drei junge Männer aus den besten Familien der Stadt, angeführt von Bartolomeo Benci, beschlossen, die Gelegenheit zu nutzen, um Marietta näherzukommen. So zogen sie eines Abends in Begleitung von Musikanten und gefolgt von vielen Zuschauern vor Mariettas Haus und luden sie zu einer Schneeballschlacht ein. Dies der Bericht von Lorenzo de' Medicis Freund: «Unsterbliche Götter, welch ein Schauspiel! Wie soll ich es Dir, mein Lorenzo, mit meiner schwachen Prosa beschreiben? Unzählige Fackeln, schmetternde Trompeten, süße Flöten, begeistert klatschende Zuschauer. Und welch ein Triumph, wenn einer der Angreifer das schneeweiße Antlitz des Mädchens mit Schnee bestreuen konnte. Aber was sag ich? Mit Schnee bestreuen? Es war ein wahres Zielschießen von sehr geübten Schützen! Und die anmutige Marietta, so schön, wie allen bekannt, und so gewandt in diesem Spiel, machte sich dabei große Ehre. Aber die edlen Jünglinge zogen nicht ab, ohne ihr sehr edel ein Andenken von ihnen zurückgeworfen zu haben.»

Wenige Tage später wurde ihr von den gleichen Freunden eine noch spektakulärere Huldigung dargebracht – ein «Triumph der Liebe». Organisiert hatte ihn wiederum Bartolomeo Benci, ein Sohn des verstorbenen Giovanni Benci, der lange mit Erfolg die Medici-Bank geleitet hatte. Er hatte Marietta zu seiner Herzensdame erkoren und wollte seiner Liebe auf diese Weise öffentlich Ausdruck geben. Da ein Zeitgenosse diesen «Triumph» beschrieben hat, können wir uns ein genaues Bild von diesem Aufzug machen. Im Mittelpunkt stand ein mit kostbaren Tüchern behangener, mit Putten besetzter und in vielen Lichtern strahlender, hoher Triumphwagen, auf dessen Spitze, in Anspielung auf die heiße, unerfüllte Liebe, ein brennendes und blutendes Herz thronte. Der Wagen wurde unter Begleitung eines vielköpfigen Zugs von prächtig gekleideten jungen Männern zu Pferd, Knappen und Musikanten – der Berichterstatter spricht von fünfhundert Personen – durch die Straßen der Stadt, die von Menschenmengen gesäumt war, bis hin zum Haus Mariettas gezogen, wo diese von einem Fenster aus die Huldigung entgegennahm. Nach dem üblichen Lanzenbrechen der Liebesritter wurde der Wagen in die Luft gesprengt, sodass die explodierenden Raketen auf Marietta gerichtete Liebespfeile zu sein schienen. Es handelte sich bei diesem Spektakel um eine jener Inszenierungen pseudohöfischer Liebe, wie sie damals in Florenz so beliebt waren.

Wahrscheinlich im Zusammenhang mit Mariettas Aufenthalt in Florenz und den Huldigungen an ihre Schönheit entstand auch eine Marmorbüste, die Giorgio Vasari zufolge Desiderio da Settignano von ihr geschaffen haben soll. Diese Büste wurde mit jenem reizenden Marmorbildnis identifiziert, das sich heute im Bode-Museum in Berlin befindet (siehe Abb. Seite 103). Allerdings ist mehrmals angezweifelt worden, dass diese Büste überhaupt von Desiderio stammt, und andere Büsten sind ins Spiel gebracht worden. So jene, die sich heute im Bargello-Museum in Florenz befindet und deren Zuschreibung an diesen Künstler gesichert erscheint. Wir müssen uns also auf die Zeugnisse der Zeitgenossen beschränken, die Mariettas Schönheit rühmen. Ein sicheres Bildnis von ihr kennen wir nicht.

Es zeigte sich aber bald, dass Schönheit zwar eine erwünschte Zugabe, aber nicht entscheidend für eine Ehe war. Es wurde zeitweilig gemunkelt, dass Giovanni Tornabuoni, Piero de' Medicis Schwager, Interesse an einer Heirat mit Marietta habe, aber die Verbindung kam nicht zustande. Ein mit den Medici so eng verbundener Mann konnte schwerlich eine Strozzi heiraten. Doch auch andere zögerten. Alessan-

Desiderio da Settignano (?), Marmorbüste eines jungen Mädchens.
Sie stellt vielleicht Marietta Strozzi dar, die Tochter von Palla Strozzis Sohn Lorenzo,
die in Florenz wegen ihrer Schönheit viele Anbeter, aber keinen Ehemann fand.

dra Macigni meinte zwar, dass die wiederaufgeflammte Pest alle Heiratsverhandlungen verhindere, da viele Familien vor der Seuche aufs
Land geflohen seien. Als das entscheidende Motiv für den Misserfolg
bei der Suche nach einem Bräutigam erwies sich am Ende jedoch ein
unvorhergesehenes Ereignis: Mariettas Onkel und Vormund Giovanfrancesco Strozzi machte im Herbst 1464 Bankrott, und damit war
sein Ruf in Florenz zerstört. Die hohen Ansprüche, die er an die
Heirat seiner Nichte gestellt hatte, waren jetzt nicht mehr aufrechtzu-
erhalten. Das gab Alessandra Macigni Hoffnung, dass die Hand der
schönen Marietta nun doch ihrem Sohn Lorenzo zufallen könne.
«Auf jeden Fall», schrieb sie Anfang 1465 an Filippo in Neapel, «wird
seine Nichte durch den Bankrott schweren Schaden erleiden. Von denen, über die man in der letzten Zeit sprach, hört man jetzt nicht

mehr reden.» Und dann setzte sie noch hinzu: «Die Nichte ist ein gewaltiges Stück auf der Leiter hinuntergerutscht; vielleicht würden sie sich nun herbeilassen, sie Lorenzo zu geben.» Dann starb im Sommer 1465 auch noch ihre Mutter, die unglückliche Alessandra Bardi. Das junge Mädchen musste nach Ferrara zu ihrem Onkel ziehen, der wegen seines finanziellen Debakels die Frage von Mariettas Verheiratung erst einmal auf Eis legte.

Als Lorenzo Strozzi es 1469 mit dem Heiraten endlich ernst zu machen beschloss, war Marietta immer noch frei, und er setzte es sich nun in den Kopf, sie und keine andere zur Frau zu nehmen. Es waren schon Kontakte aufgenommen worden, doch war Lorenzos Bruder Filippo mit einer solchen Verbindung ganz und gar nicht einverstanden. Er setzte Lorenzo seine Einwände klipp und klar in einem Brief auseinander. Eine Ehe mit Marietta biete keinerlei Vorteile für die Familie. Das Mädchen sei zwar schön und habe auch eine gute Mitgift, den Bedürfnissen der Familie sei diese Ehe aber nicht förderlich. Sie bräuchten Verwandte, das heißt Freunde und Verbündete, in Florenz, nicht außerhalb. Giovanfrancesco sei nicht nur ein Bankrotteur, sondern dazu noch ein Geächteter, womit er auf die Tatsache hinwies, dass er wegen seiner Beteiligung an den militärischen Aktionen der Exilierten zum Rebellen erklärt worden war. Piero de' Medici würde deshalb, das war sein Argument, eine solche Eheverbindung nicht gut aufnehmen, die Folgen bekämen sie beim nächsten Auswahlverfahren für die Ämter zu spüren. Dann zog Filippo noch ein stärkeres Register, indem er Zweifel an Mariettas Jungfräulichkeit äußerte: Man könne nicht sicher sein, dass ein verwaistes, in der Welt herumgeworfenes Mädchen, das zudem das übliche Heiratsalter längst überschritten habe, noch unberührt sei. Trotz dieses schweren Geschützes zeigte sich Lorenzo bockig: Wenn nicht Marietta, dann wolle er überhaupt keine heiraten. Er versuchte seinen Bruder zu überzeugen und hatte auch die Mutter und den Schwager Parenti auf seiner Seite. Aus der Ehe mit Marietta wurde aber dann doch nichts, entweder weil Lorenzo nachgab oder weil mit Giovanfrancesco Strozzi keine Einigung erzielt wurde. Marietta heiratete schließlich 1471 Teofilo Calcagnini, einen Ferrareser Edelmann und angesehenen Höfling der Este, dem sie vier Kinder gebar. Als Filippo Strozzi sie 1473 in Ferrara besuchte, fand er sie immer noch sehr schön.

Lorenzo traf indessen auf immer größere Schwierigkeiten, eine andere Lösung zu finden. Der Heiratsmarkt in Florenz war sehr umkämpft, und es gab mehrere ernst zu nehmende Konkurrenten, die ebenfalls auf Brautsuche waren. Lorenzo fand kein Mädchen, das seinem Rang und seinen Ansprüchen genügte. Er sollte sich, so war beschlossen, mit seiner künftigen Ehefrau in Neapel niederlassen, wo in der Hofgesellschaft, mit der er zu tun hätte, noch andere Kriterien eine Rolle spielten: Die Braut sollte möglichst von adliger Herkunft sein, eine Forderung, die in Florenz nur wenige Familien erfüllen konnten. Marco Parenti beschrieb im August seinem Schwager Filippo das Dilemma mit folgenden Worten: «Bäuerlich will er sie nicht, und deshalb sehe ich viele Probleme bei denen, die es gibt, sodass ich nicht weiß, an wen ich mich wenden soll, um wenigstens eine einzige würdige Eigenschaft zu bekommen: sei es Verwandtschaft oder politische Stellung, Einfluss, Geld oder eine über das gewöhnliche Maß hinausgehende Schönheit.» Ein Mädchen aus der Familie Gianfigliazzi brachte Schönheit und Adel mit, aber die Bedingungen des Vaters waren unakzeptabel, ähnlich stand es mit einer Sassetti, die zwar weniger schön war, dafür aber eine größere Mitgift bot. In der Liste der möglichen Kandidatinnen taucht auch eine Tochter des Francesco Baroncelli auf: Sie sei Durchschnitt und habe 1200 Fiorini Mitgift, schrieb Parenti. Mit den Baroncelli schloss Lorenzo dann tatsächlich am 10. Mai 1470 den Ehevertrag und feierte Anfang Juli seine Hochzeit mit Antonia. Als Mitgift hatte er 1400 Fiorini aushandeln können. Die Ehe hatte den Segen der Medici. Lorenzo de' Medici und der einflussreiche Tommaso Soderini, der Großvater der Braut, waren zugegen, als Lorenzo Strozzi die erste bindende Übereinkunft mit den Baroncelli traf. Eine königliche Galeere brachte das junge Paar am 22. September nach Neapel. Im neapolitanischen Kontor der Strozzi fand man die junge Frau zwar etwas klein, aber sehr sympathisch und ungemein gut aussehend.

Nun war der Wunsch Alessandra Macignis endlich in Erfüllung gegangen: Beide Söhne hatten eine Frau gefunden, wenn auch erst spät. Aber sie konnte sich noch an den beiden Enkeln freuen, die vor ihrem Tod das Licht der Welt erblickten. Fiammetta Adimari gebar 1467 einen Sohn, den Filippo nach dem Paten, dem neapolitanischen Thronfolger, Alfonso nannte. Der Name passte der Großmutter nicht, denn sie hatte erwartet, dass das Kind nach Florentiner Tradition nach seinem Großvater, ihrem verstorbenen Gatten, genannt würde. Sie akzeptierte diese Ausnahme von der Regel nur schweren Herzens und wegen der fürstlichen Stellung des Paten. Im Frühjahr 1469 kam ein kleines Mädchen zur Welt, Lucrezia, und das alte Haus, dessen Besitz Alessandra so hartnäckig verteidigt hatte, füllte sich wieder mit frischem Leben. Ihre letzten Briefe an Filippo, der oft wieder lange in Neapel weilte, zeigen sie als eine liebevolle Großmutter, die begeistert die Fortschritte des kleinen Alfonso und das Gedeihen des Säuglings Lucrezia dem fernen Vater schildert. Stolz berichtete sie ihm, wie sie Alfonso, der noch das Laufen lernte, schon die ersten Buchstaben beibrachte.

Alessandra Macigni starb am 2. März 1471 und wurde im Familiengrab der Strozzi in Santa Maria Novella beigesetzt. Testamente hatte sie im Laufe ihres Lebens verschiedene gemacht, je nach den gerade herrschenden Umständen. Immer hatte sie jedoch darin die Veräußerung des Familienhauses aufs strengste untersagt. Am Tag ihres Todes nahm Filippo das alte Rechnungsbuch seiner Mutter in die Hand und schrieb hinein: «Heute morgen zwischen 10 und 11 Uhr schied Monna Allexandra aus diesem Leben mit allen Sakramenten und einem sehr sanften Tod. Sie wurde mit allen Ehren in unserem Grab in Santa Maria Novella beigesetzt. Sie lebte 63 Jahre.» Und dann setzte er in einem unsicheren Latein noch hinzu: «Requeschant in paciem» – sie ruhe in Frieden.

DES KÖNIGS BANKIER

Auch nach der Heimkehr blieb Neapel noch lange Mittelpunkt der geschäftlichen Aktivitäten. Schon bald nach der Hochzeit verließ Filippo deshalb Florenz wieder für längere Zeit und hielt sich auch in den kommenden Jahren oft im Süden auf, wo sein Bruder Lorenzo inzwischen fest wohnte. Die Bank und der Handel im Königreich waren in voller Expansion und machten die Anwesenheit wenigstens eines der Brüder in Neapel nötig. Erst 1470 eröffnete Filippo auch eine Niederlassung in Florenz, 1482 eine dritte in Rom. Weitere gründete er mit der Vorsicht, die ihm eigen war, nicht. Lorenzos Anteil am eingebrachten Kapital betrug anfänglich nur ein Viertel oder wenig mehr, bis er 1473 seine Einlagen von denen Filippos trennte. Langjähriger Gesellschafter mit einer Minderheitsbeteiligung war in Neapel Giovacchino Guasconi, der schon bei Jacopo Strozzi in Brügge gearbeitet hatte und mit diesem verwandt war.

Wenn 1466 die Geschäftsbücher noch ein Kapital von 16 000 «monete di Napoli» auswiesen, 12 000 von Filippo, 4000 von Lorenzo, so war Filippos Vermögen 1471 bereits auf mehr als 31 000 Fiorini angelaufen, bestehend aus Einlagen in der Bank, zu zwei Dritteln in Neapel und zu einem Drittel in Florenz, sowie aus Anteilscheinen am florentinischen «Monte», staatlichen Obligationen also, und ein wenig Bargeld. Zwölf Jahre später hatte sich Filippos Vermögen auf circa 112 000 Fiorini erhöht, also fast vervierfacht. Jetzt war der Bargeldanteil sehr viel höher. Filippo Strozzi war ein sehr umsichtiger Bankier, der nur in sichere Geschäfte investierte und sein Geld lieber zu Hause in Säcken hortete, statt riskante Geschäfte einzugehen. Vielleicht führte ihn auch die Erfahrung des Exils dazu, flüssige Mittel in größerer Menge aufzubewahren, denn Bargeld ließ sich leichter als andere Vermögenswerte dem Zugriff des Staats entziehen.

Dass Filippo Niccolò Strozzi beerbte, wie manchmal angegeben wird, und deshalb sein Vermögen so schnell wuchs, ist nicht beglaubigt. Niccolò Strozzi starb am 29. November 1469 in Rom und wurde dort, wie viele andere Florentiner, in Santa Maria sopra Minerva beigesetzt. Er hatte in seinem Testament nicht Filippo, sondern seinen Neffen Lionardo, den Sohn seines verstorbenen Bruders Jacopo, zum Erben eingesetzt und Filippo zum Testamentsvollstrecker bestellt. Filippo erwarb aus Niccolòs Nachlass nur die Bücher – die seines Vaters hatte seine Mutter ja verkauft – und wahrscheinlich auch die Marmorbüste, die Niccolò sich 1454 in Rom von Mino da Fiesole hatte arbeiten lassen. Der 1448 in Brügge geborene Lionardo, der nach dem Tod seines Vaters in Florenz verlotterte, war 1465 zu Filippo geschickt worden, um endlich etwas zu lernen, nachdem sein Onkel Niccolò es abgelehnt hatte, ihn in seiner römischen Firma auszubilden. Später, in den achtziger Jahren, klagte Lionardo Filippo an, er habe als Testamentsvollstrecker sein Erbe verschleudert, wobei es sogar zu tätlichen Auseinandersetzungen kam. Lionardo steckte in geschäftlichen Schwierigkeiten und kaschierte mit solchen Vorwürfen wahrscheinlich nur die eigene Misere.

Aus den Jahren 1473 und 1476 sind zwei Geschäftsbücher der Strozzi-Bank in Neapel erhalten, die einen Einblick in das Ausmaß der Aktivitäten gewähren. Die Kunden kamen aus dem ganzen Königreich und aus allen Schichten der Bevölkerung. Nicht nur die großen Adligen des Hofs (darunter der Thronfolger), die wohlhabenden Bürger der Hauptstadt und in Neapel ansässige Florentiner, auch große und kleine Kaufleute, Handwerker und sogar Bauern unterhielten ein Konto bei der Strozzi-Bank. Daneben verdiente die Bank an Wechselgeschäften und fungierte als Korrespondenzbank für andere florentinische und italienische Banken. In den sieben Monaten, die für das Jahr 1473 dokumentiert sind, führte sie 7300 Operationen durch, durchschnittlich 34 am Tag. Millionenbeträge liefen durch die Bank. Der wichtigste Kunde war der Staat selbst. Der oberste Steuereinnehmer, Pascasio Diaz Garlon, und der Schatzmeister des Königreichs, Pietro Bernat, ließen ihre Einnahmen und Ausgaben über ein Konto bei der Strozzi-Bank laufen, die auf diese Weise Kassendienste für die königliche Finanzverwaltung übernahm. So verfügte sie immer über viele flüssige Mittel, die in andere Geschäfte investiert werden konnten. Persönliche Kredite an den König scheinen indes eher eine Ausnahme gewesen zu sein. Filippo Strozzi exponierte sich in dieser Hinsicht weitaus weniger als Lorenzo de' Medici, dessen Bank aus politischen Gründen verschiedenen Fürsten oft große Summen lieh und Mühe hatte, sich diese Kredite zurückzahlen zu lassen. Die Bankfiliale, die Lorenzo de' Medici 1471 in Neapel, ebenfalls aus politischen Gründen, eröffnete, kam nie auf einen grünen Zweig, sondern war schon nach wenigen Jahren hoch verschuldet. Eine Konkurrenz für die Strozzi-Bank stellte sie nicht dar. Während Filippo sich um die Bank kümmerte, war Lorenzo Strozzi dagegen für das Warenlager, das heißt für den Handel, verantwortlich. Die Firma Strozzi kaufte und verkaufte so gut wie alles, was der Markt bot, Korn, Flachs und andere Agrarprodukte vor allem, dazu Waren verschiedenster Art.

Der Banksitz selbst lag hinter der Piazza del Mercato, dem großen Markt, das Wohnhaus dagegen im Stadtbezirk Portanuova. Es handelte sich bei diesem Wohnhaus um ein großes zweistöckiges Gebäude, das von der adligen Familie Scannasorice gemietet war. In diesem hatte schon 1459 Matteo Strozzi sein Testament gemacht, und hier war er gestorben. Es enthielt viele Räume, hatte eine Dachterrasse mit einem Aufbau und einen Stall; ein kleineres Nebenhaus war dazugemietet worden. In diesem bequemen Haus lebten außer den Sklavinnen, die den Haushalt führten, auch die Lehrjungen und Gehilfen, die meist aus der engeren oder weiteren Strozzi-Familie stammten. Achtzehn seien es zeitweise gewesen, schreibt Lorenzo Strozzi in der Vita seines Vaters. Von den Lehrjungen, oft noch Kindern, wie es Filippo und Lorenzo Strozzi gewesen waren, als sie in Spanien ihre Lehre begannen, ist sehr oft in den Briefen Alessandra Macignis die Rede, denn sie hatte die Aufgabe, diese Jungen nach Neapel zu vermitteln. Eine rechte Männerwirtschaft also, die Alessandra schon fürchten ließ, sie könne ein Hindernis für eine Ehe der Söhne darstellen. Wer wolle schon, meinte sie, die eigene Tochter in ein Haus voller junger Männer schicken?

In diesem repräsentativen Wohnhaus empfingen die Strozzi ihre Gäste. Nicht nur die Gesandten auf Mission in Neapel, auch andere Florentiner und vornehme Fremde, die zu Besuch in die Stadt kamen, wurden hier mit allen Ehren aufgenommen und bewirtet. Lorenzo Strozzi beschreibt in der Vita seines Vaters diese Gastfreundschaft so:

Ein «lettuccio» aus einem Florentiner Patrizierhaus

«(Das Haus) war immer offen nicht nur für jene, mit denen er arbeitete, sondern für alle Florentiner und jeden Fremden von Ansehen, indem er sie höflich empfing und für alle ihre Bedürfnisse sorgte.» Es ist möglich, dass auch der junge Lorenzo de' Medici, der im Frühjahr 1466 seinen Antrittsbesuch bei König Ferrante in Neapel machte, in den Genuss der Bewirtung kam, falls nicht politische Bedenken ihn von einem Besuch im Haus der Strozzi abhielten. Einer dieser Gäste lobte, zurück in Florenz, die Kochkünste der Sklavin Marina in höchsten Tönen. Sie habe in Windeseile ein so reichliches Essen auf den Tisch gestellt, dass es für sehr viel mehr Gäste als ihn allein gereicht hätte.

In Neapel hatten die Strozzi demnach keinen Hausbesitz. Wohl aber kaufte sich Filippo ein kleines Landgut nahe der Stadt. Hier baute er zur Entspannung von der Arbeit edles Obst und Gemüse an, und auf diesem Gelände errichtete er später auch ein Gartenhaus mit vier Räumen, dem eine Loggia vorgelagert war. Sein Sohn Lorenzo schreibt, dass er einige bislang unbekannte Obst- und Gemüsearten in Florenz eingeführt habe; er spricht von Artischocken und einer gewissen Feigensorte. So ging der Austausch von kulinarischen Spezialitäten weiter, von denen so oft in den Briefen von Filippos Mutter die Rede ist. Aus Florenz kamen die Märzenkäse und die süßlich aromatischen Fruchtkapseln der Fenchelpflanze, die zum Gebäck gereicht wurden; aus dem Süden gelangten Apfelsinen und andere südliche Früchte und Gemüsesorten nach Florenz. Der Garten blieb nicht lange im Besitz der Strozzi, denn schon wenige Jahre nach Filippos Tod verkaufte ihn sein Sohn Alfonso wieder – aus Geldgier, wie seine Stiefbrüder und Miterben ihm vorwarfen.

Das Geschäftsbuch aus dem Jahr 1473 enthält einen sehr interessanten Eintrag. Er listet die Kosten für eine Gruppe von Geschenken auf, die Filippo seinen Kunden, Gönnern und Freunden am Hof – einundzwanzig Personen in allem – zukommen ließ, als er Ende November 1472 wieder für längere Zeit nach Neapel reiste. Das größte und teuerste dieser Geschenke war für den König selbst bestimmt. Es war ein «lettuccio», der auf folgende Weise beschrieben wird: «Ein sehr schöner ‹lettuccio› aus Nussbaum, 6 Ellen lang mit Truhe und Rückwand, darin die Ansicht von Neapel, dem Kastell und dessen Umgebung.» Das Wort «lettuccio» bezeichnete nicht, wie man vermuten könnte, ein «kleines Bett», sondern ein sehr repräsentatives Möbelstück, wie es in vornehmen Florentiner Häusern nicht selten anzutreffen war (siehe Abb. Seite 110). Es bestand aus einer Truhenbank oder Sitzlade, komplettiert von einer Rückwand, die oft mit Schnitzwerk und Intarsien, manchmal auch mit eingefügten Tafelbildern verziert war. Das ganze Ensemble stand auf einem Podest. Das dem König zugedachte Möbel, das nicht erhalten ist, war, wie schon die Maße erkennen lassen, ein wahres Prunkstück. Mehr als drei Meter lang, konnte es auch in einer königlichen Residenz gute Figur machen.

Wie aus anderen Zeugnissen hervorgeht, war das Möbelstück in Florenz gefertigt worden, und als es dort in der Werkstatt zusammengesetzt und aufgestellt wurde, erregte es große Bewunderung. Kein Wunder auch, denn es war das Werk eines der renommiertesten Florentiner Holz- und Intarsienkünstler der Zeit, jenes Benedetto da Maiano, der zusammen mit seinem Bruder Giuliano eine Werkstatt für solche Arbeiten unterhielt. Von Giuliano da Maiano hatte sich Filippo Strozzi anlässlich seiner Hochzeit die große Truhe arbeiten lassen und schätzte deshalb die Künste dieser Werkstatt. Benedetto da Maiano reiste selbst nach Neapel, um sein Werk dort wieder zusammenzusetzen, zu firnissen und zu vergolden. Dem Rang des Empfängers entsprechend, war das Möbel besonders kostbar gearbeitet. Filippos Schwager Marco Parenti, der seine Herstellung überwachte und sich um die Verfrachtung kümmerte, schrieb an Filippo nach Neapel, dass er bereits dreihundert Stück Blattgold besorgt habe und nicht einmal wisse, ob dies reiche. Das königliche Wappen mit einer diamantbesetzten Krone darüber schloss nach oben das Ensemble ab. In die Rückwand war zudem, wie der Eintrag besagt, eine Vedute der

Stadt Neapel eingefügt. Filippo Strozzi hatte keine Ausgaben gescheut, 180 Fiorini hatte er sich das prachtvolle Geschenk kosten lassen. Außerdem schenkte er dem König vierundzwanzig Märzenkäse, eine Schale Fenchelfrüchte und eine zweite Schale mit zwölf Würstchen, dazu zwei Schachteln mit getrockneten Feigen aus dem Florentiner Nonnenkloster San Gaggio.

Die übrigen Geschenke waren im Vergleich dazu bescheidener. Die königlichen Prinzen Alfonso und Federico erhielten jeder ein beinernes Schachtischchen mit Brett und Figuren aus Elfenbein (Preis 15 Fiorini), dazu zwölf Märzenkäse und eine Schale mit Fenchelfrüchten. Ihre Schwester Eleonora, die künftige Herzogin von Ferrara, bekam einen fein gearbeiteten Spiegel mit ihrem Wappen. Eine der beachtenswertesten Zuwendungen ging an den humanistisch gebildeten Grafen von Maddaloni, Diomede Carafa, einen der großen Herren des Königreichs. Er erhielt zwei «Köpfe aus Marmor», antike Büsten also, dazu zwei bemalte flandrische Tücher, das heißt Malereien auf Leinwand, und ein Tafelbild des heiligen Franziskus. Dies, so wird angegeben, war «von der Hand Ruggieris», eines Malers, der wohl mit Rogier van der Weyden zu identifizieren ist. Flandrische

Stadtansicht von Neapel von einem unbekannten Künstler. Sie wurde von Filippo Strozzi in Auftrag gegeben und ist wahrscheinlich die erste dieses Genres.

Kunstwerke, gleich ob Gobelins oder Gemälde, waren damals sehr gefragt in Italien. Auch Herzog Orso Orsini von Ascoli erhielt einen Marmorkopf. Die anderen mussten sich mit weniger bescheiden. In den meisten Fällen beschränkten sich die Gaben auf eine mehr oder weniger große Zahl von Käselaiben und Schalen mit Gebäck und Fenchelfrüchten. Der am Hof lebende Humanist Giovanni Pontano bekam nur Konfekt. Alles in allem hatten die Geschenke einen Wert von 342 Fiorini, eine ansehnliche Summe, mit der die neapolitanische Bank belastet wurde. Es handelte sich also, wie man heute sagen würde, um Werbegeschenke. Doch sollten sie darüber hinaus zweifellos auch Zeugnis von der feineren Florentiner Lebensart geben. Als Bürger wurde Filippo Strozzi von der feudalen Hofgesellschaft Neapels nicht als gleichrangig angesehen, doch konnte er mit seinen Geschenken beweisen, dass die Kunst der Florentiner Handwerker in Italien unübertroffen und Florenz die Hauptstadt der Eleganz war. In Neapel hatte man auf diesem Gebiet noch viel zu lernen.

Dieser Ausschnitt aus der Stadtansicht von Neapel zeigt eine Galeere mit dem Wappen der Strozzi. Filippo Strozzi hatte die Kriegsflotte mitfinanziert.

Ein Stück von diesem Neapel, in dem er seine Jugend verbracht und sein Glück gemacht hatte, wollte Filippo Strozzi sich auch in Florenz bewahren. Das Tafelbild mit einer Ansicht von Neapel, bekannt als «Tavola Strozzi», das sich heute im Museo San Martino in Neapel befindet, hing zweifellos einst in seinem Florentiner Haus (siehe Abb. Seite 112/113). Noch bis Anfang des 20. Jahrhunderts befand es sich im Besitz der Strozzi und wurde dann erst nach Neapel verkauft. In Florenz muss es auch gemalt worden sein. Mit seiner Länge von fast 2.50 Metern und einer Höhe von nur 82 Zentimetern war es wahrscheinlich ursprünglich Teil einer Wandtäfelung. Es zeigt die lang vor den Hügeln ausgestreckte Stadt, wie sie sich einem ankommenden Besucher vom Schiff aus dargeboten haben muss. Der Blick geht vom Castel dell'Ovo über das mächtige Castelnuovo hinweg bis hin zur Kirche San Pietro ad Aram, deren Turm am rechten Rand zu sehen ist. Im Vordergrund die große Hafenmole und die vom Wasser umgebene, mächtige Torre di San Vincenzo. Die Stadt scheint auf den ersten Blick fast topographisch genau wiedergegeben. Tatsächlich arbeitete der nicht identifizierte Maler florentinischer Schule nach topographischen Vorzeichnungen, die in Neapel aufgenommen worden waren und deren Umrisse auf dem Gemälde teilweise noch sichtbar sind. Doch hielt sich der Maler nicht genau an diese Vorlagen und veränderte manches Detail. Es kam ihm darauf an, die wichtigsten Gebäude der Stadt hervorzuheben, ohne im Einzelnen auf Genauigkeit zu achten. Diese sollten nur in ihrem charakteristischen Aussehen wiedererkennbar sein, auch wenn die neapolitanischen Türme, Dächer und Fensteröffnungen zuweilen einen toskanischen Anstrich haben. Unverwechselbar bleibt indes das Gefüge der Stadt mit ihren Kastellen, Palästen, Häusern und Kirchen. Die Stadtansicht ist nicht unbelebt. Auf der Hafenmole und am Ufer bewegen sich Menschen und Pferde, ein Schiff wird entladen, und im Vordergrund strebt eine Kriegsflotte von vielen Galeeren dem Hafen zu, im Kiel die eroberten Schiffe nach sich ziehend. Das Bild hält ein historisches Ereignis fest. Wir sehen die königliche Flotte, wie sie nach der siegreichen Seeschlacht am 7. Juli 1465 bei Ischia gegen die Anjou wieder in den Hafen einläuft. Die Ruderboote sind mit Bewaffneten besetzt, Fahnen, Wimpel und Schilde zeigen die Wappen der Kommandeure und anderer an der Schlacht Beteiligten. Ein Schiff fährt sogar unter florentinischer Flagge – vielleicht ist es jene Galeere, die Filippo Strozzi im Namen Piero de' Medicis im Mai 1465 dem König übergab. Auf vier Galeeren ist auch das Strozzi-Wappen mit den drei zunehmenden Monden zu sehen – ein Zeichen dafür, dass Filippo die Flotte mitfinanziert hatte (siehe Abb. Seite 114). Die gewonnene Schlacht machte Ferrante d'Aragona wieder zum Herrn des ganzen Königreichs. Der Friede kehrte zurück, die Handelswege wurden wieder sicher. Filippo Strozzi hatte allen Grund, dieses Ereignis im Bild festzuhalten.

Wann genau dieses einmalige Gemälde entstand, die erste autonome, nahezu realistische Stadtansicht, ist nicht belegt. Es ist jedoch anzunehmen, dass Filippo es schon bald nach der Heimkehr von 1466 malen ließ, als er das alte Haus in Florenz für seine neue Familie renovierte und einrichtete. Es ist viel darüber diskutiert worden, ob die Vedute, die den «lettuccio» für König Ferrante schmückte, mit dem Gemälde im Museo di San Martino identisch sei. Dies aber macht schon die Tatsache, dass sich das Bild bis in die neuere Zeit bei den Strozzi in Florenz befand, unwahrscheinlich. Vielmehr scheint die Tafel das Vorbild für die Darstellung auf dem «lettuccio» abgegeben zu haben. Es handelte sich dabei vermutlich um eine Einlegearbeit, eine Technik, für welche die Werkstatt der Maiano berühmt war. Zu diesem Ergebnis kommen die jüngsten Forschungen und Untersuchungen an der Tafel. Es ist ja auch schwer vorstellbar, dass der König das Geschenk, oder einen Teil davon, wieder an Filippo Strozzi zurückgab.

REHABILITIERUNG UND NEUBEGINN

Als Filippo Strozzi 1466 nach Florenz zurückkam, war er ein allgemein geachteter und für seine Tüchtigkeit und Loyalität geschätzter Mann. Man wusste von der Solidität seines Unternehmens und seinen guten Beziehungen zu König Ferrante von Neapel. Mit der Aufhebung des Banns hatte er auch seine bürgerlichen Rechte zurückgewonnen, die vor allem darin bestanden, an der Regierung der Stadt in ihren verschiedenen Formen teilzunehmen. Filippo unterstrich diesen wichtigen Punkt in seinen Aufzeichnungen, indem er schrieb: «Ich erinnere daran, dass mir am 20. September, wie auch Lorenzo und mehreren anderen, der Bann aufgehoben wurde und wir befähigt sind, Ämter übernehmen zu können.» In Wirklichkeit war dies nicht so leicht zu erreichen wie erhofft, denn die Schatten des Banns lagen immer noch auf den Strozzi. Zwar wurde Filippo schnell in die zuständigen Zünfte aufgenommen, die Voraussetzung für jede wirtschaftliche Aktivität in der Stadt. Doch vor der Wahl zu den Regierungsämtern stand das Ausleseverfahren – «scrutinio» –, das nur in größeren Abständen stattfand. Erst wenn ein solches wieder einmal durchgeführt wurde, konnte sein Name in die Wahlbeutel gelangen, aus denen die Mitglieder der Regierung und andere Amtsträger ausgewählt wurden. Zum ersten Mal nach seiner Rückkehr wurde in den Jahren 1471/72 ein solches «scrutinio» durchgeführt, aber Filippo musste enttäuscht feststellen, dass trotz aller Zusicherungen weder sein eigener noch die Namen seines Bruders Lorenzo und seines Sohns Alfonso den Weg in die Wahlbeutel fanden. Erst 1478 konnte Filippo Strozzi zum ersten Mal ein öffentliches Amt ausüben, als er zum «Ufficiale del Monte» gewählt wurde. Er wurde also Mitglied jenes Gremiums, das die Aufsicht über die florentinischen Staatsfinanzen führte. In der dramatischen Lage, in der Florenz sich in jenem

Moment befand, brauchte man einen Mann wie ihn mit seinen Mitteln und seiner großen Kompetenz in Finanzfragen. Filippo sah es als einen großen Fortschritt im Prozess seiner Wiedereingliederung in das bürgerliche Leben an, und sein Bruder Lorenzo kommentierte: «Vierundvierzig Jahre haben wir auf ein solches Amt warten müssen, nun ist ein großer Schritt die Leiter hinauf getan.»

Das Jahr 1478 war für die Stadt und für Lorenzo de' Medici, der das politische Leben beherrschte, ein Unglücksjahr. In der von der Familie Pazzi organisierten Verschwörung war am 26. April Lorenzos Bruder Giuliano ermordet worden. Im Anschluss daran erklärte Papst Sixtus IV., der die Verschwörung unterstützte, Florenz den Krieg und forderte die Vertreibung Lorenzo de' Medicis; König Ferrante von Neapel stellte sich auf die Seite des Papstes. Lorenzo de' Medici konnte seine Stellung in Florenz zwar bewahren, aber die Stadt sah sich bald von Truppen umzingelt; viele Ortschaften im Herrschaftsgebiet der Stadt fielen in die Hand der Feinde, und nicht zuletzt kostete der Krieg Unsummen an Geld. Kein Wunder, dass man sich an Filippo Strozzi wandte, der Geld zur Verfügung stellen konnte. In dieser verzweifelten Lage beschloss Lorenzo de' Medici 1479 mit einer kühnen Entscheidung, nach Neapel zu reisen, um mit Ferrante d'Aragona wegen eines Friedens zu verhandeln. Wer hätte dabei bessere Vermittlungsdienste leisten können als wiederum Filippo Strozzi?

In seinen *Ricordi* hat Filippo Strozzi einen der genauesten Zeugenberichte über die Verschwörung der Pazzi hinterlassen. Er war dabei, als Giuliano de' Medici während der Messe im Dom ermordet wurde, so sagt er es selbst. Doch er enthält sich eines persönlichen Urteils über dieses «schreckliche Ereignis» und berichtet darüber mit der kühlen Objektivität des Chronisten. Auch über seine Mission nach Neapel drückt er sich eher lakonisch aus: «Lorenzo schickte mich nach Neapel. Ich reiste am 24. November ab, um der Majestät des Königs zu sagen, dass er sich ihm völlig in deren Arme werfe, gleich auf welche Weise, wie sie es wünsche, ob hoch oder niedrig, drinnen oder draußen, er akzeptiere alles, nur damit Seine Majestät der Stadt den Frieden und die eroberten Orte zurückgebe.» Filippo reiste in höchster Eile, begleitet von siebzehn Reitern, und hielt nicht einmal in Rom an. Er traf den König bei der Jagd. Dieser hatte bereits erfahren, dass Lorenzo nach Neapel kommen würde, und bat Strozzi deshalb, die Räumlichkeiten der Medici-Bank, die im Krieg beschlagnahmt worden waren, auf seine Kosten als Unterkunft für Lorenzo wiederherzurichten. Lorenzo de' Medici langte auf einem königlichen Schiff am 8. Dezember in Neapel an und begann mit dem König jene schwierigen Verhandlungen, die erst im Frühjahr 1480 zu einem Frieden mit sehr harten Bedingungen für Florenz führten. Filippo Strozzi nahm nicht daran teil.

Doch der erwiesene Dienst trug seine Früchte, als 1484 endlich ein neues Auswahlverfahren für die Ämter durchgeführt wurde. Filippo war sich sicher, dass er nun endlich Erfolg haben würde, und hoffte, dass auch die Namen seines Sohns Alfonso und seiner Neffen Carlo und Matteo in die Wahlbeutel kommen würden. Aber hier gab es Schwierigkeiten. Die Wahlbeauftragten hatten bestimmt, dass niemand unter zwanzig Jahren ausgewählt werden durfte. Wie er in seinen *Ricordi* schreibt, wandte sich Filippo, um dieses Hindernis zu umgehen, direkt an Lorenzo de' Medici, der eine Ausnahmeregelung durchsetzte. Die Namen kamen in die Beutel, wo sie darauf warteten, bei einer Wahl gezogen zu werden. Die Strozzi-Sprösslinge waren zwar zu jung für ein Amt, aber schon eine folgenlose Ziehung war eine Ehre und zeigte, dass sie zur künftigen Führungsschicht gehörten.

Piero Guicciardini, der in seinen eigenen *Ricordi* eine sehr kritische und detaillierte Beschreibung dieses «scrutinio» hinterlassen hat, hinter dem als Drahtzieher Lorenzo de' Medici stand, erklärt dessen Eingreifen generell auf folgende Weise: Er habe einige der Familien, die 1434 vertrieben wurden, deshalb favorisiert, weil er nicht glaubte, dass von ihnen noch eine Gefahr ausgehen könne, zumal die Namen der Kandidaten nach den jetzt geltenden Regeln nicht blind ausgelost, sondern von den Wahlbeauftragten ausgewählt würden und diese Familien dann auch lieber «bezahlten». Filippo Strozzi wurde schon 1485 in die Regierung gewählt. 1486 wurde er auch eines der sechs Mitglieder der «Mercanzia», des zuständigen Tribunals für Handelsangelegenheiten. Filippo vermerkte diese Wahlen mit Stolz in seinen Aufzeichnungen.

So war Filippo Strozzi nach fast zwanzig Jahren endlich wieder ein vollwertiger Bürger geworden und hatte die seiner Familie gebührende Stellung zurückgewonnen. Zum inneren Kreis des Medici-Regimes gehörte er freilich nie, dazu war das Misstrauen gegenüber den

Strozzi zu tief verwurzelt. Rückblickend meinte noch 1497 ein Mann aus dem Strozzi-Clan, dass, hätte man zu Lorenzo de' Medicis Lebzeiten sechs oder acht Strozzi zusammen gesehen, «ihnen der Fuß auf den Schwanz gesetzt worden wäre». Klug zog Filippo Strozzi es deshalb vor, nicht zu sehr ans Licht der Öffentlichkeit zu treten und privat möglichst gute Beziehungen zu Lorenzo de' Medici zu pflegen. Und was das «Bezahlen» betrifft, so wurde er mehrmals gefordert. Die Staatskasse brauchte nach der Pazzi-Verschwörung wegen des Kriegs viel Geld. Noch 1484 wurde ein Feldzug für die Rückeroberung des an die Feinde verlorenen Pietrasanta durchgeführt. Im Hinblick auf eine erneute Wahl zum «Ufficiale del Monte» erwartete man von Filippo wie von den anderen Kandidaten die Bereitstellung höherer Summen. 20 000 Fiorini sollte er dem Staat leihen, aber diese Summe schien ihm zu hoch. Er wehrte ab und rechtfertigte seine Widerstände auch Lorenzo de' Medici gegenüber. Strozzi wurde nicht gewählt, stellte aber doch Bernardo Rucellai, der das Amt erhielt, eine beträchtliche Summe zur Verfügung. In den Jahren 1487–1489 lieh er den amtierenden «Ufficiali» 21 000 Fiorini, 9000 davon an Lorenzo de' Medici. Immerhin: 1484 begleitete Filippos ältester Sohn Alfonso Piero de' Medici, den Sohn Lorenzos, auf dessen Reise nach Rom.

Gleichzeitig wollte sich Filippo Strozzi auch wieder ganz konkret in der Heimat verwurzeln, indem er Grundbesitz erwarb. Außer dem alten Familienhaus am Corso der Strozzi besaß er nichts mehr in der Stadt und deren Umland, denn seine Mutter hatte alles verkauft, nachdem beschlossen worden war, dass sie nach Neapel übersiedeln sollte. Einzig der Bauernhof in Pozzolatico, der zu ihrer Mitgift gehörte, war erhalten geblieben. Mit Immobilienkäufen in der Stadt begann Filippo Strozzi gegen 1473, immer in Hinblick auf den Bau eines neuen, großen Stadthauses, das seiner gesellschaftlichen Stellung und seinem Reichtum entsprechen sollte. Zugleich erwarb er Güter auf dem Land. In einer Gegend westlich von Florenz, wo die Strozzi seit alters Häuser und Grundbesitz besaßen, kaufte er 1475 den Hof Capalle. Jede Florentiner Familie von einigem Rang und Vermögen hatte solchen Landbesitz. Die von Halbpächtern bewirtschafteten Bauernhöfe lieferten den Eigentümern in der Stadt die nötigen Lebensmittel und brachten darüber hinaus durch Pacht und Überschuss weitere Einkünfte. Oft erfüllten sie auch die Funktion einer Sommerresidenz, wenn die Bauernhäuser, wie so oft im 15. Jahrhundert, zu Villen ausgebaut wurden. Filippo Strozzis Familie hatte sich lange damit begnügen müssen, die heißen Monate in der Villa «Le Selve» von Filippos Schwager Giovanni Bonsi in den Hügeln oberhalb von Lastra a Signa zu verbringen. Jetzt ließ Filippo Strozzi die verfallenen Gebäude in Capalle so weit wiederherrichten, dass sie auch zur Sommerfrische dienen konnten. Das Gut hatte zuvor einer anderen Strozzi-Familie gehört, die es Filippo anbot mit der Begründung, dass es auf diese Weise bei den Strozzi bliebe, ein zusätzliches Motiv für Filippo, es zu kaufen. Wie in der Stadt konzentrierte sich abbildhaft auch der Landbesitz der Strozzi in einer bestimmten Gegend zwischen dem Arno und dem Flüsschen Bisenzio und dokumentierte noch einmal die alte Zusammengehörigkeit der Familie. 1477 kaufte Filippo dazu das Gut Santuccio, das ebenfalls einst Angehörigen der Familie Strozzi gehört hatte, später noch das Gut Maglio bei Prato.

Da zu Santuccio auch ein Oratorium gehörte, über das die Strozzi von alters das Patronat innehatten, gab es für Filippo außer dem praktischen auch einen spirituellen Grund für den Erwerb dieses Guts, wie er seinem Bruder Lorenzo erklärte: «Da Gott mir weltliche Güter gewährt hat», schrieb er ihm, «will ich mich ihm dankbar dafür erzeigen, und wenn mit den Dingen Gottes der Anfang gemacht wird, dann werden wir eines Tages auch an die eigenen Dinge Hand anlegen können.» Dies schloss natürlich eine praktische Verwendung nicht aus. Filippo rechtfertigte den Kauf seinem Bruder gegenüber, der nicht davon begeistert war, mit der Überlegung, dass das zugehörige Oratorium eine gute Pfründe für Lorenzos unehelichen Sohn Giovanluigi darstellen könne, nur war das Kind während der Kaufverhandlungen, erst elf Jahre alt, plötzlich gestorben.

Es war keine leere Phrase, wenn Filippo sich auf seine Dankespflicht gegenüber Gott berief. Er war zutiefst vom Glauben durchdrungen, dass alles Gut auf dieser Erde ihm letztlich durch Gottes Gnade zugefallen war. Noch bevor er energisch die Vorbereitungen zum Bau des neuen Stadtpalastes vorantrieb, steckte er deshalb viel Geld in kirchliche Bauten. Der Pfarrkirche Santa Maria degli Ughi gegenüber seinem Haus, die schon seine Mutter im Testament bedacht hatte, stiftete er 1472 zwei Fenster und liturgische Gewänder. 1476 erwarb er die Patronatsrechte über die Einsiedelei Santa Maria delle

Domenico Ghirlandaio (Werkstatt), «Geburt Christi» mit Filippo Strozzi als Stifter. Predellentafel eines Gemäldes für die von Filippo erbaute Kirche Santa Maria in Lecceto.

Selve bei Giovanni Bonsis gleichnamiger Villa, in der er 1473 sein viertes Kind, den zweiten Sohn, begraben hatte. In den folgenden Jahren baute er zwei Kapellen und führte viele Reparaturen durch. 1482 gab er beim Maler Neri di Bicci ein Altarbild in Auftrag.

Viel mehr aber noch engagierte er sich in der Einsiedelei Lecceto, einer Stiftung der Dominikaner von San Marco, die nicht weit von Santa Maria delle Selve entfernt in den Wäldern oberhalb von Lastra a Signa gelegen war. Auf einem von der Gemeinde Gangalandi geschenkten Terrain hatte 1473 Fra Domenico Guerrucci, finanziert durch den Florentiner Patrizier Piero del Pugliese, mit dem Bau eines Kirchleins begonnen, das der Gottesmutter geweiht war. Filippo Strozzi schaltete sich gegen 1477 ein, als der Bau schon weit fortgeschritten war. Bis zu seinem Tod ließ er beträchtliche finanzielle Mittel in die Kirche, ihre Ausstattung sowie eine Herberge für Mönche und Besucher fließen. Er stiftete vor allem die dem Chor von Santa Maria degli Ughi nachgebildete Altarkapelle, wie die für keinen Besucher zu übersehende Inschrift auf dem umlaufenden Fries bekundet: VIRGINI GENITRICI PHILIPPUS STROZZA SUI IN SALUTEM CONDIDIT – Filippo Strozzi erbaute sie zu Ehren der Heiligen Jungfrau und Mutter für sein Seelenheil. Dazu zeugten zahlreiche Strozzi-Wappen im Inneren und auf der Fassade vom Wohltäter. Frömmigkeit und Streben nach Prestige fielen hier also in eins. Dann bestellte er auch das Altarbild mit einer Madonna, dem heiligen

Johannes dem Täufer und dem heiligen Philippus, seinem Namenspatron, dessen Fest auf seine Kosten jedes Jahr feierlich begangen
wurde. Dieses Altarbild, das wahrscheinlich aus der Werkstatt Ghirlandai-
os stammt, ist nicht erhalten, wohl aber eine Predellentafel, auf der
Filippo Strozzi als Stifter dargestellt ist (siehe Abb. Seite 121). Im einfachen braunen Rock mit schwarzen Strümpfen kniet er neben dem
neugeborenen, auf die Erde gebetteten Jesuskind, der Gottesmutter
und dem schlafenden heiligen Joseph. Filippo Strozzi wird von einer
mächtigen, niedergekauerten Dogge begleitet, sicher seinem Lieb-
lingshund. Die Szene von Christi Geburt spielt in einer idyllischen,
leicht hügeligen Landschaft. Rechts tritt ein Hirte aus dem Stall, in
dem Ochs und Esel stehen, links hütet ein zweiter Hirte im Freien
seine Herde, während sich im Hintergrund ein breiter Fluss durch das
Tal windet, der Arno, an dessen Ufern sich in der Ferne Florenz mit
seinen Türmen abzeichnet. Filippo Strozzi ist im Profil dargestellt,
sein kurzes Haar ist ergraut, und seine Züge sind scharf geworden,
wie es der Zeit entspricht, in der das Gemälde entstand (1487/88).
Filippo Strozzi war damals fast sechzig Jahre alt.

Von seinen Landgütern baute Filippo Strozzi nur Santuccio zu
einer repräsentativen, aber nicht luxuriösen Villa aus. Im Gegensatz
zu Francesco Sassetti, dem Generaldirektor der Medici-Bank, der sich
in der gleichen Zeit eine grandiose Villa bauen ließ, dann aber für ein
neues Stadthaus kein Geld mehr hatte, ganz zu schweigen von Lorenzo de' Medicis Plänen für die grandiose Villa in Poggio a Caiano,
wollte Filippo Strozzi seine finanziellen Mittel auf den Bau des
Familienpalasts in Florenz konzentrieren. Er vermietete sogar das
Gut zunächst für fünf Jahre. Dann renovierte er ab 1483 das alte Herrenhaus und baute daran in rechtem Winkel einen zweistöckigen Flügel mit einer eleganten Loggia im Erdgeschoss an. Die Villa war, wie
aus Rechnungen und Inventaren hervorgeht, geschmackvoll mit
Wanddekorationen und Möbeln sowie einigen Gemälden ausgestattet, von denen nur die Inhalte, nicht aber die Künstler genannt
werden: Vögel, Hunde, ein Schiff, eine Giraffe, aber auch drei Ma-
donnen. Eines dieser Madonnenbilder muss das Gemälde Filippino
Lippis gewesen sein, das sich heute im Metropolitan Museum in
New York befindet (siehe Abb. Seite 123). Diese *Madonnna mit Kind*

enthält klare Anspielungen auf die Villa, und das Strozzi-Wappen auf dem Bild legt nahe, dass Filippo Strozzi der Kommittent war. Maria mit dem Kind sitzt in einem Raum, der sich zu einer Loggia hin öffnet, die ähnlich wie die Loggia in Santuccio von ionischen Säulen gestützt wird. In den Zwickel zwischen den Rundbögen ist ein Strozzi-Wappen im Relief eingefügt, so wie die Zwickel in Santuccio wahrscheinlich auch einmal das Wappen zeigten. Hinter der Loggia ein Fluss mit einer Brücke und einige Gebäude. Bei einer Brücke über den Bisenzio war auch Santuccio gelegen.

Filippino Lippi, «Madonna mit Kind» (Ausschnitt). Die Tafel hing wahrscheinlich einmal in der Villa Filippo Strozzis in Santuccio.

In Filippo Strozzis privatem Leben hatte sich in den Jahren, in denen er sich eine neue Stellung in Florenz schuf, Grundbesitz erwarb und seine Bauprojekte vorantrieb, vieles geändert. Seine liebsten Angehörigen waren alle gestorben: Seine Mutter 1471, 1476 folgte ihr seine Frau Fiammetta Adimari ins Grab, und 1479 verstarb in Neapel auch sein Bruder Lorenzo. Von den sechs Kindern, die Fiammetta ihm gebar, erreichten nur drei das Erwachsenenalter, die anderen starben. Nur ein einziger Sohn, Alfonso, sicherte bis jetzt (aber wie lange noch?) den Fortbestand der Familie. Fiammettas Tod kam plötzlich und unerwartet. Sie hatte ein Mädchen zur Welt gebracht, die Geburt war ohne größere Schwierigkeiten verlaufen, und die Wöchnerin war schon wieder aufgestanden, als sie am vierten Tag nach der Geburt unter heftigen Schmerzen zusammenbrach. Die Ärzte konnten ihr nicht mehr helfen, sie starb noch am gleichen Abend. Filippo Strozzi vermerkte ihren Tod mit großer Bestürzung in seinen *Ricordi*, wie auch, dass er zur Klärung der Ursachen eine Autopsie durchführen ließ. Man fand ihr Inneres voll von «verdorbenem» Blut und die Lunge in schlimmem Zustand. Sie wäre auch sonst bald an ihrer Lungenkrankheit gestorben, erklärten die Ärzte dem verstörten Witwer.

Benedetto da Maiano, Tonbüste des Filippo Strozzi

Dieser schrieb in den *Ricordi*, er sei wegen ihrer guten Eigenschaften sehr glücklich mit ihr gewesen.

Dies hinderte ihn nicht, sich so bald wie möglich eine neue Frau zu suchen, die seinem Hausstand vorstehen und ihm weitere Kinder, vor allem Söhne, schenken konnte. Die Wahl fiel auf ein junges Mädchen aus der alten und adligen Familie der Gianfigliazzi. Selvaggia, die Braut, war 18 Jahre alt, während Filippo schon auf die fünfzig zuging. Die Heirat wurde von Tommaso Soderini, dem Florentiner Botschafter in Mailand, wo der Vater Selvaggias als Podestà amtierte, arrangiert, die Hochzeit im September 1477 auf dem Landgut der Gianfigliazzi «Il Corno» gefeiert. Während der Eheverhandlungen beschrieb ein Verwandter Filippos Selvaggia als ein hochgewachsenes, wohlgeformtes Mädchen mit besten Manieren, wenn auch vielleicht ein bisschen zu füllig und nicht eigentlich schön, aber doch mit angenehmen Zügen. Filippo musste die Wahl nicht bereuen. Selvaggia wurde eine tüchtige, energische Hausfrau mit ausgesprochenem Geschäftssinn, die ihm im Laufe der Ehe sechs Kinder gebar, davon

Konsolen mit den Emblemen des Lamms und des Falken aus dem Strozzi-Palast in Florenz

zwei Knaben, sodass das physische Überleben der Familie gesichert war. Zusammen mit ihrem Stiefbruder Alfonso führten Lorenzo und Giovanbattista, der nach Filippos Tod den Namen seines Vater erhielt, die Familie ins 16. Jahrhundert hinein.

In der Mitte der siebziger Jahre ließ sich Filippo Strozzi, wie es unter vornehmen Florentinern Mode war und es auch Niccolò Strozzi gehalten hatte, eine Porträtbüste arbeiten, die wie üblich in seinem Haus aufgestellt werden sollte. Er beauftragte damit den erprobten Benedetto da Maiano. Von dieser Büste sind zwei Versionen überliefert, eine, die endgültige, in Marmor und eine andere, die wohl die Vorstufe zu jener bildete, in Ton. Während die Marmorfassung (heute im Musée du Louvre in Paris) etwas glatt und wenig ausdrucksvoll wirkt – die Zeiten eines Mino da Fiesole oder eines Desiderio Settignano waren vorbei –, zeigt die Tonbüste, die wahrscheinlich das Modell für jene war (sie befindet sich heute im Bode-Museum in Berlin), den fast fünfzigjährigen Filippo mit erstaunlicher Authentizität (siehe Abb. Seite 124). Der schöne Kopf mit dem kurz geschorenen Haar ist fast unmerklich nach links gedreht. Querfalten furchen die Stirn, und eine tiefe senkrechte Kerbe tut sich über der Nasenwurzel auf, tiefe Falten umrahmen auch den Mund. Sie zeugen von den Entbehrungen und Mühen eines anstrengenden Lebens, verunstalten aber nicht das wohlgeschnittene Gesicht mit dem energischen Mund, dem festen Kinn und der ausgeprägten Nase. Die nach unten schauenden Augen drücken Nachdenklichkeit und auch ein wenig Müdigkeit aus. Filippo hatte viel erreicht, aber sein Leben war ein Kampf mit der launischen Fortuna gewesen, die ihn wie ein Schiff auf den stürmischen Wogen des Lebens herumgeworfen hatte: «Fortuna hat es immer noch nicht satt, uns zu verfolgen», schrieb er einmal in einem Brief, «aber wir müssen Geduld haben.»

Geduld hatte Filippo in seinem Leben viel aufbringen müssen, um zum Ziel zu kommen, und nicht von ungefähr wählte er sich zum Emblem ein Lamm mit dem Motto «Esto mitis» – Sei sanft! Sein zweites Emblem zeigte den Falken, den Wappenvogel der Strozzi, mit dem schon Palla Strozzi sich hatte darstellen lassen, und das Motto «Expectabo» – Ich werde warten. Als geduldiges Lamm und schnellen Falken, der flugbereit auf seine Beute wartet, so mochte sich Filippo Strozzi sehen. Als dekorative Motive finden sich Lamm und Falke viele Male auf den Möbeln, Friesen und Konsolen seiner Häuser und in den von ihm gestifteten Kirchen (siehe Abbildungen Seite 125). Die Krönung seines Lebenswerks stand aber noch aus: der Bau des großen Palastes, der den Namen der Strozzi auch in den kommenden Jahrhunderten bewahren sollte, jenes Hauses, das der junge Filippo einst seiner Mutter versprochen hatte.

DER PALAST

Filippo Strozzi war einer der letzten großen privaten Bauherren in einem Florenz, das im 15. Jahrhundert einen riesigen Bauboom erlebt hatte. Der von den Bürgern angehäufte Reichtum und ein neuer, an der Antike ausgerichteter Geschmack hatten der Stadt ein neues Gesicht gegeben. Nicht dass die mittelalterliche Stadt mit ihren engen Gassen, Plätzen und Märkten verschwunden wäre, aber innerhalb dieses Geflechts war Platz für modernere und größere Bauten geschaffen worden. Das gewaltigste Bauvorhaben des Jahrhunderts war der Neubau des Doms, der von der Bürgerschaft getragen wurde. Filippo Brunelleschi, der geniale Architekt, hatte ihm in den dreißiger Jahren die mächtige Kuppel aufgesetzt, aber die Arbeiten waren damit lange noch nicht abgeschlossen. Brunelleschi entwarf auch das öffentliche Findelhaus, das Ospedale degli Innocenti, mit seiner eleganten Eingangsloggia und für die Medici die Alte Sakristei der Kirche San Lorenzo, die ihnen auch als Grablege dienen sollte. Sein Schüler Michelozzo setzte sein Werk fort und renovierte mit Geldern Cosimo de' Medicis das Kloster San Marco, für das er auch eine elegante Bibliothek baute. Viele andere Gebäude in öffentlicher und privater Hand wurden im Renaissancestil umgebaut oder verschönert. Daneben entstanden viele neue Familienhäuser oder besser Paläste, die dem neuen Geschmack Rechnung trugen.

Den Anfang machte Cosimo de' Medici, der Mitte der vierziger Jahre nach Plänen Michelozzos einen grandiosen Palast als sichtbares Zeichen für seine Vormachtstellung in der Stadt zu bauen begann. Dessen strenge Renaissanceformen mit den neuartigen Rundbogenfenstern und der Verkleidung mit Bossenquadern wurden für andere Familienpaläste, nicht nur in Florenz, zum Vorbild. Viele große Florentiner Familien, die über die nötigen Mittel verfügten — die Pazzi,

Der von Filippo Strozzi erbaute
Palazzo Strozzi in Florenz

Pitti, Rucellai, Tornabuoni –, errichteten neue Familienresidenzen oder modernisierten die alten im neuen Stil. Diese neuen Bauten beanspruchten viel Platz, und Cosimo gab auch hier das Vorbild. Er riss sein altes Haus nicht ab – es ging in den Besitz seines Neffen Pierfrancesco über. Für das neue Haus aber kaufte er, um den nötigen Baugrund zu gewinnen, zahlreiche kleine Häuser in der Nachbarschaft, die er niederlegen ließ. Das große Terrain an der Kreuzung zweier Straßen erlaubte ihm den Bau eines Palasts von bislang ungewöhnlichen Ausmaßen – ein Zeitgenosse verglich ihn, als er die Baugrube sah, sogar mit dem Kolosseum in Rom. Ähnlich verfuhr auch Filippo Strozzi.

Das alte Haus seiner Familie lag, wie gesagt, am engen Corso degli Strozzi in einem dicht bebauten Geviert, das vom Corso bis zur heutigen Via Tornabuoni reichte, die damals Via Larga dei Legnaiuoli (der Tischler und Holzschnitzer) oder nach der Kirche an ihrem südlichen Ende Via Larga di Santa Trinita benannt wurde. Auf den anderen Seiten wurde es begrenzt von der lebhaften, aber engen Via dei Ferravecchi (der Alteisenhändler), die zum Alten Markt führte, und von einer engen Gasse, die es vom nächsten Häuserblock trennte. Auf diesem Areal standen mehrere Wohnhäuser, ein Turm, kleine Läden und Werkstätten von Holzschnitzern, Steinmetzen, Hufschmieden, Bäckern und Fleischern. In seinem Inneren enthielt es ein Gässchen, Höfe und einen kleinen Platz, der der Familiengruppe der Tornaquinci gehörte. Alle diese Gebäude sollten nach Filippos Plänen dem neuen Palast weichen, der auf diese Weise vom Corso bis an die Via dei Legnaiuoli reichen würde, eine der Hauptstraßen der Stadt, die auch im zeremoniellen Leben eine wichtige Rolle spielte. Hier entlang zog die große Fronleichnamsprozession, wurde in Krisenzeiten das Gnadenbild der Madonna von Impruneta in die Stadt getragen und zogen feierlich die hohen Besucher ein, um sich zum Palazzo della Signoria zu begeben. Am Fest des heiligen Johannes des Täufers, des Stadtheiligen, fand hier auch das Pferderennen statt. Große alte Familien wie die Spini, Gianfigliazzi und Tornabuoni waren Anrainer dieser Straße. Die Lage des geplanten Palastes war deshalb der des Medici-Palastes ähnlich, der ebenfalls an einer «breiten» Straße lag, der Via Larga, der Einfallstraße von Norden her, die von ähnlich großer Bedeutung im zeremoniellen Leben der Stadt war, denn sie führte direkt auf das Baptisterium zu.

Schon 1473 begann Filippo Strozzi mit dem Kauf von Immobilien, um den nötigen Platz für seinen Palast zu gewinnen – er selbst nannte ihn immer nur «mein Haus». Außerdem erwarb er von Verwandten ein paar einfache Gebäude am Corso degli Strozzi jenseits der Gasse neben seinem Haus, um ein Ausweichquartier für seine Familie zu haben, da das alte Haus ebenfalls dem neuen weichen musste. Dieser provisorische Wohnsitz entstand in den Jahren 1482–1487 und kostete Filippo eine beträchtliche Summe. Nicht alle Eigentümer waren natürlich sofort bereit zu verkaufen, weshalb er wahrscheinlich oft einen überhöhten Preis zahlen musste. Bereits 1473 brachte er den wichtigen Turm des Grafen von Poppi an der Via dei Legnaiuoli in seinen Besitz, die letzte Immobilie erwarb er 1489. Aus dem von Filippo angelegten Verzeichnis dieser Käufe, in dem er das Datum des Erwerbs, die Namen der Verkäufer und den Preis registrierte, ergibt sich, dass es sich um fünfzehn mehr oder weniger große Häuser, Läden und Werkstätten handelte, die ihn zusammen 6259 Fiorini kosteten. Unter diesen befand sich auch ein Haus aus dem beschlagnahmten Besitz von Palla Strozzi, das schon seine Mutter gerne gekauft hätte, dann aber wie viele andere Immobilien Pallas in die Hände der Rucellai gelangt war. Was zuletzt noch zur Abrundung fehlte, war der kleine Platz der Tornaquinci. Um die Rechte darüber zu gewinnen, schaltete Filippo Lorenzo de' Medici ein, dessen Onkel Giovanni Tornabuoni, Direktor der Medici-Bank in Rom, einer der Miteigentümer war. Als Bevollmächtigter der Familiengruppe, zu der außer den Tornabuoni die Tornaquinci, Popoleschi und Giachinotti gehörten, übereignete

Lorenzo de' Medici Filippo Strozzi 1489 den Platz. Vom zuständigen Amt, den «Ufficiali della Torre», kam auch die Erlaubnis, öffentlichen Grund zu besetzen, falls dies die Linien des Palasts erfordern sollten. Der Bau konnte endlich beginnen.

Lorenzo Strozzi berichtet in der Lebensbeschreibung seines Vaters, dass Lorenzo de' Medici das Unternehmen mit Misstrauen und Neid beobachtet habe, denn die Größe und die ungeheuren Kosten des geplanten Baus hätten ihn fürchten lassen, seine herrschaftliche Stellung in der Stadt zu verlieren. Aus diesem Grund habe er sich persönlich eingemischt, die Pläne sehen wollen und dann selbst zur aufwendigen Verkleidung mit Bossenquadern geraten, während Filippo Strozzi, um diese Rivalität zu entschärfen, ihm vorgespiegelt habe, nur eine größere Bleibe für seine zahlreiche Familie schaffen zu wollen. Das Haus solle, so habe er ihm gesagt, auch Läden im Erdgeschoss enthalten, um seinen Erben Nebeneinkünfte zu sichern. Im alten Haus war es tatsächlich eng geworden. Neben der eigenen wachsenden Familie wohnten bei ihm seine verwitwete Schwester Alessandra und die Witwe seines Bruders Lorenzo mit ihren sechs Kindern, dazu bis zu ihrer Verheiratung 1484 auch Lorenzos uneheliche Tochter Violante. Lorenzo de' Medici soll Filippo dann selbst zu einem prächtigeren Palast ermuntert haben. Wie dem auch sei, Filippo Strozzi hatte seine Pläne Lorenzo de' Medici keineswegs verborgen, wie schon dessen Vermittlerrolle beim Erwerb der Piazzuola Tornaquinci nahelegt. Da die Verschönerung der Stadt in diesen Jahren zu Lorenzo de' Medicis politischem Programm gehörte, konnte er gegen den Bau schwerlich etwas einwenden und legte ihm auch nichts in den Weg. Aber es war ihm zweifellos daran gelegen, alle Bauvorhaben in der Stadt zu kontrollieren. Er mischte sich, wie man weiß, auch in andere öffentliche und private Projekte ein. Als bei Baubeginn die Ausmaße des künftigen Palasts sichtbar wurden, drängte sich der Vergleich mit dem Medici-Palast natürlich auf und wurde auch ausgesprochen. «Er ist prächtiger als der Lorenzos», soll der Herzog von Ferrara gesagt haben, als er von ihm hörte. Dennoch übertrug Filippo Strozzi Lorenzo de' Medici in seinem Testament sogar die Oberaufsicht über den Bau, falls ihn seine Erben nicht innerhalb der von ihm festgesetzten Frist vollendet haben sollten. Da Lorenzo de' Medici schon 1492 starb, wurde diese Klausel bald hinfällig.

Lorenzo Strozzi schreibt auch, dass sein Vater ein Haus habe errichten wollen, das seinen eigenen und den Namen der Familie Strozzi in ganz Italien und im Ausland berühmt machen sollte. Deshalb habe er es auch «inmitten seiner Strozzi», im alten Quartier der Familie, zu errichten beschlossen. In der Tat wurde der Bau des Palasts von den anderen Strozzi, selbst von denen, die schon lange nicht mehr in Florenz lebten, mit lebhaftem Interesse und auch Genugtuung verfolgt. Die Strozzi sahen darin, ganz wie Filippo selbst, eine Revanche und eine Entschädigung für ihre lange Verfolgung. Aus Ferrara erreichten Filippo mehrere Briefe, die ihn beglückwünschten. So schrieb ihm Bardo Strozzi, der Enkel Palla Strozzis und Bruder der schönen Marietta, dessen Exil immer noch andauerte: «Ich habe von dem großen, herrlichen Bau gehört, den Ihr zur Ehre und zum Ruhm des Vaterlands und zum Preis des Hauses begonnen habt. Gott möge Euch Glück verleihen und Euch das Unternehmen schnell zu Ende bringen lassen.» Sogar ein Mann wie Tito Vespasiano Strozzi, der Humanist und Höfling der Este, ein Sohn jenes Nanni Strozzi, von dem schon die Rede war, drückte Filippo seine Freude über ein Projekt aus, das, wie er schrieb, der ganzen Familie Strozzi Ehre mache.

Die Bauarbeiten begannen frühmorgens am 15. Juli 1489 mit dem Abriss einer Schreinerwerkstatt an der Via dei Legnaiuoli, die etwa in der Mitte der zu dieser Seite hin liegenden Front des künftigen Palasts lag. Es geschah nicht aus technischen Gründen. Den Ratschlag dazu hatte Bernardo Biliotti, ein renommierter Astrologe, gegeben. Der gottesfürchtige Filippo entzog sich nicht den Usancen der Zeit und hatte sich von Biliotti ein Horoskop erstellen lassen, das auch von anderen gelehrten Männern, darunter Marsilio Ficino, kontrolliert und bestätigt worden war. In diesem Horoskop hatte Biliotti nach eingehender Untersuchung der Konstellationen nicht nur den Ort des ersten Spatenstichs bestimmt, sondern auch den günstigsten Zeitpunkt für die Grundsteinlegung ausgemacht: den frühen Morgen des 16. August bei den allerersten Strahlen der Sonne. Die Sterne weissagten Filippo Glück beim Bau und höchste Zufriedenheit und Genuss für ihn als Bauherrn und für seine Nachkommen, da das Gebäude mit Leichtigkeit vollendet und von den Kennern geschätzt und gelobt werden würde. Doch wollte sich Filippo Strozzi nicht auf die Sterne allein verlassen, denn er war zutiefst davon überzeugt, dass die letzte Entscheidung bei Gott liege. Und so schrieb er unter die Weissagungen des Horoskops die Worte: «Es gefalle Gott, dass es so kommen möge.» Die Grundsteinlegung fand, wie das Horoskop geraten hatte, am 16. August 1489 statt. Doch geben wir noch einmal Filippo Strozzi das Wort, der das lange ersehnte Ereignis in seinen Aufzeichnungen auf diese Weise beschrieb: «Am 16. August, genau in dem Augenblick, da die ersten Strahlen der Sonne hinter den Bergen hervortraten, warf ich im Namen Gottes, zum guten Beginn für mich und meine Nachkommen und für alle, die sich daran beteiligen werden, den ersten Stein in die Fundamente. Zur gleichen Stunde ließ ich von den Klosterbrüdern von San Marco eine Heilig-Geist-Messe singen, eine andere bei den Nonnen der Murate, eine weitere in meiner Kirche S. Maria in Lecceto und noch eine von den mir verpflichteten Klosterbrüdern dort, mit Gebeten an Gott, dass es ein guter Beginn sei für mich und meine Nachkommen und für alle, die den Bau fördern werden.»

Filippo Strozzis Bau erregte in Florenz enormes Aufsehen, die Menschen strömten herbei, um die riesige Baustelle zu besichtigen. Bei der Grundsteinlegung war auch Tribaldo de' Rossi zugegen, der einen pittoresken Bericht darüber hinterlassen hat. Er war frühmorgens auf dem Weg zum Fleischer, drängte sich hinzu und kam neben Filippo Strozzi zu stehen, der zu ihm sagte: «Nehmt einen Stein und werft ihn hinein, und so machte ich es, und dann griff ich in seiner Gegenwart zum Beutel und warf einen alten Quattrino mit der Lilie herein. Er sagte, er wolle das nicht, aber ich warf ihn dennoch zur Erinnerung hinein, und er war's zufrieden. Ich ging dann weg und befand mich mit Lorenzo und Giorgio im Laden gegenüber Santa Trinita, als ich beschloss, zur Erinnerung an das Ereignis meinen Sohn Guarnieri und meine Tochter Francesca holen zu lassen ... und meine Frau Nannina schickte beide Kinder fein angezogen, und ich führte sie zu diesen Grundmauern, nahm Guarnieri auf den Arm und schaute nach unten und gab ihm einen Quattrino mit der Lilie, den er hineinwarf, und ein Rosensträußchen, das er in der Hand hatte, ließ ich ihn auch hineinwerfen. Ich sagte zu ihm: Erinnere dich immer daran, und er sagte Ja ... Guarnieri war an diesem Tag vier Jahre und zwei Tage alt ... und Nannina hatte ihm vor wenigen Tagen ein neues Röckchen aus grün-gelb changierendem Taft gemacht.» Für

Rossi war die Grundsteinlegung ein Jahrhundertereignis, an dem er auch seine kleinen Kinder teilnehmen lassen wollte.

Nicht alle waren jedoch gleichermaßen begeistert. Luca Landucci zum Beispiel, der eine sehr anschauliche Chronik über Vorfälle aller Art in Florenz zwischen der zweiten Hälfte des 15. Jahrhunderts und dem Beginn des 16. geschrieben hat, betrieb einen Spezereiwarenhandel. Sein Geschäft lag in nächster Nähe der Baustelle, seit 1490 nach einem Umzug sogar ihr genau gegenüber an der Via dei Legnaiuoli, sodass er Augenzeuge der Bauarbeiten wurde. Er beschrieb sie in allen ihren Phasen, wobei er sich über die damit verbundenen Belästigungen heftig beklagte: «… immerfort riß man noch die Häuser nieder, mit großer Zahl von Meistern und Handlangern, sodass alle Straßen ringsum von Bergen von Steinen und Kalkschutt eingenommen waren und von Maultieren, Eseln, die wegtrugen und beibrachten, sodass man mit Schwierigkeiten hier vorbeikam. Und wir anderen Gewerbetreibenden standen immerfort im Staub und wurden gestört durch Leute, die hier anhielten, um zuzusehen, und mancher auch, weil er mit seinen beladenen Lasttieren nicht vorwärtskam.»

Die Organisation der Arbeiten war so komplex, dass Filippo eine eigene Verwaltung dafür schuf, die alles, was den Bau betraf, registrierte. In ihren Büchern sind alle Zahlungen für die Materialien und die Löhne einzeln aufgeführt, sodass die Arbeiten genauestens dokumentiert sind. Maurer und Steinmetzen, Zimmerleute und einfache Hilfsarbeiter wurden über Jahre hinweg in großer Zahl beschäftigt; zeitweise arbeiteten an die hundert Menschen am Bau. Es waren so viele, dass für sie eine Baracke am Corso degli Strozzi errichtet wurde, in der sie essen und schlafen konnten. Die Herbeischaffung der großen Mengen an Steinen aus den Steinbrüchen um Florenz geschah mithilfe von Ochsenkarren, die die Straßen verstopften, während der Abriss der alten Häuser und die Arbeiten am Palast die Anlieger jahrelang mit Lärm und Staub quälten.

Unklarheit besteht indessen darüber, wer der Architekt war, die Rechnungsbücher geben keine sichere Auskunft darüber. Die Angabe Vasaris, dass Benedetto da Maiano die Pläne anfertigte, hat sich nicht dokumentieren lassen. Man nimmt aber an, dass er die ersten Entwürfe schuf; wir wissen ja, dass Filippo Strozzi die Dienste seiner Werkstatt gerne in Anspruch nahm. Seine dokumentierte Beteiligung am Bau erstreckt sich dagegen nur auf den Entwurf einiger Konsolen mit den Emblemen Filippo Strozzis sowie von bronzenen Laternen und Fackelhaltern für die Fassade, deren Ausführung der Bronzeschmied Niccolò dal Sodo, genannt Caparra, übernahm. Giuliano da Sangallo wurde erst nach dem Beginn der Arbeiten beauftragt, ein Holzmodell anzufertigen, das erhalten ist. Seine Vorschläge wurden aber offenbar nicht im Einzelnen befolgt. Der Eindruck ist, dass zur Zeit des Baubeginns nur sehr allgemeine Pläne vorlagen, die nach Filippo Strozzis Vorstellungen angefertigt wurden und möglicherweise vor allem die Gestaltung der Fassaden betrafen. Wie viele Bauherren der Zeit interessierte sich auch Filippo Strozzi für Architektur. Als er in den siebziger Jahren mit seinem Bruder Lorenzo über ein Grabmal für ihren verstorbenen Bruder Matteo diskutierte, schickte er zum Vorschlag einen von ihm selbst gezeichneten Plan nach Neapel. Den größten Anteil an der Ausführung des Baus hatte jedenfalls Simone del Pollaiuolo, genannt «il Cronaca», den auch Vasari nach Benedetto da Maiano als den Erbauer des Palasts bezeichnet. Cronaca war in der Tat, wie aus den Bauregistern hervorgeht, von 1490 bis zu seinem Tod in führender Position am Bau beteiligt. Er hatte offensichtlich die Oberleitung der Bauhütte.

Mit seinem Grundriss von 53,56 x 39,62 Metern, seinen drei Geschossen, dem Innenhof, der Verkleidung mit Bossenquadern und dem von Vasari besonders gelobten, mächtigen Dachgesims ist Filippo Strozzis Gebäude ein Gegenentwurf zum Palast der Medici, den er sogar um fast acht Meter überragt. Doch besitzt er nicht den eleganten Charme, den jenes Frühwerk der Renaissance ausstrahlt. Mit seinen immer gleichen Fensterfronten und den drei zentralen Portalen wirkt der Strozzi-Palast wie ein Bollwerk in der Stadt, kompakt, abweisend und mächtig. Die Strozzi hatten Grund genug, sich zu verschanzen. Elegant war der Palast nur im Inneren mit seinem anmutigen Säulenhof und seinen schönen weiten Sälen.

Während er sein Haus für die Lebenden baute, dachte Filippo Strozzi zugleich daran, sich ein Haus für den Tod zu schaffen. Seine Familie besaß seit langer Zeit eine Grabstätte in der Dominikanerkirche Santa Maria Novella, in der seine Großeltern, sein Vater, seine Mutter, seine erste Frau und die vielen toten Kinder begraben lagen. Aber es handelte sich um ein Grab auf dem Boden der Kirche, nicht um eine der schönen

Grabkapellen, wie sie die meisten großen Familien der Stadt besaßen. Das ungünstige Familiengeschick hatte auch den Erwerb einer solchen Grablege verhindert. 1486 gelang es Filippo, die Rechte über eine Kapelle in der gleichen Kirche zu erwerben, eine Kapelle in exzellenter Lage. Sie war dem Evangelisten Johannes geweiht und schloss rechts an die große Chorkapelle der Tornabuoni an, die diese gerade von Domenico Ghirlandaio mit prächtigen Fresken ausmalen ließen (siehe Abb. rechts). Filippo begann sofort, seine Kapelle auszustatten – mit Einkünften und mit Werken der Kunst zu ihrer Verschönerung. Er ließ liturgische Kleidung für die Geistlichen und Altardecken nähen, sorgte für bessere Beleuchtung, indem er ein Fenster im Querschiff öffnen ließ, und bestellte ein großes Fenster mit Glasmalereien gegenüber dem Eingang der Kapelle, das Filippino Lippi entwarf. Über den Darstellungen thront Filippo Strozzis Emblem mit dem Lamm und dem Motto «Mitis esto». Der gleiche Maler wurde 1487 auch beauftragt, die Kapelle mit Fresken auszuschmücken, und zwar mit

Die Grabkapelle Filippo Strozzis in der Dominikanerkirche Santa Maria Novella in Florenz

Szenen, die nach den Klauseln des Vertrags der Auftraggeber selbst zu bestimmen hatte. Als die Malereien viele Jahre nach dem Tod des Auftraggebers endlich fertig waren, zeigten sie auf den Seitenwänden jeweils zwei bewegte, antikisch inszenierte Szenen aus dem Leben des Evangelisten Johannes und des Apostels Philippus, Filippos Namenspatron. Ein Grabmal mit einem Sarkophag aus schwarzem Jaspis, überwölbt von einem marmornen Rundbogen mit elegantem Skulpturenschmuck, war bei der bewährten Werkstatt von Benedetto da Maiano in Auftrag gegeben worden. Auch dieses war bei Filippos Tod noch nicht fertig.

FILIPPO STROZZIS ERBEN

Filippo Strozzi starb, dreiundsechzig Jahre alt, nach kurzer schwerer Krankheit unerwartet am späten Abend des 14. Mai 1491, als die Mauern seines Palasts erst wenige Meter über die Fundamente hinausgewachsen waren. Er hatte noch genug Zeit und Bewusstsein gehabt, um sein Testament zu diktieren; es trägt das Datum des Tags, an dem er starb. Als Erben setzte er zu gleichen Teilen seine drei Söhne ein, den dreiundzwanzig Jahre alten Alfonso aus seiner ersten Ehe mit Fiammetta Adimari und die beiden Knaben, die ihm Selvaggia Gianfigliazzi geboren hatte: Lorenzo, neun Jahre alt, und Giovanbattista, der, 1489 geboren, noch ein Kleinkind war. Seiner Frau, und ihr allein, übertrug er die Vormundschaft über die unmündigen Söhne – ein großer Beweis seines Vertrauens. Zum Gedenken an seinen Vater nannte die Witwe ihren Jüngsten um und gab ihm den Namen Filippo. Sie liebte dieses Kind zärtlich, weil es seinem Vater aus dem Gesicht geschnitten schien und weil der kleine Filippo ein besonders anmutiges und liebenswertes Kind war. So schildert es sein Bruder Lorenzo.

Filippo Strozzis Begräbnis wurde am 17. Mai mit großer Feierlichkeit begangen. Zum ersten Mal, seit Nofri Strozzi 1418 zu Grabe getragen worden war, konnten sich die Strozzi wieder ein ihrem Rang entsprechendes Totenfest erlauben. Der Zug, der Filippos sterbliche Hülle zur Kirche Santa Maria Novella geleitete, war womöglich noch eindrucksvoller als der, welcher Palla Strozzis Vater das letzte Geleit gegeben hatte. Angeführt von Geistlichen und Bruderschaften, folgten dem Sarg nicht nur unzählige Angehörige der Familie Strozzi und Vertreter der Zünfte und der städtischen Autoritäten. Es begleiteten ihn auch die Baumeister, Maurer, Steinmetzen, Handlanger und die vielen anderen, die mit verschiedenen Aufgaben am Bau beschäftigt waren. Alle trugen sie Trauerkleider, die auf Kosten der Familie angefertigt worden waren. Auch in Neapel und Rom, wo sich Filippos Niederlassungen befanden, wurden feierliche Totengedächtnisse abgehalten. Die Ausstattung dieser Zeremonien soll nach Angabe von Filippos Sohn Lorenzo 3000 Fiorini gekostet haben, die Rechnungsbücher verzeichnen eine kleinere Summe. Da der bei Benedetto da Maiano bestellte Sarkophag noch nicht fertig war, wurde Filippo vorläufig hinter dem Altar seiner Kapelle in der Erde bestattet, wie er selbst gewünscht hatte.

Wieder einmal lagen die Geschicke der Familie Strozzi in den Händen einer Frau, die freilich über ungleich reichere Mittel verfügte als eine Generation zuvor Alessandra Macigni. Das ungeheure Vermögen, das Filippo Strozzi hinterlassen hatte, nahm seiner Witwe alle materiellen Sorgen ab. Die Aufgabe, ihre beiden Söhne zu erziehen und deren Vermögen bis zur Volljährigkeit zu verwalten, ging Selvaggia Gianfigliazzi beherzt an, wobei ihr das gespannte Verhältnis zu ihrem Stiefsohn Alfonso die Sache nicht leicht machte. Schon einen Monat nach Filippos Tod wurden am 14. Juni das Bargeld, Einrichtungsgegenstände, Silber und Juwelen sowie die Landgüter unter den drei Erben aufgeteilt, wobei Selvaggia die Verfügung über alle Einkünfte aus dem Vermögen ihrer beiden unmündigen Söhne erhielt. Der Palast blieb aber weiterhin gemeinsamer Besitz.

Im Testament hatte Filippo Strozzi seinen Erben strenge und zwingende Vorschriften bezüglich seiner Vollendung gemacht. Die Oberaufsicht über alle den Bau betreffenden Angelegenheiten sollte Filippo Buondelmonti zusammen mit seiner Witwe führen. Die Planungen hatten von Anfang an die Aufteilung des Palasts in zwei gleiche Hälften vorgesehen. Der zur Via dei Legnaiuoli hin gelegene Teil sollte Alfonso gehören, der andere, zum Corso degli Strozzi hin gelegene Selvaggias Söhnen gemeinsam. Wahrscheinlich war der jüngste Sohn Filippo noch nicht geboren, als diese Aufteilung beschlossen wurde. Neben den Bestimmungen, die eine Veräußerung für alle Zeiten streng untersagten und die Vererbung des Palasts in männlicher Linie zwingend vorschrieben, betrafen andere die Pflicht zur Vollendung des Baus. «Ich will und ich erlege meinen genannten Erben auf», heißt es im Testament, «dass, sollte es (das Haus) bei meinem Tod innen und außen noch nicht zu Ende gebaut sein, meine Erben es nach der betreffenden Zeichnung und dem Modell und auf solche

Weise, dass man in beiden Wohnungen wohnen kann, fertigstellen lassen. Zu diesem Zweck sollen sie wenigstens 50 Personen, Baumeister, Handlanger und Steinmetzen, kontinuierlich arbeiten lassen, damit sie den Bau ohne Unterbrechung zu Ende führen, dass er spätestens 1496 fertig sei.» Nur fünf Jahre Zeit hatte Filippo also seinen Erben zugestanden, um den Riesenbau zu vollenden. Bei Nichteinhaltung der Vorschriften sollte die Filippo Buondelmonti übertragene Oberaufsicht über den Bau an Lorenzo de' Medici gehen, bei dessen Verzicht an die Calimala, die Zunft der Kaufleute, deren Mitglied Filippo Strozzi gewesen war.

Selvaggia Gianfigliazzi scheute keine Anstrengungen, um diese Auflagen zu erfüllen, die Arbeiten in beiden Teilen des Palasts gingen zügig weiter. Im September 1491 war das Portal an der Via dei Ferravecchi fertig, im Dezember das Gewölbe des Saals im Erdgeschoss von Alfonsos Teil, während man im anderen Teil ebenfalls das entsprechende Gewölbe zu mauern begann, das im Januar 1492 vollendet war. 1492 wurde auch der Innenhof begonnen, 1495 die Fenster im ersten Stock eingesetzt. 1496 war der Palast zwar noch nicht fertig, aber es wurde bereits an den Fenstern im zweiten Stock gearbeitet; die Mauern waren also inzwischen bis dorthin hochgezogen worden. Die Fensterreihe im zweiten Stock war dann, wie Landucci bezeugt, im Mai 1498 fertig. Kurz danach kam das Gesims an die Reihe, aber nur auf der Seite von Lorenzo und Filippo, wo die Arbeiten im September 1500 zum Abschluss kamen. Von Mai 1501 an wurde am Dach gearbeitet, ebenfalls nur auf dieser Seite. Bei Alfonso blieb das Dach dagegen noch lange provisorisch, denn die Fassade war auf seiner Seite nur wenig über die Fenster im zweiten Stock hinausgelangt. Die Hälfte des Palasts, die Lorenzo und Filippo gehörte, war indessen nach dem Zeugnis Landuccis im Juni 1504 fertig oder doch weitgehend bewohnbar. Kleinere Arbeiten gingen noch ein paar Jahre weiter. Mariotto da Balatro, der erfahrene Maurermeister, der von Anfang an dabei gewesen war, wurde im Januar 1508 entlassen, ein Zeichen dafür, dass es nichts mehr zu tun gab. Den verdienten Mariotto ereilte 1512 das tragische Geschick, dass er auf dem Dach des Palasts von einem Blitz erschlagen wurde, als er noch einmal eine Kontrolle machte.

Auch die Rechnungsbücher bestätigen die Zahlen. Das letzte Rechnungsbuch verzeichnet Ausgaben zwischen 1501 und 1510, lässt aber erkennen, dass die Arbeiten bis 1506 im Großen und Ganzen abgeschlossen waren. Bis dahin hatte der Bau die ungeheure Summe von 35 000 Fiorini verschlungen.

In all diesen Jahren hatte Alfonso seinen Anteil an den Kosten nur stockend und schließlich überhaupt nicht mehr bezahlt, was zu großen, auch vor Gericht ausgetragenen Streitigkeiten mit seiner Stiefmutter führte. Bis 1492 waren die Ausgaben gemeinsam registriert worden, danach wurden sie getrennt abgerechnet. Bis 1501 hatte Alfonso nur wenig mehr als ein Viertel der Summe aufgebracht, die Selvaggia inzwischen für den Bau ausgegeben hatte, 16 000 Fiorini, während Alfonso nur 4237 beigesteuert hatte. Er hatte damals mehr als 7000 Fiorini Schulden bei seinen Stiefbrüdern, einschließlich der den Bau betreffenden. Der Grund hierfür ist nicht ganz durchsichtig und lag wohl nicht allein am schlechten Verhältnis zur Stiefmutter und zu den Brüdern. Alfonso war schon früh von seinem Vater in die Welt der Geschäfte eingeführt worden. Filippo Strozzi hatte ihn jung nach Neapel geschickt, damit er dort Erfahrungen sammelte. 1491, kurz vor des Vaters Tod, gründete Alfonso mit dessen Unterstützung in Neapel eine eigene Gesellschaft. Er sollte wohl dort die Stellung einnehmen, die sein Onkel Lorenzo einst ausgefüllt hatte. Die Geschäfte liefen auch ganz profitabel. 1494 erhielt er von König Alfonso II., seinem Taufpaten, ein weitgehendes Privileg für Handel und Bank, aber bald darauf stürzte der Einmarsch Karls VIII. von Frankreich das Königreich ins Chaos, sodass auch die Geschäfte schwer beeinträchtigt wurden. Dies mag dazu beigetragen haben, dass Alfonso seinen Anteil an den Kosten für den Bau des Palasts nicht mehr bezahlte. Seine Brüder warfen ihm aber auch vor, ein unsolides Leben zu führen und seine Mittel zu verschwenden. Das Verhältnis zwischen den Brüdern blieb immer sehr gespannt und der Alfonso gehörige Teil des Palasts, wie schon gesagt, unfertig. Alfonso war gezwungen, mit seiner Familie im Erdgeschoss zu wohnen.

1525 erweiterten Lorenzo und Filippo den Corso degli Strozzi, indem sie einige gegenüberliegende Häuser kauften und niederrissen und so einen kleinen Platz schufen, der dem Palast zu ihrer Seite hin etwas mehr Luft verschaffte. 1533 wurde endlich der gemeinsame Besitz getrennt. Dadurch aber wurde die Frage der von Filippo Strozzi testamentarisch unter Androhung des Verlusts verlangten Vollendung des Palasts wieder akut. Die Arbeiten wurden zwar sofort wiederaufgenommen, nur führte die Frage, wer die Kosten zu tragen habe, erneut zum Prozess. Das Problem wurde durch den Tod Alfonsos am 25. Juni 1534 gelöst. Aufgrund des väterlichen Testaments, das nur eine Erbfolge in männlicher Linie zuließ – Alfonso hatte nur zwei Töchter –, fiel dessen Teil nun an Lorenzo und Filippo. Sie teilten ihn sich so, dass Alfonsos Hälfte an Lorenzo ging, die andere an Filippo. Bis Oktober 1534 komplettierten die Brüder das zweite Geschoss auf der Seite der Via dei Legnaiuoli, deren Verkleidung mit Quadersteinen ebenfalls vollendet wurde. Schon begannen die Arbeiten am Gesims und dem Dach, als diese noch einmal aus Gründen, von denen noch die Rede sein wird, erneut und diesmal endgültig unterbrochen wurden. Das Dachgesims auf der einst Alfonso gehörigen Seite fehlt bis heute. Inzwischen war seit Filippo Strozzis Tod im Jahr 1491 fast ein Menschenalter vergangen. In jene Zeit kehren wir noch einmal zurück.

Selvaggia Gianfigliazzi hatte sich in der Zeit ihrer Vormundschaft mit Kräften darum bemüht, das Testament ihres Mannes zu erfüllen und den Bau des Palasts zum Abschluss zu bringen. Auch das Vermögen ihrer Kinder verwaltete sie mit großer Umsicht. Sie verkaufte die Anteile an Filippos Unternehmen und löste die Gesellschaften in Neapel, Rom und Florenz auf. Einen Teil des aus diesen Verkäufen resultierenden Kapitals investierte sie in eine Wolltuchmanufaktur von Giovacchino Guasconi, dem alten Gesellschafter Filippos, den Rest vertraute sie Carlo und Matteo Strozzi, den Söhnen von Filippos Bruder Lorenzo, an, die das Geld in ihre eigenen Bank- und Handelsunternehmen in Florenz und Venedig steckten. 1493 gründeten sie dazu auf den Namen von Selvaggias ältestem Sohn Lorenzo eine Werkstatt für die Herstellung von Gold- und Silberplättchen. Sie selbst verwaltete den großen Haushalt, über dessen Einkünfte und Ausgaben sie bis zu ihrem Tod 1524 sorgsam Buch führte. 1501 übergab sie ihren Söhnen das Vermögen, das sie erhalten, jedoch nicht vermehrt hatte. Sie selbst war nicht unvermögend. Sie hatte nach dem Tod ihres Gemahls ihre Mitgift zurückerhalten und dazu 1709 Fiorini von ihrer Mutter geerbt. Dieses Geld legte sie profitabel an, 1518 meldete sie den Steuerbehörden ein Vermögen von 4638 Fiorini. Selvaggia Gianfigliazzi war zweifellos eine tüchtige Geschäfts- und Hausfrau.

Die wirtschaftliche Seite der Aufgaben, die mit der Vormundschaft verbunden waren, regelte sie gut. Nicht ganz zufrieden waren ihre Söhne jedoch später mit der Erziehung, die ihre Mutter ihnen zuteilwerden ließ. Lorenzo Strozzi bemerkt in der Lebensbeschreibung seines Bruders, dass die Mutter den kleinen Filippo zärtlich geliebt, doch bei der Auswahl der Hauslehrer jedoch mehr auf deren gute Sitten als auf ihre Gelehrsamkeit geachtet habe, denn die Erziehung zur Ehrbarkeit sei ihr wichtigstes Ziel gewesen. So aber habe Filippo trotz seines frühen Interesses am Lesen nur die Anfangsgründe des Lateinischen gelernt. Er habe der Mutter dies später vorgeworfen, obwohl er auch Entschuldigungsgründe für ihr Verhalten fand: Sie habe als Frau und Witwe auf die Meinung anderer Rücksicht nehmen müssen. Filippo habe indes diese Bildungslücken später auszugleichen gesucht, indem er bei Marcello de' Virgili Latein und bei Fra Zanobi Acciaiuoli Griechisch studierte. Dies waren in der Tat zwei der berühmtesten Humanisten der Stadt. Virgili war Nachfolger Angelo Polizianos auf dessen Lehrstuhl an der Universität, während Acciaiuoli sich als Übersetzer aus dem Griechischen hervortat und selbst lateinische Werke schrieb; er wurde Bibliothekar Papst Leos X. Filippo eignete sich tatsächlich eine hervorragende humanistische Bildung an. Auch Lorenzo glich die Mängel seines kindlichen Unterrichts aus, wie Francesco Zeffi in dessen unvollendeter Lebensbeschreibung berichtet. Er vervollständigte seine klassische Bildung als Schüler des berühmten Humanisten Bartolomeo Fonzio.

Im Gegensatz zu ihrem ältesten Bruder erhielten die beiden Brüder keine reguläre kaufmännische Ausbildung. Sie wuchsen wie kleine Prinzen auf, reich, schön und zur dünnen Schicht jener großen Familien gehörig, auf die auch Lorenzo de' Medici hatte Rücksicht nehmen müssen, Teil der jeunesse dorée, nachdem die büßerischen Zeiten Savonarolas zu Ende gegangen waren. 1491 spielte Lorenzo in der *Rappresentazione di SS. Giovanni e Paolo* mit, dem geistlichen Schauspiel, das Lorenzo de' Medici für seinen jüngsten Sohn Giuliano geschrieben hatte und das während des Karnevals im Medici-Garten bei San Marco zur Aufführung kam. 1494, da war er zwölf, wurde er ausgewählt, um mit anderen vornehmen Florentinern König Karl VIII. von Frankreich vor der Stadt zu empfangen. Er gehörte zu denen, welche den Baldachin des Königs trugen. Man staunte bei dieser Gelegenheit über die Geschicklichkeit, mit der der kleine Lorenzo sein schnelles Pferd ritt. Als Jüngling nahm er 1502 in Ferrara, begleitet von seinem Cousin Matteo Strozzi und dem berühmten Organisten Baccio d'Agnolo, an den Festlichkeiten für die Hochzeit Lucrezia Borgias mit Herzog Alfonso d'Este teil, wo sein eleganter Auftritt von den Damen sehr bewundert wurde. Ein von Lorenzo anlässlich einer Hochzeit in Szene gesetztes Schäferspiel ergötzte, wie Zeffi schreibt, nicht nur das Auge, sondern auch das Ohr. Lorenzo liebte die Musik, sang und spielte Instrumente, schrieb Gedichte und Komödien und war der Animator von Festgesellschaften, die besonders im Karneval in Aktion zu treten pflegten. Aufsehen erregte er wegen des ausgefallenen Themas eines Karnevalswagens, den er und seine Freunde ausstatteten. Exzentrisch, wie sie waren, ließen die jungen Männer nicht den beliebten Triumph Amors durch die Straßen ziehen, sondern setzten einen anderen «Triumph» Petrarcas in Szene, einen «Triumph des Todes», der an der Schwelle zum Aschermittwoch schreckenerregend durch Florenz zog. Er hinterließ so großen Eindruck, dass man noch viele Jahre später davon sprach.

Mit der Ausführung dieses Wagens hatte die Festgesellschaft Piero di Cosimo betraut, einen für seine bizarren Erfindungen bekannten Künstler, der berühmt für solcherlei Inszenierungen war. So kam es, dass auch Giorgio Vasari diesen merkwürdigen Triumph in seiner Vita Piero di Cosimos beschrieb: «Dieser Triumph war ein enormer von Büffeln gezogener Karren, ganz in Schwarz und mit Totenknochen und weißen Kreuzen bemalt. Und oben auf dem Karren stand ein riesengroßer Tod mit der Sichel in der Hand, und um den Karren herum gab es viele Gräber mit Deckeln, die sich überall, wo der Triumph zum Singen anhielt, öffneten. Und heraus kamen einige in schwarzes Tuch gehüllte Gestalten, auf deren Gewand ein Skelett aufgemalt war … Und zur Musik von dumpfen Posaunen mit rauem, heiserem Klang kamen diese Toten halb heraus und setzten sich auf die Deckel und sangen voller Melancholie jene heute noch noble Kanzone *Dolor, pianto e penitenza*. Und hinter dem Karren kam eine große Zahl von Toten auf den dürresten und ausgemergeltsten Pferden, die aufzutreiben waren, mit Schabracken voller weißer Kreuze, und jeder Reiter hatte vier als Tote verkleidete Reitknechte mit schwarzen Fackeln und einer großen Fahne mit Knochen und Totenköpfen darauf.» Dieses makabre Spektakel, eine Umkehrung jener sprühenden Triumphe Amors, die so oft in der Vergangenheit die Florentiner entzückt hatten, erschreckte die Zuschauer bis ins Herz, fand aber doch wegen seiner Ausgefallenheit und der gelungenen künstlerischen Gestaltung nicht wenig Beifall.

Lorenzo Strozzi bewies seinen makabren Geschmack noch einmal 1520 mit einer ähnlichen Inszenierung bei einem Bankett, das er in Rom ausrichtete. Diesmal kam das gruftige Spektakel aber gar nicht an, die Gäste, darunter einige Kardinäle, flüchteten voller Abscheu. Sonst aber war Lorenzo Strozzi ein in Freundes- und Literatenkreisen geschätzter Autor von Komödien, die selbst für Niccolò Machiavelli ein Vorbild waren, als er seine *Mandragola* schrieb. Ein Bildnis von ihm aus

Conte Paolozzi,
Bildnis des Lorenzo Strozzi in älteren Jahren

späteren Jahren zeigt ihn mit der Geste eines Literaten (siehe Abb. oben). Berühmt wurde die von ihm selbst inszenierte Aufführung einer seiner Komödien im Medici-Palast, als Lorenzo de' Medici, der Herzog von Urbino, hier wieder residierte. Er konzipierte sie, so überliefert sein Biograph Francesco Zeffi, als eine Art Gesamtkunstwerk, in dem erstmals die geschickt eingesetzte Musik eine große Rolle spielte.

Der makabre Triumph des Todes fand wahrscheinlich im Karneval 1511 statt, ein Jahr bevor die Medici aus dem Exil zurückkamen. Giorgio Vasari hörte von zwei Malern, die Mitarbeiter und Schüler von Piero di Cosimo gewesen waren, dass dieser Triumph im Nachhinein als Zeichen für die kommende Wiederkehr der Medici gedeutet wurde, im Sinne, dass diese zwar noch politisch tot waren, aber bald wie die Toten wiederauferstanden.

ZWEI FOLGENREICHE EHEN

Selvaggia Gianfigliazzi hatte schon früh für ihre Söhne einige Entscheidungen getroffen, die Lorenzo und Filippo Strozzis Leben grundlegend prägen sollten. Kurz nach dem Tod ihres Vaters waren in Florenz tief greifende politische Umwälzungen eingetreten. Am 8. April 1492 starb Lorenzo de' Medici, der «liebenswürdige Tyrann», wie ihn Francesco Guicciardini nannte. Seine Stellung in Florenz sollte nach seinem Plan sein ältester Sohn Piero übernehmen. Dieser war bei seinem Tod erst zwanzig Jahre alt, nicht älter, als sein Vater selbst beim Tod des eigenen Vaters gewesen war. Doch besaß Piero de' Medici nicht das politische Geschick und Talent, das Lorenzo de' Medici in dieser Lage bewiesen hatte. Zwar waren jene großen Bürger, die dem Verstorbenen am nächsten gestanden und an seiner Macht teilgehabt hatten, durchaus bereit, Piero zu stützen. Sie hofften jedoch auch, die neue Lage nutzen zu können, um Florenz in die Bahnen einer oligarchischen Republik zurückzulenken, in der sie selbst mehr Macht und Einfluss hatten. Zunächst schien alles nach Lorenzo de' Medicis Wünschen zu verlaufen. Schon eine Woche nach seinem Tod verabschiedeten die Räte der Republik ein Gesetz, das es Piero erlaubte, seinem Vater trotz seiner Jugend in allen Ämtern nachzufolgen. Doch bald schon brachte Piero mit seinem herrischen Gebaren die Anhänger seines Vaters gegen sich auf. Er handelte, ohne auf ihren Rat zu hören, und umgab sich mit einigen ihm ergebenen Persönlichkeiten von minderem gesellschaftlichen Rang. Der Widerstand gegen sein selbstherrliches Agieren erhob sich zuerst im Kreis der eigenen Verwandten.

Francesco Guicciardini gibt in seinen *Storie fiorentine* die genaueste Darstellung dieser Entwicklungen, die im Wesentlichen auch von anderen Chronisten bestätigt wird. Demnach hätten die Freunde und

Verwandten Piero de' Medici zu einem mehr «bürgerlichen» Auftreten geraten. Er solle an seinem Verhalten alles ändern, was ihm den Anstrich eines Tyrannen geben konnte, und dazu einige Institutionen abschaffen, die schon zu Zeiten seines Vaters Gegenstand der Kritik gewesen waren. Gemeint war vor allem der «Rat der Siebzig», die von Lorenzo de' Medici 1480 geschaffene, den anderen Räten übergeordnete Versammlung von 70 Bürgern, deren Zusammensetzung er kontrolliert hatte. An der Spitze der Fronde, der sich im weiteren Verlauf auch Lorenzo und Giovanni de' Medici, zwei entfernte Cousins Pieros aus der Nebenlinie der Medici, anschlossen, standen Paolantonio Soderini und Bernardo Rucellai. Mit Soderini war Piero de' Medici über seine Großmutter Lucrezia Tornabuoni verwandt, Bernardo Rucellai war als Gemahl von Lucrezia de' Medici, der Schwester von Pieros Vater, sogar sein Onkel. Rucellai war zugleich aber auch der Sohn jenes Giovanni Rucellai, der als Schwiegersohn Palla Strozzis dessen langjähriger Sachwalter in Florenz gewesen war. Die Strozzi standen ihm ebenso nah wie die Medici.

Paolantonio Soderini und Bernardo Rucellai schlossen, ohne Piero de' Medici vorher zu informieren, zwei Heiratsverträge ab mit dem Ziel, auch die Strozzi auf ihre Seite zu ziehen. Fiammetta Strozzi, Filippos jüngste Tochter aus erster Ehe, wurde 1493 Tommaso, dem Sohn Paolantonio Soderinis, zur Frau gegeben, während Lorenzo Strozzi, Filippos und Selvaggias ältester Sohn, im Jahr darauf mit Bernardo Rucellais Tochter Lucrezia verlobt wurde. Fiammetta Strozzi hatte 1493 das kanonische Heiratsalter erreicht, dagegen waren Lorenzo und Lucrezia beide noch Kinder, was dem Heiratspakt einen außergewöhnlichen und für Piero de' Medici beunruhigenden Charakter verlieh. Piero de' Medici hätten, so Guicciardini, diese «parentadi» sehr aufgebracht, «da es ihm schien, dass die Verbindung zweier Männer von so großer Autorität mit einer Familie, die, obwohl ohne ‹stato› (ohne Anteil an den Regierungsämtern), doch wegen ihres Adels und Reichtums, der Vielzahl von Männern und ihrer Unzufriedenheit mit dem Regime den Versuch einleitete, ihm Widerstand entgegenzusetzen und ihm die Regierung abzunehmen». Guicciardini war freilich der Ansicht, dass Rucellai und Soderini mit diesem Schritt nicht weise gehandelt hätten. In der Tat standen diese beiden Ehebündnisse am Beginn großer Wirren, die im November

1494 in der Vertreibung Piero de' Medicis und seiner Brüder aus Florenz gipfelten. Die Motive Selvaggia Gianfigliazzis, den erst elfjährigen Lorenzo schon so früh an Lucrezia Rucellai zu binden, erklärt der schon erwähnte Francesco Zeffi so: Da ihren Söhnen ein Beschützer und Verteidiger gefehlt habe, habe sie trotz der geringen Mitgift der Braut in diese vorzeitige Ehe eingewilligt. Ihr einziges Ziel sei dabei gewesen, das Vermögen ihrer Kinder zu wahren. In der Tat lag die Mitgift Lucrezia Rucellais mit ihren 1260 Fiorini weit unter dem damaligen Durchschnitt.

Als Lorenzo Strozzi 1503 endlich seine Hochzeit feierte, hatte Florenz turbulente Zeiten durchlebt. Die nach Piero de' Medicis Vertreibung mit der Förderung des Dominikaners und begnadeten Bußpredigers Girolamo Savonarola eingerichtete populare Republik, die mit der Schaffung des Großen Rats auch den kleineren Handwerkern und Gewerbetreibenden eine Beteiligung an den Staatsgeschäften gewährte, war nach dem Feuertod des Frate im Jahr 1498 bestehen geblieben. Doch die vielfältigen außenpolitischen Probleme brachten die Stadt in große Bedrängnis, während im Inneren die Parteien wie so oft zerstritten waren. Mit dem 1494 erfolgten Einmarsch des französischen Königs Karl VIII. in Italien, der Ansprüche auf das Herzogtum Mailand und das Königreich Neapel erhob, war das Mitte des 15. Jahrhunderts mühsam errungene Gleichgewicht zwischen den fünf großen italienischen Staaten zusammengebrochen. In Italien bestimmten seitdem der König von Frankreich, der traditionelle Verbündete von Florenz, und der Kaiser die Richtung, und ihre ständigen Konflikte, die auf italienischem Boden ausgetragen wurden, wirkten sich sehr negativ auf die innen- und außenpolitische Stabilität von Florenz aus. Um die Regierung zu stärken, war deshalb 1502 Piero Soderini zum Gonfaloniere auf Lebenszeit gewählt worden, ein Mann, von dem man keine autoritären Tendenzen befürchtete, zumal als Gegengewicht der Große Rat bestehen blieb.

In dieser prekären Situation feierte Lorenzo Strozzi in dem nun fast vollendeten Palast auf sehr prächtige Weise seine Hochzeit mit Lucrezia Rucellai. Von den Festlichkeiten gibt Francesco Zeffi, Lorenzos Biograf, der seine Informationen sicher von Augenzeugen erhielt, eine Beschreibung, die an jene erinnert, die Marco Parenti seinem Schwager Filippo Strozzi 1469 über die Hochzeit Lorenzo de' Medicis mit Clarice Orsini nach Neapel schickte. Nicht eines, sondern gleich drei Festmähler gab es, um die überaus zahlreichen Gäste zu bewirten, und bei jedem trat der Bräutigam in einem neuen Festkleid auf. Einmal erschien er in rotem Samt, das zweite Mal trug er ein hellbraunes Gewand aus Damast und ein Kleid aus violettrotem Taft beim dritten Bankett. Auch seine Dienerschaft war jedes Mal in die entsprechenden Farben gekleidet. Viele Verwandte und die einflussreichsten Bürger waren geladen, dazu die vornehmsten und schönsten Frauen der Stadt. Unzählige köstliche Gerichte wurden aufgetragen. Diese Opulenz, schreibt Zeffi, sei schon allein sehr großartig gewesen, noch prächtiger indessen die Art, wie diese Gerichte serviert wurden: Auf den Schüsseln saßen lebende Tiere von der Art des Fleischs, das den Gästen aufgetischt wurde. Dazu spielten Musiker auf, die auf reich geschmückten Podesten platziert waren – Zeffi bezeichnet sie als «trionfi». Alle, die keinen Zutritt zu den Sälen hatten, die Leute aus dem Volk, wurden im Hof des Palasts bewirtet. Die Eleganz und Schönheit der Dekorationen, schreibt Zeffi, ließen die Kosten noch höher erscheinen, als sie in Wirklichkeit waren. Von der Braut dagegen kein Wort. In anderem Zusammenhang schreibt Zeffi in der Lebensgeschichte Lorenzo Strozzis, dass Lucrezia Rucellai zwar sehr tugendhaft gewesen sei, doch Schönheit habe ihr ganz und gar gefehlt. Aufgrund dieses Mankos habe man Lorenzo Strozzi auch seine stadtbekannten Liebesabenteuer nachgesehen. Er war als Schürzenjäger so bekannt, dass Eltern ihm die eigenen Töchter zuführten, um Gefälligkeiten von ihm zu erlangen. Was Lorenzo allerdings, versichert Zeffi, der einige Fälle sehr konkret erzählt, von sich gewiesen habe, denn er habe Liebesdienste nie mit Gewalt erzwingen wollen – ein freilich etwas zweifelhaftes Kompliment.

Von ungleich größerer politischer Sprengkraft war dagegen die Heirat seines Bruders Filippo, die das politische Gefüge in Florenz zum Wanken brachte und den Medici den Weg zur Rückkehr ebnete. Der in der Stadt so verhasste Piero de' Medici, der mehrmals mit Waffengewalt nach Florenz zurückzukehren versucht hatte und deshalb als Rebell verurteilt worden war, war 1503 an der Grenze zum Königreich Neapel im Fluss Garigliano ertrunken. Er stand im Dienst der Franzosen, die in der Nähe dieses Flusses im Kampf um den Besitz des Königreichs eine vernichtende Niederlage durch die Spanier erlitten hatte. Nach seinem Tod wurde Kardinal Giovanni de' Medici Familienoberhaupt. Bei ihm in Rom fand auch Pieros Witwe Alfonsina Orsini mit ihren beiden Kindern Lorenzo, geboren 1492, und Clarice, die wahrscheinlich im Jahr darauf zur Welt kam, Wohnung und Auskommen.

Während in Florenz die Unzufriedenheit mit der Regierung Piero Soderinis wuchs, suchten Kardinal Giovanni und sein Bruder Giuliano de' Medici die Florentiner freundlich zu stimmen. Sie ließen wissen, wieder nach Florenz zurückkehren zu wollen, und zwar als private Bürger ohne jeden Herrschaftsanspruch. In Rom bewirtete, beherbergte und unterstützte der Kardinal nach Kräften alle Florentiner, die nach Rom kamen, obwohl jeder Kontakt mit den Medici, da sie als Rebellen verurteilt worden waren, verboten war. Ihr Haus schien das des offiziellen florentinischen Botschafters zu sein, schreibt Francesco Guicciardini. Viele große Bürger, welche die Teilnahme der einfachen Leute an der Regierung der Stadt gerne beschnitten gesehen hätten, waren einer Rückkehr der Medici nicht mehr abgeneigt. Dies bewegte Kardinal Giovanni zu einem weiteren Schritt. Er streute die Nachricht aus, dass er seine Nichte Clarice, die Tochter Pieros, in Florenz verheiraten wolle, und versprach eine ungewöhnlich hohe Mitgift: Von 5000 bis 6000 Dukaten war die Rede. Niemand wagte zunächst auf das Angebot einzugehen, ein Pitti, der in Verdacht kam, beeilte sich zu dementieren. Ein Gesetz kündigte Strafen für diejenigen an, die eine solche Ehe eingingen. Doch im November 1508 gelangte die Nachricht nach Florenz, dass Filippo Strozzi den Heiratsvertrag mit den Medici abgeschlossen hatte. Sie schlug in der Stadt ein wie ein Blitz aus heiterem Himmel.

Der noch nicht zwanzigjährige Filippo hatte die Verhandlungen im Geheimen geführt und nicht einmal seine Brüder, geschweige denn die anderen Strozzi informiert. Diese Verhandlungen waren sehr langwierig gewesen und nicht direkt, sondern mit der Vermittlung einiger Dominikaner des Florentiner Klosters San Marco geführt worden. Daran beteiligt war auch Filippos Mutter, die die treibende Kraft hinter diesem Eheplan gewesen sein muss. Lorenzo Strozzi schreibt in der Vita seines Bruders, die Initiative sei von Alfonsina Orsini, der Mutter Clarices, ausgegangen. Diese habe gewusst, dass Selvaggia Gianfigliazzi die Vermehrung des Vermögens ihrer Söhne besonders am Herzen lag, und ihr deshalb ihre Tochter mit einer Mitgift von 6000 Golddukaten angeboten. Ein Geschäft von Frau zu Frau also. Selvaggia habe zunächst gezögert in der Furcht, Soderini zu verärgern, dem sie jedoch vorwarf, in einem Prozess gegen ihren Stiefsohn Alfonso dessen Partei ergriffen zu haben. Auch die Tatsache, dass sie sich schon mit einer kleinen Mitgift für Lorenzo hatte begnügen müssen, habe sie schließlich einwilligen lassen. Der befragte Bernardo Rucellai habe diesen «parentado» ebenfalls gebilligt.

Es gibt keinen Grund, an der Darstellung Lorenzo Strozzis zu zweifeln, da er persönlich in die Angelegenheit verwickelt war. Die Florentiner Geschichtsschreiber der Zeit sprechen alle mehr oder weniger ausführlich von dieser Heirat, die zur Staatsaffäre wurde, doch sind sie über die geheime Vorgeschichte nur ungenau informiert. Einem Brief Filippos an seinen Bruder Lorenzo lässt sich indessen entnehmen, dass der Ehekontrakt schon im Juli 1508 unterschrieben wurde. Filippo hatte sich darin verpflichtet, spätestens acht Monate nach diesem Zeitpunkt die Ehe durch die Übergabe des Brautrings an Clarice rechtsgültig zu machen. Das von Filippo eigenhändig geschriebene Eheversprechen war von dem Geistlichen Michelangelo Biscioni nach Rom gebracht worden.

Filippo fürchtete jedoch zu Recht den Eklat, den die Nachricht von seiner Heirat auslösen würde. Deshalb brach er Mitte September 1508 zusammen mit seiner Mutter zu einer Wallfahrt nach Loreto auf, von wo aus er allein nach Neapel weiterreiste. Seine Absicht war, nach einiger Zeit von dort nach Rom zu gehen, um die Ehe zu vollziehen und sie dann zu verkünden. Aber seine Rechnung ging nicht auf. Schon im November, als er noch in Neapel war, gelangte die Nachricht nach Florenz und wühlte die Stadt auf. Filippos Brüder schickten Kuriere nach Neapel und baten ihn um Aufklärung, die auch der Gonfaloniere Soderini von ihnen verlangte. Als die Antwort kam, wurde die Lage nicht besser. Soderini war empört und beschloss, den Fall als Staatsangelegenheit von der Regierung behandeln zu lassen.

Die im Unwissen gelassenen Strozzi hielten Filippos Schritt für gefährlich und sehr nachteilig für die ganze Familie. Sogar die Strozzi in der Diaspora verfolgten besorgt die Lage, Briefe aus Ferrara und Venedig erreichten die Strozzi in Florenz. Auf Einladung von Filippos Brüdern Lorenzo und Alfonso trat deshalb am 3. Dezember ein Familienrat zusammen, in dem sich der Unwille Luft machte. Nicht nur an die von den Medici erlittene Verfolgung wurde erinnert, man befürchtete auch schwere Repressalien vonseiten Soderinis. Die Strozzi beschlossen, Filippo aufzufordern, den Ehevertrag aufzulösen. Alfonso Strozzi war sogar bereit, anstelle von Filippo das für eine Auflösung vorgesehene Strafgeld zu bezahlen. Ein Abgesandter der Familie sollte dazu in Rom Kardinal Giovanni de' Medici bitten, in die Annullierung des Vertrags einzuwilligen.

Dann befahl am 7. Dezember 1508 die Regierung Filippo Strozzi, bis zum 25. Dezember vor ihr zu erscheinen, bei Nichtbeachtung des Gebots drohte ihm eine zehnjährige Verbannung. Seiner Mutter und den Brüdern wurde zugleich verboten, ihm Hilfe zukommen zu lassen. Filippo entschloss sich zurückzukehren. Nach kurzen Beratungen mit Kardinal Medici in Rom erschien er, begleitet von Giulio de' Medici, dem Cousin des Kardinals und späteren Papst Clemens VII., an der sienesisch-florentinischen Grenze, wo ihn der Cousin Matteo Strozzi und der in Rechtsfragen kompetente Antonio Strozzi erwarteten. Die Strozzi waren in einem zweiten Familienrat zum Entschluss gekommen, Filippo beizustehen. Vor der Signoria präsentierte Filippo sich deshalb in Begleitung seiner Brüder und anderer Angehöriger der Familie, und dieses kompakte Auftreten der Strozzi bewog den Gonfaloniere zu einer vorsichtigeren Haltung. Soderini wollte den Fall als Test für die eigene Popularität nutzen, aber er bestand ihn nicht. Er konnte von der Regierung, der er vorsaß, keine Entscheidung erreichen. Diese beschloss, die Sache der Kommission der «Otto di Guardia e Balìa» zu übertragen, die für Vergehen gegen die Staatssicherheit zuständig war.

Statt die Stellung des Gonfaloniere zu stärken, hatte der Fall die unterschwellige Opposition gegen ihn ans Licht gelockt und die Stadt in zwei Lager gespalten, hier die Anhänger Soderinis, dort diejenigen, die zwar nicht die Rückkehr der Medici befürworteten, aber doch eine Minderung der Macht des Gonfaloniere wünschten. Selbst Papst Julius II. schickte Schreiben nach Florenz, um die Regierung aufzufordern, die Ehe, die nach in Florenz zirkulierenden Berichten in seinem Beisein abgeschlossen worden war, nicht zu verhindern. Filippo Strozzi wurde am 5. und am 12. Januar 1509 von den «Otto» verhört, bei denen auch viele anonyme Denunziationen eingegangen waren. Lorenzo Strozzi vermutete, dass eine davon aus der Feder Niccolò Machiavellis stammte, der sie im Auftrag Soderinis abgefasst haben sollte. Die Frage war, ob Filippo gegen die Gesetze der Republik die Tochter eines Mannes geheiratet hatte, der als Rebell verurteilt worden war. Nun war Piero de' Medici zwar schon tot, aber die Sanktionen erstreckten sich auch auf seine Nachkommen. Ob aber auch die Töchter betroffen waren, war umstritten. Die Rechtslage war nicht klar, einige Entscheidungen in der Vergangenheit hatten die Töchter ausgenommen.

Lorenzo Strozzi zeichnet in seiner Vita die Verteidigungslinie Filippos nach, die er ihm in Form einer flammenden Rede in den Mund legt: Clarice de'Medici sei seine rechtmäßige Frau. Er habe ihr den Ring gegeben (was falsch war) und könne die Ehe nicht mehr rückgängig machen. Auch sei er überzeugt gewesen, dass Clarice nicht unter den Bann ihres Vaters falle. An seiner Treue zur Republik und zu deren freiheitlichen Idealen dürfe aber niemand zweifeln, denn als ein Strozzi kenne er nur allzu gut die Verletzungen der Freiheit durch die Medici. Und an dieser Stelle legt ihm sein Bruder im Wissen um den tragischen Ausgang der Geschichte die im Nachhinein geschriebenen, bitteren Worte in den Mund: «Man kann mit gutem Recht sagen, dass wegen des unauslöschlichen Hasses, den die Medici gegen uns hegten, weil wir Förderer und Freunde der Freiheit gewesen sind, das Exil bei uns erblich ist, ja geradezu wie ein Familienvermögen an die Nachkommen weitergegeben wird.»

Die «Otto» fällten am 16. Januar 1509 ein relativ mildes Urteil. Filippo wurde für drei Jahre nach Neapel verbannt und musste eine Strafe von knapp 700 Fiorini bezahlen. Seine Ehe wurde nicht angefochten. Für den Gonfaloniere bedeutete dieser Ausgang eine politische Niederlage. Filippo Strozzi verließ wiederum Florenz, um sein Exil in Neapel anzutreten. Dabei machte er kurz in Rom halt, um Clarice de' Medici am 3. Februar 1509 endlich den Ring an den Finger zu stecken und zu seiner Frau zu machen. Auf ein Hochzeitsfest wurde verzichtet. Anders als in Florenz kolportiert, war Clarice de' Medici ein gut aussehendes, wohlgestaltetes Mädchen; dass sie auch stolz und hochmütig war, sollte ihr Gemahl später noch erfahren. In derselben Nacht noch verließ Filippo Strozzi Rom, denn die ihm gesetzte Frist, sein Exil zu erreichen, war knapp bemessen. Seine frisch angetraute Braut blieb einstweilen in Rom.

Es fragt sich, ob Filippo Strozzi und seine Mutter sich über die explosiven politischen Implikationen dieser Ehe klar waren oder doch eher, wie Lorenzo Strozzi behauptet, die Höhe der Mitgift das entscheidende Element für sie war. Sie erhielten in der Tat die für Florenz ganz ungewöhnlich hohe Mitgift von 7200 Fiorini, fast sechsmal so viel, wie Bernardo Rucellai für seine Tochter bezahlt hatte, als er sie Lorenzo Strozzi zur Frau gab. Wie der gut informierte Guicciardini berichtet, verdächtigte Soderini verschiedene Personen, das Eheprojekt mit dem Ziel eines politischen Umsturzes gefördert zu haben. Verdächtigt wurden vor allem Bernardo Rucellai und seine Söhne, dazu Filippo Buondelmonti, der vertraute Helfer beim Bau des Strozzi-Palasts, sowie Lucrezia de' Medici, die Frau Jacopo Salviatis und Schwester des Kardinals, die mit Soderini selbst über eine Heirat Clarices mit einem Neffen von ihm verhandelt hatte. Der Gonfaloniere war nicht abgeneigt gewesen, hatte aber zum Schluss aus Furcht vor öffentlichen Vorwürfen abgelehnt. Zweifellos waren es diese Personen, die Filippo Strozzi und seiner Mutter die Ehe schmackhaft gemacht und auch einen gewissen Druck auf sie ausgeübt hatten. Bernardo Rucellai sah sich allerdings veranlasst, alle Vorwürfe in einem Brief an die Signoria empört zurückzuweisen und vehement seine Loyalität gegenüber der Republik zu beteuern. Dies fiel ihm leicht, denn er hatte schon 1505 Florenz verlassen und reiste seitdem in der Provence und in Italien umher – sein Brief kam aus Venedig. Der Grund dieses freiwilligen Exils war allerdings seine erbitterte persönliche Feindschaft gegenüber Piero Soderini, die ihn auch dazu bewogen hatte, mit den Medici wieder Kontakt aufzunehmen. Sein Sohn Giovanni war, was nicht unbemerkt geblieben war, mehrmals in der letzten Zeit nach Rom gereist. Die Rückkehr der Medici nach Florenz rückte näher.

Als sich die Aufregung etwas gelegt hatte, holten Filippo Strozzis Angehörige Clarice de' Medici nach Florenz. Giulio de' Medici begleitete sie bis an die Grenze von Florenz, wo Filippos Bruder Lorenzo sie in Empfang nahm und in ihr neues Heim geleitete. Sie be-

Szenen aus der apokryphen Tobias-Geschichte des Alten Testaments.
Sie wurden möglicherweise anlässlich der Hochzeit Filippo Strozzis mit Clarice de' Medici gemalt
und waren vielleicht als Teil der Wandtäfelung für ihre «camera» bestimmt.

traten die Stadt spätabends, kurz bevor die Tore geschlossen wurden, um jedes Aufsehen zu vermeiden. Filippo brauchte keine drei Jahre in Neapel auszuharren, denn Piero Soderini hielt es selbst für angebracht, das Exil früher zu beenden. Er veranlasste Clarice, die sein Taufkind war, ihn um Gnade für ihren Gemahl zu bitten. Die Sache musste erneut den «Otto» vorgelegt werden, die Filippo zu diesem Zweck die Erlaubnis erteilten, nach Florenz zurückzukehren. Da der Prozess sich hinzog, wurde diese Erlaubnis mehrmals verlängert, bis der Bann Anfang 1512 abgelaufen war. Andere Sanktionen waren nicht vorgesehen. Filippo hielt sich in diesen Jahren, als sein Bann noch in Kraft war, möglichst aus der Öffentlichkeit fern. Als 1510 Prinzivalle della Stufa ihn in eine Verschwörung gegen Soderini hineinziehen wollte, meldete er dies der Regierung.

Aus Anlass von Filippo Strozzis Vermählung mit Clarice de' Medici entstanden wahrscheinlich jene zwei Tafeln mit der Darstellung der Tobias-Geschichte, die heute in den Berliner Museen aufbewahrt sind (siehe Abb. oben und Vorsatz). Sie wurden von zwei verschiedenen nicht identifizierten, wahrscheinlich florentinischen Künstlern gemalt, und ihre Maße lassen vermuten, dass sie Teil einer Wandtäfelung waren. Es war üblich, dass bei einer Heirat die «camera», Wohn- und Schlafzimmer zugleich, die das junge Ehepaar bezog, mit neuen Möbeln und anderen Schmuckstücken ausgestattet wurde, und sicher sorgte auch Filippos Familie dafür, für Clarice de' Medici eine solche «camera» würdig einzurichten. Die Anspielungen auf die Heirat sind auf den beiden Tafeln allerdings sehr diskret. Kein Strozzi-Wappen ist zu sehen, und auf die Medici verweisen nur einige rund angeordnete Kugeln, die an das Medici-Wappen denken lassen. Sie sind auf einem Wandteller und als Abzeichen auf Kleidern und Hüten der Diener angebracht. Es war nicht opportun, in einem Raum, in dem auch Gäste empfangen wurden, allzu deutlich an diese umstrittene Ehe zu erinnern.

Das gewählte Thema passte indes sehr gut zu Filippo Strozzis Situation. Tobias wird in der apokryphen biblischen Erzählung von seinem Vater ins ferne Reich der Meder geschickt, um dort bei einem Landsmann einen Kredit einzufordern. Sein unerkannter Begleiter und Beschützer bei dieser gefährlichen Reise ist der Erzengel Raffael. Im fremden Land erhält Tobias nicht nur den Kredit zurück, sondern findet auch eine Braut, mit der er zu seinen Eltern zurückkehrt. Die Tobias-Legende war in Florenz sehr beliebt, da sie Erfahrungen der Kaufmannswelt widerspiegelte. So galt der Erzengel Raffael als Beschützer der Knaben, die oft schon in kindlichem Alter zur kaufmännischen Ausbildung in fremde Städte und Länder geschickt wurden, so wie auch einst die Söhne Alessandra Macignis, Filippos Vater und Onkel. Mehrere Darstellungen des Erzengels mit Tobias, der ganz unkonform mit der biblischen Erzählung als älteres Kind dargestellt zu werden pflegte, sind aus florentinischem Milieu erhalten. An den Erzengel Raffael pflegte sich auch Alessandra Macigni zu wenden, wenn sie ihre Söhne in Gefahr wähnte.

Die beiden Tafeln stellen dagegen die Tobias-Geschichte in ihrer zeitlichen Abfolge dar, vom Abschied Tobias' von seinen Eltern bis hin zu seiner Rückkehr von der weiten Reise. Dabei steht seine Hochzeit im Mittel- und Vordergrund der Bilderzählung. Auf der ersten Tafel nehmen die Hochzeitsrituale im Haus der Braut die rechte Hälfte des Bildes ein, wobei die feierliche Ringübergabe im Zentrum steht. Daran schließt sich auf der linken Seite der zweiten Tafel das Hochzeitsbankett an, sodass die Riten der Eheschließung eindeutig das Hauptthema der malerischen Darstellung bilden. Beim Hochzeitsfest sitzen Bräutigam und Braut, umgeben von den Verwandten ihres Geschlechts, an getrennten Tafeln. Musiker spielen im Hintergrund auf, und vor der Braut führen zwei Tänzer einen Tanz aus, während von links her die Speisen aufgetragen werden. Eine Heimkehr mit seiner Braut, wie sie die Tobias-Geschichte erzählt, war Filippo Strozzi jedoch untersagt, seine Braut musste ohne ihn ins Haus ihrer neuen Familie einziehen. Auch von einem Hochzeitsfest im Palazzo Strozzi ist nichts überliefert.

IM SCHLEPPTAU DER MEDICI

Papst Julius II., darüber verstimmt, dass die Florentiner auf französisches Betreiben ein gegen ihn gerichtetes Konzil in Pisa, auf florentinischem Herrschaftsgebiet also, zugelassen und unterstützt hatten, war endlich bereit, die Rückkehr der Medici nach Florenz durchzusetzen. Im Kampf um die Herrschaft in Oberitalien – es ging um den Besitz des Herzogtums Mailand, die Beschneidung der Macht Venedigs, den Rückgewinn kaiserlicher Gebiete in Friaul und nicht zuletzt um die Stärkung der päpstlichen Herrschaft in Bologna und in der Romagna – waren sich die französischen, kaiserlichen und päpstlichen Heere oft feindlich begegnet. Im April 1512 war Kardinal Giovanni de' Medici, päpstlicher Legat in Bologna, in der blutigen Schlacht von Ravenna sogar in die Hände der siegreichen Franzosen gefallen. Dann aber sorgten widrige Umstände dafür, dass die Franzosen sich aus Italien zurückziehen mussten. Damit verlor das republikanische Florenz seinen traditionellen Verbündeten. Eine Friedenskonferenz in Mantua brachte, was den Frieden betraf, so gut wie nichts. Giovanni und Giuliano de' Medici konnten hier aber erreichen, dass ein an den Kämpfen beteiligtes spanisches Kontingent unter dem Kommando des neapolitanischen Vizekönigs Ramón de Cardona sie nach Florenz zurückbringen sollte. Papst Julius II. forderte gleichzeitig die Florentiner auf, den Gonfaloniere Soderini seines Amts zu entheben. Anfang August 1512 überschritten die Spanier den Apennin und verlangten von Florenz, die Medici aufzunehmen. Die Florentiner aber organisierten den Widerstand. Die Forderungen der Gesandten des Vizekönigs – Absetzung Soderinis und Einlass der Medici – wurden zurückgewiesen. Zugleich ließ Soderini vierzig Bürger, die er politisch für unzuverlässig hielt, im Palazzo della Signoria festhalten, unter ihnen Filippo Strozzi. Seine

Brüder hatten Florenz schon vorher verlassen und hielten sich in Lucca auf.

Der Vizekönig hatte auch Proviant für seine Truppen gefordert, die seit Tagen hungerten. Mordend und plündernd durch die Toskana ziehend, nahmen die Spanier am 29. August Prato ein, wo sie ein fürchterliches Gemetzel veranstalteten. Die Stadt wurde geplündert, unzählige Bürger ermordet, selbst Frauen und Kinder wurden nicht geschont, und um Lösegelder zu erpressen, griffen die Soldaten zu den grausamsten Foltern – ein Vorgeschmack auf das, was 1527 in Rom geschehen sollte. Kardinal Medici, der ebenfalls in Prato war, schritt nicht ein. Als er dem Papst von der Einnahme berichtete, schrieb er, es sei leider nicht ohne ein paar mörderische Grausamkeiten abgegangen, was er bedaure, das Gute daran sei jedoch, dass ein abschreckendes Exempel statuiert worden sei. Erst nach zwölf Tagen entschloss er sich, wenigstens die Frauen von Prato unter seinen Schutz zu nehmen. Angesichts der Verheerungen beschlossen die Florentiner, Verhandlungen aufzunehmen. Doch es blieb nicht mehr viel zu verhandeln. Das einzige Zugeständnis des Vizekönigs war die Versicherung, dass die Medici als private Bürger zurückkehren würden, ohne die Herrschaft über die Stadt zu beanspruchen. Für den Abzug der Truppen verlangte er jedoch die ungeheure Summe von 150 000 Dukaten, worauf Soderini von den Anhängern der Medici gezwungen wurde, die Stadt zu verlassen. Am 1. September 1512, als eine neue Regierung ihr Amt antrat, zog Giuliano de' Medici in Florenz ein – ostentativ als Privatmann. Was folgte, war der in solchen dramatischen Lagen übliche Umbau der Florentiner Verfassung – diesmal im Sinn der großen Bürger.

Filippo Strozzi berichtete seinem Bruder Lorenzo, der ihn allein im Haus zurückgelassen hatte (ein leichter Vorwurf schwingt in seinen Worten mit), brieflich über die Ereignisse dieser Tage. Er selbst war mit seinen Mitgefangenen aus dem Palazzo della Signoria von den Anhängern der Medici befreit worden, kurz bevor Piero Soderini mit etwas rüden Mitteln zur Flucht gezwungen wurde. «Der Gonfaloniere verließ den Palast mehr tot als lebendig», kommentierte er seinem Bruder die Lage. Danach war es zu Tumulten in der Stadt gekommen. Filippo hatte die florentinischen Gesandten nach Prato begleitet, den Ausgang der Verhandlungen aber nicht abgewartet.

Lorenzo Strozzi schreibt in der Vita seines Bruders, dass Filippo sich in Prato beim Kardinal nach den Absichten der Medici erkundigt und ihn gefragt habe, ob sie die Republik erhalten wollten, er habe aber nur ausweichende Antworten bekommen. Von Giuliano de' Medici berichtete er, dass er in Florenz bei Verwandten wohnte, da der Medici-Palast noch hergerichtet werden musste: «Wie Du weißt, gibt es da außer den Wänden nichts mehr.» Giuliano de' Medici war, wie andere Chronisten bezeugen, in Florentiner Tracht, mit dem «lucco» der großen Bürger, inmitten seiner Anhänger durch die Stadt spaziert. Zugleich gab es im Regierungspalast Beratungen über die Neuordnung der Verfassung. Filippo glaubte, dass ein ständiger Rat nach venezianischem Vorbild geschaffen werden sollte. Zum Schluss ist noch von der Steuer die Rede, die allen Bürgern auferlegt worden war, um Cardona die geforderte Summe für den Abzug zu bezahlen. Ein Lösegeld für Marcello Strozzi, der in die Hände der Spanier gefallen war, wollten die Strozzi gemeinsam aufbringen. Dies alles meldete Filippo am 2. September 1512 seinem Bruder nach Lucca.

Zwei Tage später berichtet ein weiterer Brief über die Entwicklung der Lage: Die Cardona zu zahlende Summe stand nun fest, und der jeweilige Anteil war sofort zu bezahlen, die Steuereintreiber hatten schon angeklopft. Auch hatte die Regierung beschlossen, alle Sanktionen gegen die Medici aufzuheben und ihnen ihre Güter zurückzugeben. Die Beratungen über die neue Verfassung kamen indes nicht voran, sodass die Anhänger der Medici ein Parlament einberufen wollten, um das Problem unter dem Druck der Menge in ihrem Sinn zu lösen. Filippo selbst hatte sich in diesen unruhigen Tagen aus der Öffentlichkeit ferngehalten und es auch abgelehnt, bewaffnet auf der Piazza zu erscheinen, um die Zugänge zum Regierungspalast abzuriegeln, was ihm viele Vorwürfe vonseiten der Medici-Partei einbrachte. Aber er hatte sich nicht exponieren, sondern den Verlauf der Dinge abwarten wollen. Zwischen den politischen Nachrichten auch eine, die Filippo privat betraf: «Heute Abend», meldete er seinem Bruder, «ist mein Schwager hier eingetroffen.» Gemeint war Lorenzo de' Medici, der Bruder seiner Frau, dessen zudringlicher Freundschaft er sich in den kommenden Jahren nicht mehr entziehen konnte und wollte.

Es kam, wie es kommen musste. Eine kurz darauf beschlossene Verfassungsänderung im Sinn der großen Bürger, die das Amt des Gonfaloniere auf Lebenszeit abschaffte und mit dem Rat der Achtzig eine Art Senat einrichtete, den Großen Rat aber bestehen ließ, wurde schon nach wenigen Tagen hinweggefegt, nachdem Kardinal Giovanni de' Medici am 14. September in die Stadt eingezogen war. Zwei Tage danach besetzten seine Anhänger, geführt von Giuliano de' Medici, den Palazzo della Signoria und versammelten ein Parlament. Diesmal ging auch Filippo mit Waffen, die er allerdings unter dem Gewand versteckte, auf den Platz. Der Große Rat und der Rat der Achtzig wurden abgeschafft und ein außerordentlicher Rat, eine Balìa, eingesetzt, deren Wahl die Medici sorgfältig kontrollierten. Diese bestimmte die Accoppiatori, deren Aufgabe es war, die Wahlbeutel mit neuen Namen zu füllen. Die alten Räte der Hundert und der Siebzig blieben zwar bestehen, aber die Balìa, die über diesen stand, wurde zunächst nicht aufgelöst. Formell bestand die Republik weiter, und in dieser waren die Medici offiziell nur Bürger unter Bürgern, aber sie kontrollierten alle Zugänge zur Regierungsmacht. Filippo Strozzi suchte in diesen Tagen die Nähe von Giulio de' Medici, mit dem er seit den Tagen seiner Heirat in Rom vertrauter war als mit dem Kardinal und dessen Bruder Giuliano.

Am 17. September berichtete Filippo Strozzi seinem Bruder noch einmal kurz über die Entwicklungen der letzten Tage und forderte ihn auf, nach Florenz zurückzukehren. Er sah die entstandene Lage eher kritisch, «maior pars meliorem vicit», der größere Teil habe über den besseren gesiegt, urteilte er, und kurz gesagt: «Die Macht über die Stadt ist in ihrer Hand.» Die Medici hätten aber alle Ausschreitungen des Volks gegen diejenigen, die sich nicht gleich für sie erklärt hatten, verhindert. Deshalb bestehe jetzt auch keine Gefahr mehr für ihn. Und um seiner Forderung Nachdruck zu geben, erinnerte er seinen Bruder daran, dass sich das Vermögen bei Anwesenheit besser bewahren lasse als bei Abwesenheit. Filippos zögerliche Haltung und die abwartende Taktik seiner Brüder (Alfonso war ein überzeugter Anhänger Soderinis gewesen) wie auch die Zurückhaltung der anderen Strozzi blieben nicht ohne Folgen. Kein einziger Strozzi wurde in die von den Medici kontrollierte Balìa noch in andere wichtige Gremien gewählt. Das Misstrauen der Medici gegenüber den Strozzi war trotz der Verschwägerung immer noch nicht erloschen. Ein Verwandter soll nach Lorenzo Strozzis Bericht Filippo sogar wütend aufgefordert haben, seine Clarice wieder nach Hause zu schicken. Allmählich besserte sich dies dank Filippos Verwandtschaft mit den Medici, und die Strozzi kamen wieder in die Ämter, die freilich inzwischen viel von ihrer Autonomie eingebüßt hatten.

Filippo ergab sich ins Unabänderliche und pflegte die Beziehungen zu den Angehörigen seiner Frau, die sich wieder in ihrem Palast eingerichtet hatten. An der Spitze einer Delegation von Männern aus dem Hause Strozzi machte er dem Kardinal seine Aufwartung nach dessen Rückkehr aus Prato. Als Papst Julius II. am 21. Februar 1513 starb und eine neue Papstwahl anstand, nahm ihn Giovanni de' Medici mit nach Rom. Er hoffte, so schreibt Lorenzo Strozzi, sich der Kreditwürdigkeit Filippos zu bedienen. Es ist wahrscheinlich, dass Filippo seine Kandidatur auf den Papstthron finanziell unterstützte, nämlich die nötigen Bestechungsgelder zur Verfügung stellte. Die Wahlmanöver hatten Erfolg: Am 11. März 1513 wurde Giovanni de' Medici zum Papst gewählt und nahm mit Anspielung auf das florentinische Wappentier, den Löwen, den Namen Leo X. an. Damit begann das Leben Filippo Strozzis im Dienst der Medici, denen er Höfling und Financier zugleich sein sollte. Filippo erfüllte beide Erwartungen – nicht nur zu seinem Vorteil und Vergnügen. Es folgten für ihn rastlose Jahre, in denen er zwischen Rom und Florenz hin und her hastete, um den Wünschen und Aufträgen der Medici nachzukommen, ohne dabei die eigenen Geschäfte zu vernachlässigen.

Während Filippo in Rom darauf wartete, vom Papst einträgliche finanzielle Pfründen und Ämter zu erhalten – das des Depositars der päpstlichen Kammer, das die Medici reich gemacht hatte, wurde ihm erst im Juni 1515 übertragen –, übernahm sein Schwager Lorenzo de' Medici die Stelle des Vertreters der Medici in Florenz mit der Aufgabe, die Stadt unter Kontrolle zu halten. Giuliano de' Medici hatte es vorgezogen, am Hof seines päpstlichen Bruders zu leben, und Giulio de' Medici kehrte ebenfalls nach Rom zurück, nachdem Leo X. ihn gleich nach seiner Wahl zum Kardinal erhoben hatte. Lorenzo de' Medici, der Sohn Pieros und der herrischen römischen Adligen Alfonsina Orsini, die ihren Sohn dominierte, hielt nichts mehr von den sanften Methoden, mit denen seine Vorfahren ihr auto-

ritäres Regime bemäntelt hatten.
Er ließ sich zum Generalkapitän
des Florentiner Heers ernennen,
ein Amt, das neu für ihn geschaffen wurde, und zeigte herrschaftliche Allüren, besonders seit
sein päpstlicher Onkel ihm auf
Drängen seiner Mutter das
Herzogtum Urbino übertragen
hatte, das allerdings noch militärisch Francesco Maria della Ro-
vere entrissen werden musste.
Raffaels Bildnis zeigt ihn im
Prunkgewand (siehe Abb. rechts).

Filippo Strozzi wurde sein
engster Freund und Berater –
Lorenzo de' Medici, so heißt
es, hätte ihn am liebsten immer
um sich gehabt. Filippo entzog
sich dieser Umklammerung nur
schwer, obwohl ihm, schreibt

*Raffael, Bildnis des Lorenzo de' Medici,
Herzog von Urbino, Bruder von
Clarice de' Medici und Schwager Filippo Strozzis*

sein Bruder, das Hofleben verhasst war. Jagd und Pferde hätten ihm
nichts bedeutet, dagegen sei er wegen der Höflingspflichten gezwungen gewesen, seine Studien und selbst seine Geschäfte zu vernachlässigen. Natürlich hatte Lorenzo Strozzi im Rückblick auf die späteren
Ereignisse das Bedürfnis, seinen Bruder als einen guten Republikaner
hinzustellen, doch war diesem, wie Briefe von ihm erkennen lassen,
der Hofdienst tatsächlich eine Last. So klagte er seinem Bruder in der
Zeit, als er in Rom auf ein Amt wartete, wie sehr ihm das vergnü-
gungssüchtige Leben der römischen Höflinge zuwider sei: «Ich bleibe
hier bei diesen Edelleuten zurück, die nur ihrem Vergnügen nachge-
hen und ihre Zeit so gut wie möglich vergeuden … Sie haben nichts
anderes im Sinn, als täglich Maskenaufzüge und am Abend Musik zu
veranstalten und die Zeit mit Frohsinn zu verbringen, ohne irgend-
einem Geschäft nachzugehen oder auch nur an eines zu denken. Und
ich hätte bei Gott es mehr denn je jetzt nötig, mein Gehirn anzu-
strengen, da ich bald ins Geschäft kommen muss.» Filippo hasste es,

Zeit zu verschwenden. «Er kannte keinen größeren Verlust als den von Zeit», schreibt sein Bruder, weshalb er auch immer sehr schnell gegangen sei. Adliger Müßiggang war nichts für einen Spross von Kaufleuten und Bankiers, die Zeit war Kapital.

Das Bild des strengen jungen Mannes, der nur seine Geschäfte im Sinn hat, trifft jedoch nur zum Teil auf Filippo Strozzi zu. Als wahres Kind der Renaissance war er sehr wohl auch allen sinnlichen Freuden zugetan und schlug gerne über die Stränge, vor allem in Liebesdingen. Sein Bruder verheimlicht dies in seiner Vita auch gar nicht: «Er war vielleicht mehr, als es ihm zukam, den Lüsten zugeneigt», schreibt er, wenn er dies auch mit seiner Jugend und dem Einfluss seines Schwagers zu entschuldigen sucht. Filippo Strozzi frequentierte in der Zeit, als Lorenzo de' Medici den Herrn von Florenz spielte, sehr eifrig einige Kurtisanen, die sich in einem Haus vor den Stadtmauern einquartiert hatten. Besonders eine von ihnen, die sich Camilla Pisana nannte, hatte es ihm angetan, eine nicht ungebildete Person, wie ihre Briefe an Filippo und Francesco Del Nero, seinen Begleiter bei diesen Freuden, erkennen lassen. Eine eifrige Korrespondenz zwischen der Kurtisane und ihrem schönen und reichen Liebhaber entspann sich.

Filippos Ehefrau Clarice sah dem Treiben nicht untätig zu. Bei einer Abwesenheit ihres Gemahls durchwühlte sie wie eine Furie den ganzen Palast, um Beweisstücke zu finden (sie entdeckte verdächtige Schlüssel unter einer Matratze), und suchte nach Briefen in Filippos Arbeitszimmer, wobei Francesco Del Nero sie eines Tages zufällig überraschte. Als sie ihn sah, brach ihre ganze Wut hervor. Sie beschimpfte ihn auf übelste Weise und warf ihn aus dem Haus. Es sei angemerkt, dass Francesco Del Nero nicht nur ein Freund Filippos, sondern auch sein Geschäftspartner war. Er kümmerte sich um Filippos Angelegenheiten in Florenz, wenn er abwesend war, und kam deshalb oft ins Haus. Dass er der Schwager Machiavellis war, tut hier nichts zur Sache. Da Filippo bei seinen nächtlichen Streifzügen auch einmal in ein Nonnenkloster eingestiegen war, wandte sich Clarice an die Dominikaner von San Marco und sogar an den Papst. Die stolze Medici wollte die Schmach von Filippos Eskapaden nicht auf sich sitzen lassen. Auch der Bischof kümmerte sich um den Fall, sodass Filippo Strozzi in ernste Bredouille kam. Er würde am liebsten ein paar Monate aus Italien verschwinden und in die Levante gehen, schrieb er an Del Nero.

Von den Kurtisanen konnte Filippo auch später nicht lassen. In Rom nahm er sich die hochkarätige Kurtisane Tullia d'Aragona zur Geliebten. Sie bestach weniger durch ihre Schönheit als durch ihre Bildung, die Filippo jedoch sehr schätzte; er wechselte sogar Sonette mit ihr. Er war so in sie vernarrt, dass er sogar in ihrem Beisein geheime politische Korrespondenz erledigte, was ihm von seinem Briefpartner Francesco Vettori besorgt zum Vorwurf gemacht wurde. Tullia war die Tochter einer Kurtisane und nannte sich nach ihrem leiblichen Vater, dem Kardinal Luigi d'Aragona, einem Sprössling des neapolitanischen Königshauses, der ihr eine humanistische Bildung hatte angedeihen lassen. Bartolomeo Cerretani, der florentinische Chronist, der noch den Lehren Savonarolas anhing, stellte den jungen Filippo Strozzi als Anführer einer Gruppe hin, die für ihre Ausschweifungen so bekannt war, dass sogar ein Fastenprediger von der Kanzel gegen sie wetterte. Freilich war Filippo Strozzi auch zu feineren Genüssen fähig. Er liebte die Musik, sang sehr gut und schrieb Verse, die so viel Anklang fanden, dass sie in Musik gesetzt wurden.

Allerdings kann man sich fragen, woher Filippo die Zeit nahm, um seinen vielfältigen Zerstreuungen und Neigungen nachzugehen. Er beschäftigte sich mit Philosophie und hatte erd- und naturkundliche und astronomische Interessen, angeregt durch die Lektüre der *Historia naturalis* von Plinius dem Älteren, von der schon sein Vater eine Prachthandschrift hatte anfertigen lassen. Er war ein aufgeklärter Geist, der nicht wie sein gottesfürchtiger Vater und so viele Gebildete seiner Zeit an die Sterne glaubte. Die Zukunft könne man nicht voraussehen, soll er erklärt haben. Religiös war er kaum, auch wenn er im Testament seine Seele der Barmherzigkeit Gottes anempfahl. Almosen sollten für sein Seelenheil gespendet werden, Messen, von denen sein Vater so viele für sich hatte lesen hatten, wünschte er sich nicht. Sein Bruder schreibt, er habe seinen Tag dreigeteilt: Ein Teil war der Durchsicht seiner Geschäftskorrespondenz gewidmet, der zweite den privaten Angelegenheiten, der dritte schließlich seinen Neigungen.

Schwerlich konnte sich Filippo in den Jahren, als er nolens volens der Höfling seines Schwagers war, an diese Regel halten. Lorenzo de' Medici beanspruchte ihn auch für Aufgaben, die ihn monatelang von

Florenz und Rom fernhielten. Im Herbst 1515 begleitete er ihn als offizieller Gesandter der Regierung – der andere war Francesco Vettori, sein lebenslanger großer Freund – auf einer Mission nach Norditalien, um dem neuen französischen König Franz I., der Mailand zurückerobert hatte, zur Thronbesteigung zu gratulieren. Dabei sollte ein Treffen des Königs mit Leo X. verabredet werden, das dann im Dezember nicht wie gewünscht in Florenz, sondern in Bologna stattfand. Erst im Januar 1516 kam Filippo mit Lorenzo de' Medici zurück. 1518 musste er den Herzog nach Frankreich begleiten, als dieser dort Madeleine de la Tour d'Auvergne, eine Verwandte des französischen Königs, heiratete. Ihn ödeten solche Missionen an, zumal er, wie er einmal scherzhaft an Lorenzo de' Medici schrieb, von Politik nichts verstand: Über die lombardischen und die ganzen italienischen Angelegenheiten zu diskutieren sei seine Kunst nicht.

Besonders lästig war ihm die Reise nach Frankreich, obwohl er es im Grunde liebte, fremde Städte und Länder kennenzulernen. Während Lorenzo de' Medici sich am Hof bei Festen und Jagden vergnügte, musste er im Schloss von Blois der deprimierten Braut Gesellschaft leisten. Liebend gerne hätte er Paris besucht, das nur zwei Tagesreisen entfernt war, aber auch das war nicht möglich. Selbst die Verpflegung ließ seiner Meinung nach sehr zu wünschen übrig. Einige Italiener im Gefolge Lorenzos erkrankten schwer an der französischen Kost, sodass Filippo es für besser hielt, auf italienische Art zu essen. «Gott befreie mich von hier!», schrieb er verzweifelt seiner Frau. Er füllte die leere Zeit mit dem Schreiben von Sonetten aus.

Lorenzo de' Medici starb am 4. Mai 1519 in Florenz, wohl nicht, wie oft gesagt, an der Syphilis, sondern an einer schweren Form von Tuberkulose, die ihn schon lange gequält hatte. Wenige Tage zuvor, am 28. April, war seine junge Frau gestorben, nachdem sie am 13. April einem Mädchen das Leben geschenkt hatte («das Mädchen ist schön», meldete Lorenzos Sekretär nach Rom). Das Kind erhielt den Namen Caterina, den ihrer mütterlichen Urgroßmtter Caterina di Sanseverino. In Florenz betrauerte Lorenzos Tod kaum jemand, selbst Filippo Strozzi soll im Geheimen erleichtert gewesen sein – so wenigstens stellt es sein Bruder dar. Allerdings bezichtigten die Florentiner ihn und Francesco Vettori, die Einflüsterer des verstorbenen Herzogs gewesen zu sein und seine Ambitionen auf die Herrschaft über

Florenz gefördert zu haben. In der Tat hatten beide Lorenzo de' Medici im Herbst 1518 nach Rom begleitet und in diesem Sinn auf den Papst eingewirkt, doch Leo X. hatte eine solche Lösung abgelehnt.

Mit Lorenzo de' Medici starb der letzte legitime, männliche Nachkomme Cosimo de' Medicis, der 1434 die informelle Herrschaft der Medici über Florenz begründet hatte. Giuliano de' Medici, der Bruder Leos X., war schon 1516 gestorben und hatte nur einen illegitimen Sohn hinterlassen – Ippolito. Dessen Mutter, eine Dame aus Urbino, hat nach jüngsten Forschungen Leonardo da Vinci auf dem Gemälde, das gewöhnlich als *Mona Lisa* bezeichnet wird, verewigt. Auch Lorenzo de' Medici wurde ein illegitimer Sohn zugeschrieben – Alessandro –, der jedoch nach Ansicht vieler ein Sohn Kardinal Giulio de' Medicis war. Beide waren noch Kinder, als der Herzog starb, und konnten dessen Stellung als Vertreter der Medici in Florenz nicht übernehmen. Leo X. schickte deshalb Kardinal Giulio dorthin, um die Stadt unter Kontrolle zu halten.

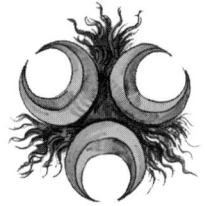

REPUBLIKANISCHE VERSUCHUNGEN

Mit Kardinal Giulio de' Medici war Filippo Strozzi seit der Heirat mit Clarice de' Medici eng vertraut, und wie er einst der Freund Lorenzo de' Medicis gewesen war, so wurde er jetzt auch wieder der Günstling des Kardinals. Er habe ihn zu jeder Stunde des Tags und der Nacht aufsuchen dürfen, schreibt sein Bruder, und bei mancher Gelegenheit sogar im gleichen Bett mit ihm geschlafen. Doch bekam das Verhältnis zu den Medici einen ersten Riss, als Leo X. Filippos Frau Clarice um die Erbschaft ihrer Mutter brachte.

Alfonsina Orsini war kurz nach dem Tod ihres Sohnes nach Rom zurückgekehrt. Filippo Strozzi hatte sehr unter seiner herrschsüchtigen und intriganten Schwiegermutter gelitten, die sich in Florenz gerne in die Regierung eingemischt hatte und ihn zu kommandieren pflegte. Zwar hatte sie sich sehr bei Leo X. verwendet, dass er das Amt des Depositars erhielt, aber dafür musste er auch ihren Lakaien spielen. «Ich bin jeden Morgen gezwungen, mit den Frauen die Passionsstationen abzulaufen, ihr könnt euch vorstellen, wie es mir geht!», schrieb er 1513 aus Rom genervt an seinen Bruder. Alfonsina Orsini war eine sehr vermögende, aber auch habsüchtige Frau und ihr Leben lang sehr auf Geld erpicht. «Sie hatte nichts anderes im Sinn, als Geld anzuhäufen», urteilte ein Florentiner Chronist. Von ihrer Mutter, der hochadligen Caterina di Sanseverino, hatte sie das Vermögen geerbt, und um die Rückgabe ihrer Mitgift, die sich auf 12 000 Dukaten belief, prozessierte sie lange und erfolgreich gegen die florentinische Republik. Sie war so reich, dass sie 1509 den immer um Geld verlegenen Medici ihr römisches Haus für 11 000 Dukaten abkaufen konnte – das Haus, aus dem der heutige Palazzo Madama hervorging. Hier wohnte sie in einem Teil selbst, den anderen bewohnte Kardinal Giovanni de' Medici mit seinem familiären Anhang bis zu seiner Erhebung zum Papst. 1514 begann sie aber, in der Nähe dieses Hauses bei der Kirche Sant'Eustachio einen eigenen Palast zu bauen, für den wahrscheinlich Giuliano da Sangallo die Pläne machte. Der Bau war indessen noch nicht über das Erdgeschoss hinaus gediehen, als sie starb. Ihr Schwiegersohn meinte ironisch, dass sogar die Gelder, die sie für fromme Zwecke gab, mehr Gewinn abwarfen, als wenn sie diese zu Wucherzinsen verliehen hätte. Dies war sein Kommentar, als ihr bei den Bauarbeiten im Keller eines Hauses für von ihr bedachte Nonnen fünf bedeutende antike Statuen in die Hände fielen.

Alfonsina Orsini starb am 7. Februar 1520 nach kurzer Krankheit in Rom, wo sich zu dieser Zeit auch Filippo mit seiner Gemahlin aufhielt. Über ihren Tod gab er seinem vertrauten Freund Francesco Vettori sehr höhnisch Bericht. Niemand habe eine Träne über ihr Hinscheiden vergossen, da sie so toll gewesen sei, ausgerechnet während des Karnevals zu sterben – als, so war gemeint, alle nur Vergnügungen im Sinn hatten. Er selbst schickte ihr ein giftiges lateinisches Epitaph hinterher, das auf Deutsch lautet: «Der Alfonsina Orsini, deren Tod niemand, deren Leben jeder beklagte, dem Menschengeschlecht das erfreulichste und ersprießlichste Begräbnis.» Diese starken Worte waren nicht nur von Filippos eingewurzeltem Ressentiment diktiert, sondern noch mehr vom Ärger und der Enttäuschung darüber, dass Leo X. Alfonsinas Erbschaft eingezogen hatte.

Alfonsina hatte während ihrer Krankheit, überheblich, wie sie war, nicht geglaubt, sterben zu müssen, und deshalb auch kein Testament gemacht, nicht zuletzt weil, so Filippo, «Madama sich nicht für sterblich hielt». Leo X. wollte aber sichergehen und ließ ihr durch ihren Beichtvater nahelegen, doch ein Testament zu machen, was die Kranke nicht verweigerte. Sie unterschrieb willig das ihr vorgelesene Dokument, in dem sie allen Besitz Leo X. vermachte, und zwar als Restitution für die von diesem empfangenen Güter und Wohltaten. Sie bat nur, ihrer Enkelin Caterina ein Geschenk zu machen und ihrer Tochter Clarice die Hälfte ihrer Mitgift zu geben. Wäre Alfonsina ohne Testament verstorben, so hätten sich Clarice und Caterina dagegen die Erbschaft geteilt. Und diese war beträchtlich: In ihrem Haus hatte Alfonsina 13 000 Dukaten in barer Münze gehortet, 3000 weitere lagen bei der Bank der Bini, ein paar weitere Tausend in der Hand von verschiedenen Personen. Dazu kam die ungeheure Menge

Sebastiano del Piombo,
Papst Clemens VII. (Giulio de' Medici)

von Juwelen (Strozzi schätzte ihren Wert auf 30 000 Dukaten) und Gold und Silber in verschiedener Verarbeitung. Zusammen mit den Immobilien hatte die Erbschaft einen geschätzten Wert von 80 000 Dukaten. Leo X. ließ unverzüglich alles beschlagnahmen, nur etwas von dem Silbergeschirr überließ er seiner Nichte Clarice auf deren Bitten. Filippo Strozzi hoffte, wenigstens Immobilien für die Clarice zustehende Hälfte von Alfonsinas Mitgift zu erhalten, was sich aber auch als schwierig erwies. Schließlich wurde seiner Frau eine Besitzung außerhalb von Rom zugesprochen, das Kastell Lunghezza, das Alfonsina zwar für 20 000 Dukaten gekauft, aber erst zu etwa einem Drittel bezahlt hatte. Ihren im Bau befindlichen Palast in der Stadt, auf den Filippo spekuliert hatte, behielt der Papst lieber selbst.

Alfonsina Orsini wurde in einem Bodengrab in der römischen Kirche Santa Maria del Popolo beigesetzt. Eine lateinische Inschrift, die Clarice de' Medici veranlasste, preist ihre Vorzüge und drückt die Trauer der hinterbliebenen Tochter aus, der letzten des Geschlechts. Dieser Inschrift nach wurde Alfonsina achtundvierzig Jahre und zehn Monate und sieben Tage alt.

Man muss sich fragen, auf welche Weise Alfonsina dieses immense Vermögen anhäufen konnte, und der nicht unbegründete Verdacht drängt sich auf, dass sie am Pfründengeschacher beteiligt war und sich in Florenz Vermittlerdienste bezahlen ließ. Dass sie Benefizien besorgte, behauptet der Florentiner Chronist Bartolomeo Cerretani. Ein anderer Chronist berichtet, Alfonsina habe bei ihrer Abreise aus Florenz einen ganzen Schatz an Bargeld in Florentiner Münzen mitgenommen. Es scheint, dass sie auch öffentliche Mittel zu privaten Zwecken abzweigte. Dabei ist anzumerken, dass Filippo Strozzi auch in Florenz als Depositar der Staatskasse fungierte und Alfonsinas Bereicherungen auf Kosten der öffentlichen Finanzen wahrscheinlich deckte.

Zunächst aber konnte der ärgerliche Zwischenfall von Alfonsinas Hinterlassenschaft das Verhältnis zu Leo X. nicht ernstlich trüben, denn Filippo Strozzi war mit seinen Finanzen zutiefst in die der Kirche und der Medici involviert. Er hätte sich einen solchen Bruch gar nicht leisten können, ohne den Bankrott zu riskieren. Als dann auch der verschwenderische Leo X. am 1. Dezember 1521 starb, geriet er deshalb in große Schwierigkeiten, denn die Schulden, die der Papst hinterlassen hatte, waren immens und die päpstlichen Kassen leer. Filippos Geschäftsführer in Rom hatte zu viele Kredite an die Kurie vergeben, und es gab andere Ausfälle, sodass Filippo nur mit Mühe die Bank wieder stabilisieren konnte, indem er unter anderem viele Juwelen, die er zur Garantie von seinen Gläubigern erhalten hatte, verkaufte.

Auf die Nachricht vom Tod seines päpstlichen Cousins eilte Kardinal Giulio de' Medici von Florenz nach Rom und wollte, dass auch Filippo ihn begleitete. Es gelang ihm indes trotz aller Manöver nicht, sich zum Nachfolger Leos X. wählen zu lassen. Doch schon nach einer kurzen Unterbrechung von zwei Jahren, in denen der Niederländer Hadrian VI. das Papstamt ausübte, konnte er als Clemens VII. den päpstlichen Thron besteigen (siehe Abb. Seite 168). Nach Florenz schickte er als seinen Vertreter Kardinal Silvio Passerini zusammen mit dem zwölfjährigen Ippolito, dem natürlichen Sohn Giuliano de' Medicis, dem später noch Alessandro, der zweite Bastard, beigesellt wurde. Die beiden Knaben sollten dereinst in Florenz das Erbe der Medici antreten – eine Aussicht, der Strozzis Gemahlin sehr wenig Geschmack abgewinnen konnte.

Nach der Wahl Clemens' VII. wohnte Filippo Strozzi mit seiner Familie wieder lange in Rom, um die finanziellen Transaktionen mit der Kurie besser kontrollieren zu können und andere Vorteile herauszuschlagen. Er hoffte unter anderem auf einen Kardinalshut für seinen ältesten Sohn Piero, den er schon als Knaben im geistlichen Gewand herumlaufen ließ, aber Clemens VII. ließ sich zu seinem Ärger nicht dazu bewegen. Als der Papst sich dann skrupellos seiner eigenen

Person für seine politischen Schachzüge bediente, trieb er Filippo Strozzi in die Nähe derer, die Florenz von der Herrschaft der Medici befreien und die alte Republik wiederherstellen wollten.

Filippo Strozzis Name wird oft mit dem Kreis von großen Bürgern und Intellektuellen in Verbindung gebracht, die sich in Bernardo Rucellais Lustgarten unter den Hügeln von Fiesole zu philosophischen und politiktheoretischen Gesprächen und Diskussionen zusammenfanden. In den ersten Jahren des 16. Jahrhunderts bis zu Rucellais freiwilligem Exil 1505 waren die «Orti Oricellari» nicht nur ein Ort feingeistiger Gespräche, sondern auch des politischen Widerstands gegen die populare Herrschaft Soderinis gewesen, mit dem Ziel, in Florenz eine Herrschaft der großen Bürger in Verbindung mit den Medici zu installieren. Wahrscheinlich nahmen Lorenzo Strozzi, der Rucellais Schwiegersohn war, und vielleicht auch der damals noch sehr junge Filippo an diesen geselligen Zusammenkünften teil. Nach dem Tod Rucellais im Jahr 1514 übernahm Bernardos Enkel Cosimo, genannt Cosimino, die Rolle des Gastgebers in diesem lauschigen Garten. Auch Niccolò Machiavelli stieß nun zu diesem Kreis. Er siedelte hier seinen 1516 oder 1517 entstandenen Dialog über die Kriegskunst (*L'arte della guerra*) an, den er 1520, als er gedruckt wurde, Lorenzo Strozzi widmete, und las vor allem hier seinem Publikum die *Discorsi* vor, jene «Erörterungen über die erste Dekade des Titus Livius», in denen er die Vorzüge und Mängel der römischen Republik beleuchtete und die er zum Ausgangspunkt für seine Reflexionen über die bestmögliche Verfassung eines Staates nahm. Für ihn blieb eine Republik wie die römische, in die auch das Volk eingebunden war, das nicht mehr erreichte Vorbild; Machiavelli wünschte letztlich auch für Florenz eine staatliche Ordnung, an der durch die Institution des Großen Rats größere Kreise der Bevölkerung beteiligt waren. Einige seiner jungen Zuhörer nahmen ihn beim Wort und zettelten 1522 ein Komplott gegen die Medici an, welches die Teilnehmer aufs Schafott oder ins Exil brachte. Wir wissen nicht, ob auch Filippo Strozzi unter Machiavellis Hörern saß; angesichts seiner vielfältigen Beschäftigungen und Missionen im Dienst der Medici kann dies nur selten geschehen sein. Dass er den Ideen Machiavellis nicht unzugänglich war, sollte sich im Folgenden zeigen.

Machiavelli war den beiden Brüdern Strozzi sehr freundschaftlich verbunden. Sie beförderten seine Annäherung an die Medici, denen er wegen seiner wichtigen Rolle während der Regierung Piero Soderinis immer noch suspekt war. Durch ihre Vermittlung und auf Wunsch Kardinal Giulio de' Medicis, der ihn 1520 in Florenz empfing, erhielt Machiavelli von der Universität den Auftrag, eine Geschichte von Florenz zu schreiben. 1525 legte er die acht Bücher der *Istorie fiorentine*, die bis zum Tod Lorenzos des Prächtigen reichten, in Rom Giulio de' Medici, nun Papst Clemens VII., vor und widmete sie ihm. Das große Thema dieses Geschichtswerks ist der Parteienkampf, das Erzübel von Florenz seit den Anfängen seiner Geschichte und Grund für die permanente Instabilität der Republik. In Rom traf Machiavelli auch mit Filippo Strozzi zusammen, den er wenig später bat, beim Papst vorzusprechen, um bei der Universität eine Erhöhung seines Salärs für die Weiterführung der Arbeit zu erreichen. Dies tat er auch, aber die *Istorie* gelangten nie über die acht Bücher hinaus, entweder weil die Materie zu delikat war – sie hätte die Vertreibung der Medici und die Umstände ihrer Wiederkehr behandeln müssen – oder weil Machiavelli schon im Jahr 1527 starb.

Dass Machiavellis Verhältnis zu Filippo Strozzi ein sehr familiäres war, geht auch aus einem Brief hervor, den dieser 1526 an Machiavelli schrieb. Darin äußert sich Strozzi zunächst zu den von Machiavelli an den Papst gerichteten Handlungsvorschlägen angesichts der aktuellen politischen Lage. Strozzi verwirft sie völlig, kommt dann aber am Schluss in dem ironisch scherzhaften Ton, der unter Florentiner Freunden üblich war, auf die Bitte Machiavellis zu sprechen, sich um die «Barbera», die von Machiavelli heiß geliebte Sängerin Barbara Raffacani, zu kümmern, die Arbeit in Rom suchte: «... Ihr befehlt mir Küsse, aber nur mit Erlaubnis der Frau, die ich noch gar nicht habe küssen können, da ich sie nie haben konnte. Dann habe ich die Sache noch einmal überdacht und bin zum Schluss gekommen, dass Ihr im Grunde gar nicht wollt, dass ich das tue, wenn Ihr mir eine solche Vorschrift macht. Deshalb danke ich Euch auch nicht sehr für Eure Freigebigkeit, da ich einen leichten Geiz darin fand.»

Die zynische Behandlung, die er von Clemens VII. erfuhr, trieb Filippo Strozzi 1527 endgültig in das Lager derer, die entschlossen waren, der Herrschaft der Medici in Florenz ein Ende zu setzen. Das Regiment, das Kardinal Passerini für Clemens VII. führte, war aus mehreren Gründen bei vielen unbeliebt. Passerini stammte aus Cortona, und man monierte, dass ein Mann aus einer unterworfenen Stadt in Florenz kommandierte. Es wurde auch bemängelt, dass zwei Bastarde das Erbe der Medici antreten sollten, da es doch auch legitime Nachkommen gab, mit dem Namen Medici oder nicht: Besonders Filippo Strozzis Gemahlin Clarice, die Tochter Piero de' Medicis und Enkelin Lorenzos des Prächtigen, konnte sich nicht damit abfinden. Entscheidend aber wurde die katastrophale Lage, in die sich Clemens VII. im Konflikt zwischen Karl V. und Franz I. von Frankreich hineinmanövriert hatte.

Franz I. war im Kampf um das Herzogtum Mailand in der Schlacht von Pavia 1525 in die Hände Karls V. gefallen. Der König gewann 1526 seine Freiheit zurück, indem er im Frieden von Madrid auf seine Ansprüche auf Mailand, Genua und Neapel, das ein Teil von Karls V. spanischem Erbe war, sowie auf andere Territorien außerhalb von Italien verzichtete und zwei Söhne als Geiseln stellte. Aber er hatte nicht die Absicht, Wort zu halten. Clemens VII. verbündete sich mit ihm in der Heiligen Liga von Cognac (Mai 1526), der auch Venedig und Florenz beitraten. Im Gegenzug zogen kaiserliche und spanische Truppen von der Lombardei aus gegen Rom und das mit dem Papst verbündete Florenz. Am Ende stand die grausame Plünderung der Ewigen Stadt durch diese Soldateska im Mai 1527.

Ein Vorspiel davon erlebte Clemens VII. schon im Jahr zuvor. Während der Krieg in Norditalien weiterging und die Verbündeten der Liga (vergeblich) versuchten, Mailand zurückzuerobern, rebellierten im September 1526 in Rom die Colonna mit kaiserlicher Rückendeckung gegen den Papst. Der Emissär Karls V., Ugo de Moncada, hatte vergeblich versucht, Clemens VII. zu einem Frieden mit dem Kaiser zu überreden, und war nach dem Scheitern der Mission zu den Colonna gegangen, deren ausgedehnte Besitzungen im Süden von Rom an das Königreich Neapel angrenzten. Als die Colonna mit ihren Söldnern sich dem Vatikan näherten, flüchtete der Papst in letzter Minute in die Engelsburg; Filippo Strozzi und sein Berater Gianmatteo Giberti hatten ihn geradezu zwingen müssen, sich in dem Kastell zu verschanzen. Der Vatikanpalast und Sankt Peter wurden geplündert. Angesichts dieser Katastrophe schloss Clemens VII. am 22. September 1526 mit Moncada einen viermonatigen Waffenstillstand. Dieser sah vor, dass der Papst bis zur Ausführung der Bestimmungen zwei Geiseln stellen musste. Eine dieser Geiseln war Filippo Strozzi, der nicht nur mit dem Leben, sondern auch mit seinem Vermögen haftete. Moncada brachte ihn nach Neapel, wo er unter ehrenhaften Bedingungen in der königlichen Residenz Castelnuovo festgehalten wurde. Einige Versuche des Papstes, Filippos Freilassung zu erreichen, scheiterten. Jede Hoffnung auf ein Ende der Geiselhaft verschwand jedoch, als Clemens VII. im November den Waffenstillstand brach, gegen die Colonna zog und zum Krieg gegen Neapel rüstete. Filippos Frau Clarice geriet in höchste Besorgnis und ließ sich, da sie leidend war, auf einer Tragbahre von Florenz nach Rom bringen, um Clemens VII. zu bestürmen, Frieden zu schließen und ihren Gemahl zu retten – ohne Erfolg. In Neapel wurden die Haftbedingungen verschärft, Filippo begann um sein Leben zu fürchten. Ende des Jahres war allgemein klar, nur nicht Clemens VII. selbst und seinen Beratern, dass die Lage des Papsts aussichtslos war. Ein kaiserlich-spanisches Heer von ausgehungerten, marodierenden Söldnern, darunter die berüchtigten Landsknechte des Georg von Frundsberg, schickte sich an, nach Süden in Richtung Rom aufzubrechen. Filippo Strozzi war in seiner Geiselhaft nicht isoliert. Er stand in Verbindung mit neapolitanischen Kreisen, ja mit Ugo de Moncada selbst, und war deshalb über die bedrohliche Entwicklung der Lage sehr gut unterrichtet. Seine Briefe an den Bruder und seine Freunde zeugen von wachsender Besorgnis. «Das Boot von St. Peter ist am Sinken. Es ist Zeit, einen Teil über Bord zu werfen, um den Rest mit den Personen zu retten», schrieb er am 30. Dezember 1526 an Francesco Vettori in Rom. Er warf Clemens VII. Verblendung vor.

Inzwischen war auch in Florenz die Sorge gestiegen, in den Ruin des Papstes, dessen Verbündete die Stadt war, mit hineingerissen zu werden, und einige Bürger begannen, eine Vertreibung der Medici ernsthaft ins Auge zu fassen. Anfang 1527 nahmen einige von denen, die 1522 verbannt worden waren, Kontakt mit Filippo Strozzi auf, darunter Battista della Palla und Zanobi Buondelmonti, alte Freunde und eifrige Teilnehmer an den Gesprächen in den «Orti Oricellari»; Buondelmonti war einer von den beiden, denen Machiavelli die *Discorsi* gewidmet hatte. Ihnen berichtete Strozzi unter anderem im Januar 1527, dass er Livius und Aristoteles lese, Ersteren, um praktische

Anweisungen zu gewinnen, den Griechen wegen seiner Auffassung der staatsbürgerlichen Tugenden. Machiavellis Lektionen hatten also auch ihn berührt. Es wurden Pläne geschmiedet, wie die Medici aus Florenz zu vertreiben seien. Filippo Strozzi plante sogar, den Neapolitanern eine Kaution von 50 000 Dukaten zu stellen, um den Umsturz in Florenz vorzubereiten. Dazu kam es nicht. Er wurde freigelassen, als Clemens VII., in die Enge getrieben, im März 1527 einen Waffenstillstand mit seinen Gegnern schloss. Dem Papst gegenüber leugnete Filippo Strozzi seine konspirativen Kontakte ab, als er nach Rom zurückkam. Da aber war das kaiserlich-spanische Söldnerheer unter der Führung von Karl von Bourbon schon nicht mehr weit von Rom entfernt. Kurz bevor es in die Stadt eindrang, floh Filippo Strozzi Anfang Mai mit seiner Gemahlin aus Rom, um sich in Civitavecchia nach Livorno einzuschiffen. In der Heimat wartete man schon dringend auf sie.

Angesichts der bedrohlichen Lage hatte in Florenz die Opposition gegen die Medici von vielen Seiten Zulauf gewonnen. Unter den führenden großen Bürgern, den Optimaten, stellte sich Niccolò Capponi, ein Schwager von Lorenzo und Filippo Strozzi, an die Spitze der Bewegung, aber auch bei den einfacheren Bürgern, die dem Großen Rat nachtrauerten, wuchs die Wut gegen die Medici. Die Kriegssteuern waren in unerträgliche Höhen geschnellt, und drohend näherte sich der Stadt das plündernde Söldnerheer Karls V. In dieser Situation kam es am 26. April zum sogenannten «Freitagstumult», als Kardinal Passerini die Stadt verlassen hatte, um mit den Kommandanten der feindlichen Truppen zu verhandeln. Eine große Menge von Bürgern aller Couleur versammelte sich und besetzte mit dem Ruf «Volk und Freiheit» den Palazzo della Signoria. Die Regierung trat unter dem Druck der empörten Menge eilig zusammen und beschloss die Vertreibung der Medici und die Wiederherstellung der vor 1512 geltenden Verfassung. Jedoch war die Stadt unverteidigt geblieben, sodass Kardinal Passerini, begleitet von Truppen, unbeschadet zurückkehren konnte und die Lage wieder in die Hand nahm. Einige Bürger, darunter Lorenzo Strozzi, entschuldigten sich bei ihm für den Zwischenfall. Als die Florentiner von der Plünderung Roms erfuhren, war die Bestürzung groß. Am 11. Mai war Filippo mit seiner Familie in Livorno an Land gegangen und am Abend in Pisa eingetroffen. Da er die momentane Situation in Florenz nicht kannte, fragte er bei seinem Bruder an, ob es opportun sei, sofort dorthin zu kommen. Nach allem, was er von Clemens VII. erlitten habe, sei er bereit, den Aufstand anzuführen. Zunächst aber schickte er seine Frau vor.

Als Clarice de' Medici nach Florenz kam, empfing sie die Umsturzwilligen im Strozzi-Palast und ermutigte sie. Am Tag darauf ließ sie sich zum Medici-Palast tragen, wo sie, begleitet von Niccolò Capponi und Francesco Vettori, mit Kardinal Passerini zusammentraf und ihn und Ippolito de' Medici zum Verlassen der Stadt aufforderte. Ihre Vorfahren, warf sie ihnen vor, hätten nicht wie sie auf tyrannische Art, sondern immer nur mit Zustimmung des Volks regiert. Die flammende Rede, die ihr der Geschichtsschreiber Benedetto Varchi in den Mund legt, hat sie in dieser Form sicher nicht gehalten, aber die Unterredung muss sehr stürmisch verlaufen sein und wurde durch einen Büchsenschuss beendet, der Clarice zur Flucht aus einer Hintertür zwang. Daraufhin schickte sie ihre Kinder aus der Stadt, um sie in Sicherheit zu bringen, und auch Capponi und Vettori zogen es vor, Florenz zu verlassen. In einer Villa Capponis vor der Stadt berieten sie sich mit Filippo Strozzi, der aus Pisa gekommen war, während Clarice am nächsten Tag noch einmal zu Kardinal Passerini ging, der in ihrem Beisein eine Botschaft an die Regierung schickte und seine Absicht bekundete, die Stadt zu verlassen: Florenz sei frei, sich die Verfassung zu geben, die es wünsche. Nun kam auch Filippo Strozzi in die Stadt und sprach mit Passerini und Ippolito, die auf seine Unterstützung gehofft hatten. Filippo suchte zu vermitteln, aber er hatte sich für die Republik entschieden. Er erhielt die Aufgabe, den Kardinal und die beiden Medici-Bastarde aus der Stadt zu geleiten.

Lorenzo Strozzi erzählt diese Ereignisse ausführlich in der Vita seines Bruders. Er unterschlägt dabei auch nicht, dass Filippo bis zum letzten Moment starke Zweifel geplagt hatten. Nach seinem Bericht hatte bei seiner Ankunft in Pisa auch Kardinal Passerini den Kontakt mit ihm gesucht, sodass Filippo vor der Wahl zwischen Freiheit oder Knechtschaft gestanden habe. Er habe die Freiheit gewünscht, aber auch den Schaden gefürchtet, den ein Abfall von den Medici ihm bringen würde. 60 000 Dukaten habe ihm Clemens VII. geschuldet, die unweigerlich verloren gegangen wären. (Filippo selbst sprach von 103 000 Dukaten, von denen nur 60 000 abgesichert waren.) Gerade dies war Filippos unlösbares Dilemma nicht nur jetzt, sondern immer, und der wahre Grund seiner vergangenen und künftigen Treue zu den Medici. Als Repräsentant der städtischen Oligarchie musste er ein republikanisches Florenz, möglichst unter der Führung der großen Bürger, wünschen, aber als Bankier, der seinen geschäftlichen Erfolg weitgehend den beiden Medici-Päpsten verdankte, musste er bei einem Bruch mit den Medici den Bankrott fürchten.

Kurz nach dem Abzug des Kardinals Passerini und seiner beiden Schützlinge wurde die Republik in der Form, wie sie vor 1512 bestanden hatte, wiederhergestellt. Aber die beiden Kräfte, die den Umsturz getragen hatten, hier die großen Bürger, die ein oligarchisches Regime anstrebten, dort jene, welche eine Regierung auf breiterer popularer Basis forderten, gerieten schon bald wieder in Konflikt. Niccolò Capponi, der für ein Jahr zum Gonfaloniere gewählt worden war, wurde nicht wiedergewählt. Radikalere Gruppen gewannen die Oberhand, die sich wiederum aufspalteten in die «Arrabbiati» und die «Piagnoni». Letztere inspirierten sich an den religiös-politischen Ideen eines Savonarola, Christus wurde zum «König der Republik» gewählt. Mit der Zeit kam es zu einer geradezu «jakobinischen» Verfolgung der großen Bürger, von denen nicht wenige unter der Anklage konspirativer Machenschaften hingerichtet oder verbannt wurden.

Diese innenpolitischen Konflikte entzweiten auch die Strozzi-Brüder wieder. Alfonso ergriff wie schon in der Zeit Savonarolas die Partei der «Arrabbiati», Lorenzo blieb zurückgezogen in Florenz wie auch der Cousin Matteo, aber Filippo, dem vorgeworfen wurde, den Kardinal Passerini und die Medici-Bastarde bei ihrem Abzug begünstigt zu haben, zog es vor, Florenz den Rücken zu kehren. Diesen Entschluss fasste er nach dem Tod seiner Frau Clarice de' Medici, die am 3. Mai 1528 gestorben war. Er hatte seine Gemahlin, diese schöne, stolze und unerschrockene Frau, sehr geschätzt und vielleicht auch geliebt. Auf ihn gehört hatte sie freilich nie, wie Filippo selbst sagte, aber sie hatte ihm zehn Kinder geboren, sieben Söhne und drei Töchter, was seiner Familie eine große Stärke gab. Als Filippo Strozzi später unter dramatischen Umständen sein Testament machte, gedachte er ihrer mit warmen Worten und befahl seinen Erben, ihr ein würdiges Grabmal gegenüber dem seinen in der vom Vater gestifteten Kapelle in Santa Maria Novella zu errichten. Filippo Strozzi ging 1528 zuerst nach Lucca und von dort aus nach Lyon, einem der wichtigsten Finanzplätze der damaligen Welt, wo schon 1517 die drei Strozzi-Brüder zusammen mit ihrem Cousin Matteo eine Bankgesellschaft gegründet hatten. 1521 wurde ohne Alfonso eine neue Gesellschaft gebildet. Über diese Bank liefen viele der kirchlichen Einnahmen aus Nord- und Mitteleuropa. In Lyon, unter dem Schutz des französischen Königs, wollte Filippo die Entwicklung der Lage abwarten.

Diese verlief sehr zuungunsten des republikanischen Florenz. Die Besetzung von Rom im Mai 1527 und die klägliche Gefangenschaft Clemens' VII. in der Engelsburg, die sieben Monate dauerte, hatten Karl V. zum Herrn über Italien gemacht. Er herrschte in Mailand, Sardinien, Sizilien und Neapel und hatte den Papst und den Kirchenstaat in seiner Hand. Es schien ein Leichtes, auch den Rest der Halbinsel unter seine Oberherrschaft zu bringen. Franz I. von Frankreich war indessen nicht gewillt, auf Mailand und seine Ansprüche auf Neapel zu verzichten, die in die Zeiten Karls I. von Anjou zurückreichten. Schon am 29. Mai 1527 verbündete er sich mit England zur Befreiung des Papsts, am 18. August schloss er sich mit England, Venedig und Florenz zu einer Liga gegen Karl V. zusammen. Bereits im Juli fielen französische Truppen in Norditalien ein, wenig später näherte sich ein französisches Heer auch der neapolitanischen Grenze. Inzwischen verhandelte Clemens VII. mit den kaiserlichen Abgesandten über das Ende seiner Haft. Im Vertrag, der im November 1527 zustande kam, verpflichtete sich Karl V., den Papst freizulassen und ihm den Kirchenstaat zurückzugeben, verlangte aber von Clemens VII. strikte Neutralität im Konflikt mit der Liga. Doch einen Tag bevor er aus seinem Gefängnis in der Engelsburg befreit werden sollte, flüchtete Clemens VII. nach Orvieto. Von hier aus dankte er Karl V. für seine Freilassung, zugleich schickte er aber auch ein Dankesschreiben an Franz I., treu seiner gewohnten Schaukelpolitik zwischen den beiden Mächten. Ende Januar 1528 erklärte die Liga Karl V. offiziell den Krieg. Das republikanische Florenz, dessen Herz traditionell für die Franzosen schlug, stellte dem französischen Feldherrn Odet de Foix, Vicomte de Lautrec, 4000 Mann zur Verfügung, während Franz I. Clemens VII. drängte, sich offen auf seine Seite zu stellen. Dieser aber wartete den Ausgang des Kriegs, der Italien von Nord bis Süd verwüstete, in Viterbo ab.

Der Einfall ins Königreich Neapel endete mit einer Katastrophe für die Franzosen. Lautrec, der General der französischen Truppen, starb bei der Belagerung von Neapel im August 1528 wie auch viele seiner Soldaten an der Pest. Die spanische Herrschaft wurde grausam wiederhergestellt, und Clemens VII. war wiederum gezwungen, sich mit Karl V. zu einigen. Auf dessen Wunsch kehrte er im Oktober nach Rom zurück, das in Trümmern lag. Im Juni 1529 erlitten die Franzosen auch in Oberitalien eine vernichtende Niederlage, und am 29. des gleichen Monats schlossen Clemens VII. und Karl V. den Vertrag von Barcelona, durch den der Papst den Kirchenstaat zurückerhielt. Zugleich verpflichtete sich der Kaiser, die Medici mit Waffengewalt nach Florenz zurückzuführen und seine uneheliche Tochter Margarethe, die damals erst sieben Jahre alt war, Alessandro de' Medici, dem mutmaßlichen Sohn Clemens' VII., zur Frau zu geben. Im Frieden von Cambrai vom 5. August 1529 zwischen Karl V. und Franz I. verzichtete der französische König (einstweilen) auf seine Ansprüche in Italien. Seine italienischen Verbündeten, Florenz, Venedig und Ferrara, wurden in den Frieden nicht miteingeschlossen und damit der Vergeltung Karls V. ausgeliefert. Im August 1529 landete dieser in Genua mit der Absicht, sich von Clemens VII. zum Kaiser krönen zu lassen, was am 24. Februar 1530 im Dom von Bologna geschah. Unter den Festgästen befanden sich auch Ippolito und Alessandro de' Medici, die schon nach Genua geeilt waren, um den Kaiser bei seiner Ankunft in Italien zu begrüßen. Die Dinge standen nicht gut für Florenz, wo man die Nachricht vom Frieden von Cambrai, der die Stadt des französischen Schutzes beraubte, mit Bestürzung aufgenommen hatte. Eine florentinische Gesandtschaft, der auch Matteo Strozzi und Niccolò Capponi angehörten, wurde in Genua von Karl V. ungnädig empfangen. Capponi starb auf dem Rückweg, Matteo Strozzi hielt es für klüger, nicht nach Florenz zurückzukehren. Im Oktober begann die Belagerung von Florenz, um das in Barcelona vereinbarte Programm durchzusetzen.

Florenz wehrte sich mit den Kräften der Verzweiflung und hielt zehn lange Monate der Umzingelung stand. Michelangelo Buonarroti, selbst ein glühender Republikaner von savonarolisch-reformatorischer Gesinnung, war schon im April 1529 die Leitung der Befestigungsarbeiten übertragen worden. Michelangelo hatte gezögert und war für kurze Zeit sogar nach Venedig geflohen, denn Clemens VII. war sein wichtigster Auftraggeber, und sich gegen ihn zu stellen brachte den Künstler in Konflikt. Der Papst hatte ihn 1527 mit der Revision der Befestigungsanlagen von Bologna betraut und ihm die Ausführung der Grabmäler für Giuliano und Lorenzo de' Medici in der Neuen Sakristei von San Lorenzo übertragen. Dann aber überwog Michelangelos patriotischer Sinn. Er kehrte zurück und machte sich fiebrig ans Werk, indem er die Stadttore und Stadtmauern verstärkte. Wie mehrere Zeichnungen bezeugen, plante er auch den Bau einer neuen mächtigen Festungsanlage bei der Porta del Prato d'Ognissanti. Um die Mauern besser verteidigen zu können, wurden alle Gebäude im Umland der Stadt niedergerissen, Villen, Klöster und Kirchen fielen der Spitzhacke zum Opfer. Aber Hungersnot und Seuchen, nicht die militärische Niederlage, zwangen die Stadt im Sommer 1530 zur Kapitulation, die am 12. August unterzeichnet wurde. Florenz ergab sich Karl V., aber im Kapitulationsvertrag wurde der Stadt ihre alte Freiheit zugesichert. Einer der florentinischen Unterhändler und Unterzeichner der Kapitulation war Lorenzo Strozzi.

«DER REICHSTE KAUFMANN
DER CHRISTENHEIT»

Filippo Strozzi hatte im Sommer 1529 Lyon verlassen und sich in Marseille nach Italien eingeschifft. Auf dem Weg in die Hafenstadt hatte er auch, wie so viele literarisch Gebildete jener Zeit, dem Petrarca-Kult gehuldigt und Avignon und Vaucluse besucht, wo der Dichter lange gelebt und seinen *Canzoniere*, das Denkmal seiner Liebe zu Laura, angesiedelt hatte. In Genua machte er Karl V. seine Aufwartung, dann ging er nach Lucca, wohin er auch seine Kinder holte, um aus sicherer Entfernung die lange Belagerung seiner Heimatstadt zu verfolgen. Im Herbst befiel ihn dort eine schwere Krankheit, von der er sich nur sehr langsam erholte. Am 29. November schrieb er dem Freund Francesco Vettori im gewohnt scherzhaften Ton: «Mehrere Tage war ich im Zweifel, ob ich auf dieser Welt bleiben oder in die andere hinübergehen sollte. Schließlich habe ich mich entschlossen, noch eine Weile bei Euch zu bleiben, denn ich bin nun außer Gefahr und auf dem Weg zur Genesung. Aber es ist schon wahr, dass die Besserung so langsam fortschreitet, dass ich fürchte, erst im Frühjahr wieder gänzlich gesund zu sein und meine früheren Kräfte zurückgewonnen zu haben.» Während der Krankheit erhielt er den Besuch seines Bruders Lorenzo, der in Florenz ausharrte und eine Genehmigung gebraucht hatte, um die Stadt zu verlassen. Sein Siechtum erlaubte es Filippo indessen auch, den Einladungen Clemens' VII. und der florentinischen Regierung, die beide seine finanzielle Hilfe wünschten, nach Rom bzw. nach Florenz zu kommen, auszuweichen.

Nach dem Fall von Florenz kehrte er wie viele andere der von der Republik Verstoßenen in die Stadt zurück, die nur auf ausdrückliche Anweisung des Kaisers von Zerstörung und Plünderung verschont blieb. Aber Florenz lag am Boden. In der Stadt herrschten Not und

Hunger, das Umland war zerstört, und viele der Einwohner waren geflohen. Dennoch begann nun die große Säuberung, die Zurückgekehrten kannten kein Pardon, und Filippo Strozzi war sogar einer der Unerbittlichsten von ihnen. Mehrere Repräsentanten der popularen Republik landeten auf dem Schafott, andere wurden verbannt. Auch Alfonso Strozzi wurde ins Exil nach Vicopisano geschickt. Eine neue Verfassung in der Art jener, die vor 1527 bestanden hatte, wurde beschlossen, der Große Rat abgeschafft. Am 28. Oktober 1530 erließ Karl V. in Augsburg ein Dekret, das den Florentinern Verzeihung gewährte, ihnen die Privilegien und Freiheiten bestätigte und Alessandro de' Medici zum erblichen Oberhaupt der Republik bestimmte. Die heimgekehrten Optimaten machten sich Hoffnungen, dass sie wie vor 1527 in Gemeinschaft mit den Medici würden regieren können.

Filippo Strozzi wurde am 20. September 1530 zu einem der «Ufficiali dell'Abbondanza» bestellt, der Behörde, die für die Versorgung der Stadt zuständig war, deren Verantwortliche aber auch das nötige Geld für den Kauf der Güter vorzustrecken hatten. Die Versorgungslage war kritisch, da die Stadt drei Monate lang von jeder Zufuhr abgeschnitten gewesen war. Auch waren immense Summen nötig, um die Forderungen des Belagerungsheeres für den Abzug zu erfüllen. Filippo Strozzi gewährte auch für diesen Zweck der Stadt hohe Darlehen. Dabei hatte er selbst den Krieg um Florenz mitfinanziert. Zwischen 1529 und 1531 liehen er und sein Kompagnon Bindo Altoviti, einer der bedeutendsten Bankiers in Rom und Florentiner auch er, Clemens VII. an die 190 000 Dukaten, die nur ungenügend von den gewährten kirchlichen Einnahmen, Ämtern und Pfründen garantiert und kompensiert waren.

Nach der Kapitulation von Florenz wurde Filippo Strozzi eine Art Verbindungsmann zwischen Florenz und dem Papst, dessen Wünsche für eine Umgestaltung der Republik in ein erbliches Fürstentum unter den Medici er der Florentiner Oligarchie überbringen und schmackhaft machen sollte. Diese undankbare Rolle wie auch seine Teilnahme an den Vergeltungsmaßnahmen gegen die Anhänger der popularen Republik entschuldigt sein Bruder Lorenzo damit, dass Filippo, in die päpstlichen Finanzen bis über den Hals verstrickt, sich von Clemens VII. seine Beteiligung 1527 an der Vertreibung der Medici habe verzeihen lassen müssen, denn der Papst habe ihm diesen Verrat

Giorgio Vasari, Bildnis des Alessandro de' Medici als Herzog von Florenz im Harnisch und mit dem Kommandostab des obersten Feldherrn. Es wurde 1534 gemalt, im selben Jahr, in dem mit dem Bau der Fortezza da Basso begonnen wurde.

nie vergeben. Filippo Strozzi selbst schob bei seiner Rechtfertigung die Initiative seiner verstorbenen Frau Clarice zu, diese habe dabei jedoch stets nur das Wohl ihrer Familie im Sinn gehabt. Lorenzo Strozzi fügt hinzu, dass sein Bruder die Rolle als Mittelsmann des Papstes und Vollstrecker seiner Pläne nur ungern übernommen habe, denn er sei im Herzen immer ein Anhänger der Republik gewesen. Sicher ist jedoch, dass die Republik, die Filippo sich wünschte, keine populare war.

Schon im Oktober 1530 ging Filippo Strozzi zurück nach Rom, um im Auftrag der neuen Regierung mit Clemens VII. über eine Liste von Namen zu verhandeln, die wegen ihrer Vertrauenswürdigkeit für die Ämter infrage kamen. Ein neues Auswahlverfahren und die Auslese der Wahlbeauftragten, der Accoppiatori, fand in diesem Sinne Anfang 1531 statt. Die republikanischen Strukturen blieben wenigstens formell noch erhalten. Alessandro de' Medici, der bestellte Herzog, kam im Juli 1531 nach Florenz (siehe Abb. oben). Bei seinem Empfang wurde das Dekret Karls V., das ihn zum Oberhaupt der Republik mit dem Titel eines Herzogs ernannte, feierlich verlesen. Clemens VII. war dies jedoch nicht genug. Im Winter 1531/32 beriet er sich in Rom mit einigen führenden Florentinern, darunter Filippo Strozzi, über seine Pläne für die endgültige Umwandlung der Republik in ein Fürstentum. Viel Widerspruch dagegen erhob sich nicht. Bei diesen Beratungen kam auch der Bau einer Festung zur Sprache, welche die Herrschaft der Medici in Florenz militärisch absichern sollte – ein sinistrer Gegenentwurf zu Michelangelos Festung zur Verteidigung der

Freiheit. Filippo Strozzi soll sich nach einem Bericht am lebhaftesten dafür ausgesprochen haben. Die «Fortezza da Basso», wie sie später genannt wurde – ursprünglich war sie dem Stadtheiligen Johannes dem Täufer geweiht –, wurde zum Symbol der mediceischen Tyrannei. In einem Brief an Francesco Vettori, geschrieben Ende Januar 1532, berichtete Filippo Strozzi dem Freund von diesen Beratungen über die künftige Staatsordnung und dem Plan der Errichtung der «Fortezza». Die Optimaten, oder vielmehr alle «Freunde», sollten nobilitiert werden und die Regierungsämter bekleiden, während alle anderen Bürger als «Plebejer» wie im antiken Rom von diesen ausgeschlossen blieben.

Bildnis des Bankiers Filippo Strozzi in reiferem Alter, gemalt von einem anonymen Künstler (heute im Palazzo Vecchio in Florenz)

Im Februar 1532 schickte Clemens VII. Filippo Strozzi von Rom nach Florenz zurück, um dort für seine Pläne zu werben. Sie wurden bald verwirklicht und zerstörten alle Illusionen. Am 4. April wurden zwölf «Reformatoren» eingesetzt – unter ihnen befand sich Matteo Strozzi –, die am 27. April eine neue Verfassung erließen. Die traditionelle, aus Wahlen hervorgegangene Signoria und die alten Räte wurden abgeschafft und an ihrer Stelle ein Rat der Achtundvierzig und ein Rat der Zweihundert geschaffen, von denen nur der Erste wichtige Kompetenzen besaß (Filippo Strozzi wurde unter die «Achtundvierzig» gewählt). Alle Regierungsgewalt lag fortan beim Herzog allein und seinen vier Räten, die auf Lebenszeit ernannt wurden. Alessandro de' Medici erhielt den Titel eines «Erblichen Herzogs der Republik Florenz», ein scheinheiliger Kompromiss, der den republikanischen Schein aufrechterhalten sollte. In Wirklichkeit war Alessandro de' Medici entschlossen, unter der Schutzherrschaft des Papsts und des Kaisers, seines künftigen Schwiegervaters, die Macht ohne Einmischungen auszuüben. Wie er einst der intime Freund und Berater Lorenzo de' Medicis gewesen war, so wurde Filippo Strozzi jetzt auch wieder der Vertraute des neuen Herzogs, der offiziell als sein Neffe galt. Ein Bildnis aus diesen Jahren, von einem unbekannten Künstler gemalt, zeigt ihn als einen bärtigen Mann in reiferem Alter mit markanten Zügen, der einen vornehmen, mit Pelz gefütterten Mantel trägt (siehe Abb. Seite 183).

Ein Jahr nach diesen Umwälzungen, dank derer die Strozzi wieder eine gewisse Macht in Florenz erlangten, musste Filippo auf Wunsch Clemens' VII. noch einmal weit den Beutel öffnen. Es ging um die Verheiratung von Caterina, der legitimen Tochter Lorenzo de' Medicis, deren Eltern beide kurz nach ihrer Geburt gestorben waren. Die Großmutter Alfonsina Orsini hatte den Säugling im Herbst 1519 mit nach Rom genommen, aber dann starb Anfang 1520 auch sie. Wohin also mit dem Kind? Papst Leo X. übernahm die Vormundschaft, aber wer sollte es aufziehen? Die mütterlichen Verwandten ließen nur insofern von sich hören, als Franz I. nach Lorenzo de' Medicis Tod gegen die Vereinigung des Herzogtums Urbino mit dem Kirchenstaat protestierte: Urbino gehöre Caterina, die er als seine Tochter betrachte. In den ersten Tagen nach Alfonsinas Tod nahm sich die Tante Clarice de' Medici, damals in Rom, der kleinen Caterina an, aber da sie selbst viele Kinder hatte, drängte sie sich nicht danach, auch ihre Nichte großzuziehen. «La Duchessina», die kleine Herzogin, wie Caterina genannt wurde, verbrachte ihre ersten Jahre in Rom unter der Fürsorge ihrer weltlichen und geistlichen Verwandten, bis Clemens VII. beschloss, sie im Juni 1525 zusammen mit dem jungen Alessandro de' Medici nach Florenz zu schicken. Sein Plan ging dahin, sie mit Ippolito de' Medici zu verheiraten, «um das Vermögen in der Familie zu halten», wie Filippo Strozzi diesen Beschluss kommentierte.

Während der Wirren von 1527, die zur Vertreibung der Medici-Knaben aus Florenz führten, suchte Kardinal Passerini Caterina mitzunehmen, aber die Florentiner Regierung schickte Bewaffnete, um sie zurückzuholen. Sie kam ins Kloster Santa Lucia und nach einigem Hin und Her zu den Nonnen der «Murate», die sich oft um die Erziehung vornehmer junger Mädchen kümmerten. Hier hatte auch die berühmte Caterina Sforza, einst Herrin von Forlì, dann Ehefrau des Giovanni de' Medici, als Witwe gelebt, und in deren Zelle zog nun Caterina ein. Die Nonnen liebten das Mädchen wegen seines liebenswürdigen Wesens sehr. Doch die politischen Konflikte und der Krieg machten auch vor den Klostertoren nicht halt. Der Tod Clarice de' Medicis im Mai 1528 beraubte Caterina ihrer nächsten Angehörigen, der Tante, die sich in all der Zeit immer um sie gekümmert hatte. Als dann auch Filippo Strozzi die Stadt verließ, wurde sie zum Faustpfand, das sowohl der Papst als auch die Republik für sich beanspruchten. Clemens VII. hätte Caterina gerne wieder in die Hände bekommen, um sie auf dem diplomatischen Schachbrett einzusetzen, doch die republikanische Regierung verteidigte erbittert ihren Besitz und lehnte die Bitten des Papstes, sie nach Rom zu schicken, ab.

Als es 1529 zum Krieg kam, beschloss die Florentiner Regierung, sie in ein anderes Kloster zu bringen, um sie dort besser verwahren zu können; man fürchtete, dass Clemens VII. sie entführen lassen wollte. Die kleine Caterina soll sich, nach einer späteren Chronik des Klosters, mit Händen und Füßen gegen diese Verlegung gewehrt haben. Sie erklärte, hier Nonne werden zu wollen, und schnitt sich verzweifelt sogar die Haare ab, um im Kloster bleiben zu können. Aller Widerstand war jedoch vergeblich, das Mädchen musste das Kloster, das ihr Heim geworden war, verlassen. Inzwischen plante Clemens VII. die verschiedensten Heiraten für sie und versprach sie diesem und jenem zur Frau: dem Herzog von Urbino wie Philibert von Oranien, dem Oberbefehlshaber des kaiserlich-päpstlichen Heers gegen Florenz. Für ihre Hand interessierte sich auch Franz I. von Frankreich, der Caterina mit einem seiner Söhne vermählen wollte, um den ganz auf die kaiserliche Seite getretenen Papst wieder für sich zu gewinnen.

Schon während des unglücklichen neapolitanischen Feldzugs von 1527 hatte Franz I. davon geträumt, seinen dritten Sohn, den Grafen von Angoulême, zum König von Neapel zu machen und mit Caterina zu verheiraten. Dann kam eine französische Heirat für sie 1529 wieder ins Gespräch. Konkretere Vorschläge wurden erst 1530 gemacht, als Kardinal Gabriel de Gramont Clemens VII. eine solche Verbindung vorschlug. Caterina sollte Heinrich von Valois, dem zweiten Sohn des Königs und Herzog von Orléans, zur Frau gegeben werden. Als Mitgift wünschte sich der König Parma und Piacenza.

Clemens VII. lehnte zunächst ab, er wollte es sich nicht mit Kaiser Karl V., seinem Verbündeten, verderben, der Caterina gerne mit Francesco Sforza, dem Herzog von Mailand von kaiserlichen Gnaden, verheiratet hätte. Aber dann kam der Herzog von Albany nach Rom, um die Verhandlungen fortzusetzen, und Caterina wurde nach Rom geholt, damit er sie sehen konnte. Aber der Papst zögerte immer noch mit Rücksicht auf Karl V. Dann aber gab er im Juni 1531 in einem geheimen Vertrag seine Zustimmung: Caterina sollte als Mitgift auf französischen Wunsch außer Parma und Piacenza, Reggio und Rubiera auch Pisa und Livorno erhalten, möglichst auch Genua und Mailand. Dies war Clemens VII. jedoch zu viel, weshalb er die Heirat vorerst aufschob, da Caterina auch noch zu jung für eine Ehe war. Auf französisches Drängen wurde die Hochzeit aber dann für den Herbst 1533 geplant. Clemens VII. wollte aus diesem Anlass selbst nach Frankreich kommen und dort mit Franz I. zusammentreffen. Als Mitgift gewährte er aber keine Territorien, sondern 130 000 Scudi (der Dukaten war jüngst in Rom durch den Scudo ersetzt worden), eine ungeheure Summe, die, wie so oft, Filippo Strozzi finanzieren sollte. Dieser erhielt auch den Auftrag, die Braut auszustatten und zu Schiff nach Frankreich zu bringen; der Papst reiste ihr mit einer eigenen Flotte nach.

Vor der Abreise wurden von Caterina einige Porträts angefertigt. Der Maler Sebastiano del Piombo, der gerade das einträgliche Amt des päpstlichen Bullators erhalten hatte, worauf er das Malen aufgab, soll eines für Clemens VII. gemalt haben, das Giorgio Vasari unvollendet im Vatikan sah. Vielleicht war es das, welches nach Frankreich geschickt wurde, oder doch eine Kopie davon. Vasari selbst malte, wohl im Auftrag Herzog Alessandros, ein Bildnis von dessen angeblicher Schwester, das für den Bräutigam bestimmt war, und fertigte gleich auch zwei Kopien davon für interessierte Florentiner an. Alle diese Porträts sind verschollen, sodass wir das Aussehen der jungen Caterina de' Medici nicht kennen.

Das Treffen mit Franz I. und die Hochzeit fanden in Marseille statt, wo Clemens VII. am 28. Oktober 1533 höchstpersönlich die Trauung vollzog (siehe Abb. Seite 187). Vorher hatte Caterina, wie im Heiratsvertrag vorgesehen, zugunsten von Clemens VII. auf alle ihre Ansprüche auf das Erbe ihres Vaters verzichtet, ausgenommen nur

solche auf das Herzog-
tum Urbino. Caterina
focht diesen Verzicht
jedoch nach dem Tod
Clemens' VII. an und
prozessierte bis zum Le-
bensende mit den Medici
in Florenz und den Far-
nese, die in Rom in den
Besitz der Güter der
Medici gekommen wa-
ren. Die Herrschaftsan-
sprüche auf Urbino dien-
ten ihrem Gemahl später
auch zur Rechtfertigung
seiner Kriege in Italien.

Die sich über Tage da-
hinziehenden Hochzeits-
feierlichkeiten in Marseille
waren ungemein prächtig.

Jacopo di Chimenti da Empoli, Hochzeit Caterina de' Medicis mit dem späteren König Heinrich II. von Frankreich mit der Assistenz von Papst Clemens VII. Es handelt sich um ein Anfang des 17. Jahrhunderts gemaltes Erinnerungsbild an diese für die Medici so wichtige Eheverbindung (heute in den Uffizien in Florenz).

Neben Alessandro und
Ippolito de' Medici nahmen auch Caterinas Verwandte aus der Strozzi-
Familie daran teil. Kardinal Ippolito, der Caterina einst hatte heiraten
sollen, entwickelte bei den Festen den größten Luxus und trat noch
fürstlicher auf als der französische König selbst. Damals war noch nicht
abzusehen, dass Heinrich von Orléans später den französischen Thron
besteigen und Caterina die berühmte Königin von Frankreich werden
würde, als die sie in die Geschichtsbücher eingegangen ist. Filippo
Strozzi blieb noch fast ein Jahr bei seiner Nichte in Frankreich, nicht
gerne, sondern auf Wunsch Clemens' VII., der ihn zu seinem Nuntius
bei Franz I. ernannte. Dabei lenkte den Papst weniger die Sorge um das
Wohl der jungen Frau als die Absicht, ihn als Garanten für die pünkt-
liche Auszahlung der vereinbarten Mitgift in Frankreich zu lassen.

Die Bank Strozzi galt zu jener Zeit als eines der mächtigsten Geld-
häuser in Europa. Neben den Niederlassungen in Florenz, Rom, Venedig und Neapel war schon 1517 die Bank in Lyon, 1532 eine Niederlassung in Sevilla eröffnet worden, die vor allem dazu diente, die in

Spanien anfallenden kirchlichen Einnahmen zu sammeln und nach Rom zu überweisen. In allen diesen Banken war Filippo der Hauptgesellschafter, der das höchste Kapital einbrachte. Sein Bruder Lorenzo und die anderen Teilhaber, darunter oft der Leiter der betreffenden Bank, beteiligten sich gewöhnlich nur mit kleineren Summen. Es mag verwundern, dass Filippo, der keine reguläre kaufmännische Ausbildung erhalten hatte, das alte Metier der Familie und seines Vaters so glänzend beherrschte. Natürlich war in einer alten Kaufmannsstadt wie Florenz so gut wie jeder mit den Regeln der Buchführung vertraut, ja selbst die Frauen, wie die Beispiele von Filippo Strozzis Großmutter und Mutter gezeigt haben. Lorenzo Strozzi schreibt in seiner Vita, dass Filippo sich die Grundlagen des Bankgeschäfts selbst angeeignet habe, indem er in seiner Jugend mit eigener Hand Buch über seine privaten Finanzen führte. Dies habe ihn in die Lage versetzt, jederzeit die Abrechnungen seiner Angestellten kontrollieren zu können, was er auch oft getan habe. Seitdem habe er sich nicht mehr mit dieser einfachen Arbeit abgeben wollen. Er habe vielmehr gesagt, es sei besser, dass der Chef seine Angestellten kenne, als dass er selbst Buch führte.

Dennoch war die Bereitstellung von Caterinas Mitgift eine ungewöhnliche Belastung für Filippo Strozzis Finanzen. Die Summe sollte in verschiedenen Raten ausgezahlt werden, 20 000 Scudi sofort in Marseille, weitere 20 000 zu Allerheiligen, die restliche Summe im Lauf des Jahres 1534. Die Einkünfte, die Filippo dafür zugeteilt wurden, waren jedoch oft über verschiedene Jahre verteilt, und die Juwelen, die Clemens VII. ihm zur Garantie ausgehändigt hatte, ließen sich auch nicht ohne weiteres zu Geld machen. Filippo Strozzis Kreditwürdigkeit in Lyon begann zu schwinden. Außerdem musste er Clemens VII. 1534 nochmals 36 000 Scudi leihen, doch diesmal tat er es nur gegen die besonders hohen Zinsen von zwölf Prozent. «Mein Boot, Gevatter, befand sich nie zwischen so vielen Klippen», klagte er dem Freund Vettori, während er in Paris ausharren musste. Er bemühte sich darum, von den gewährten Darlehen so viele wie möglich zurückzubekommen, neben den privaten auch die in verschiedener Form der Kurie gewährten Kredite. In diesem Sinne machte sich an der Kurie sein alter Partner Francesco Del Nero zu schaffen, der Thesaurar des Papstes war. Um seine Familie abzusichern, bestürmte

Filippo Strozzi Clemens VII. aufs Neue, seinen ältesten Sohn Piero zum Kardinal zu erheben, obwohl der Jüngling ganz offensichtlich andere Interessen hatte. Drei Kardinäle hatten kürzlich das Zeitliche gesegnet, aber der Papst ernannte keine neuen Kardinäle.

Dann kam die Nachricht nach Frankreich, dass der Papst schwer erkrankt war und man sein Ableben befürchtete. Trotz zeitweiliger Besserung starb Clemens VII. am 25. September 1534. Filippo Strozzi sah ihn nicht mehr lebend. Zusammen mit acht französischen Kardinälen, die König Franz I. vorsorglich auf den Weg geschickt hatte, um die Wahl des nächsten Papstes zu beeinflussen, traf er erst wenige Tage nach dem Tod Clemens' VII. wieder in Rom ein. Hier herrschte Aufruhr. Wie so oft während des Machtvakuums der Sedisvakanz kam es in der Stadt zu Ausschreitungen und Plünderungen, wobei das meuternde Volk auch den Kornspeicher der Firma Strozzi in Trastevere stürmte. Der Sitz der Bank nahe der Engelsbrücke entging nur knapp der Plünderung und musste durch Bewaffnete geschützt werden. Filippo Strozzi selbst suchte Zuflucht im Vatikan.

Der Tod Clemens' VII., dem er im Laufe seines Pontifikats ungeheure Summen zur Verfügung gestellt hatte, die ihm aber auch hohe Profite gebracht hatten, war für ihn ein wahres Desaster. Viele dieser dem Papst gewährten Darlehen waren noch gar nicht oder nur zum Teil zurückgezahlt, und der neue Papst Paul III. zeigte sich wenig geneigt, die aus dynastischen Gründen gemachten Schulden seines Vorgängers zu übernehmen. Er weigerte sich unter anderem, die Ausgaben für den Krieg um Florenz anzuerkennen, und sah nicht ein, warum er die Mitgift Caterina de' Medicis bezahlen sollte, deren letzte Rate noch fällig war. Er ließ sich alle Unterlagen vorlegen und von den Beamten der päpstlichen Kammer penibel prüfen. Was die Ausgaben für den Krieg um Florenz betraf, so hatte er leichtes Spiel, denn Clemens VII. hatte die betreffenden Summen nicht in die Register der Kammer eintragen lassen. Außerdem wurden Strozzi viele Ämter und kirchliche Einnahmen, die er zur Garantie erhalten hatte, entzogen, vor allem verlor er sein einträglichstes Amt, das des Thesaurars der Mark Ancona, während er die vielen als Garantie erhaltenen Juwelen, darunter einen großen, überaus wertvollen Diamanten vom päpstlichen Ornat, zurückgeben musste. Paul III. hatte selbst viele Angehörige und Getreue zu versorgen und wollte keinen Verwandten und Vertrauensmann der Medici als Financier an seiner Seite haben. «Meine Sorgen kommen mir wie die Köpfe der Hydra vor, weil sie sich stündlich bei mir vermehren», schrieb Filippo Strozzi im Dezember 1534 entmutigt an den Freund Francesco Vettori.

Zu den Hydraköpfen gehörte auch ein ruinöser Prozess, den die Stadt Rom kurz nach seiner Rückkehr aus Frankreich gegen ihn anstrengte. Er betraf die unzulänglichen, wenn nicht mehr oder weniger ausgebliebenen Kornlieferungen an die Stadt, zu denen seine Bank in Rom sich vertraglich verpflichtet hatte. Vorgeworfen wurde Strozzi vor allem, das Korn zu überteuerten Preisen und in schlechter Qualität geliefert zu haben – auch deshalb hatte sich die Wut des Pöbels gegen ihn gerichtet –, weshalb die Stadt ein Schadensgeld von 700 000 Scudi von ihm forderte. Der Kornhandel war eine profitable Nebentätigkeit der Firma Strozzi, und zweifellos hatte die allgemeine Getreideknappheit Filippos Angestellte zur Ausnutzung der Lage verleitet. Der Prozess zog sich über Monate hin und stürzte Filippo Strozzi in tiefe Verzweiflung, denn «hier wird sich entscheiden, ob ich reich oder ein Bettler sein werde», schrieb er seinem Freund. Schließlich kam es nach Monaten zu einem Kompromiss, der ihn aber immer noch 175 000 Scudi kostete. Niedergeschlagen klagte Filippo damals Vettori sein Leid: «Fortuna beutelt mich von allen Seiten, und ich beginne zu fürchten, dass sie nicht davon ablässt, bis ich völlig am Boden liege. Ich vertraue aber mehr auf ihre Wankelmütigkeit als ihre Beständigkeit, die ich dagegen besitze.»

Mit dem ihm eigenen Geschick konnte Filippo Strozzi sich mit Paul III. einigen und den Bankrott abwenden, aber seine Bank erholte sich nie mehr ganz von diesen Schlägen. Er hatte seine Fortüne den beiden Medici-Päpsten verdankt, mit denen er durch seine Heirat verschwägert war, und hatte während des Pontifikats von Clemens VII. die größten Geschäfte, aber auch die größten Verluste gemacht. Dennoch war er immer noch sehr reich und sein Bankhaus eines der renommiertesten in Europa. Der Dichter François Rabelais, der sich zwischen 1535 und 1536 im Gefolge des Kardinals Jean du Bellay länger in der Ewigen Stadt aufhielt, bezeichnete Filippo Strozzi in einem Brief als den «reichsten Kaufmann der Christenheit nach den Fuggern von Augsburg in Deutschland».

DAS LETZTE EXIL

Während Filippo Strozzi in Rom sich mit diesen Problemen herumquälte, spielte er in einem Brief auch auf die politischen Hintergründe seiner gegenwärtigen Schwierigkeiten an. «Ich beklage selbst meine geringe Klugheit oder das zu große Unglück, das mich in diese Lage gebracht hat, sodass ich, scheint es mir, gezwungen bin, auf das natürliche Vaterland zu verzichten und ein neues zu erwählen», schrieb er Ende April 1535 an Vettori. Filippo Strozzi war die Rückkehr nach Florenz verwehrt, denn während seiner langen Abwesenheit in Frankreich hatte sich das zuerst so enge Verhältnis zu Alessandro de' Medici ungemein verschlechtert. Vordergründig schien es zunächst nur um private Händel zwischen dem Herzog und Filippos Söhnen zu gehen, Streitereien und Rivalitäten zwischen jungen Leuten, die gern über die Stränge schlugen. Aber der Konflikt reichte tiefer.

Filippos Söhne, vor allem die älteren, Piero, der Aspirant auf den Kardinalshut, und Leone, der auf Betreiben seines Vaters schon jung Ritter des Malteserordens geworden war, waren in der ersten Zeit von Alessandro de' Medicis Herrschaft dessen engste Kumpane bei den ausschweifenden Belustigungen und Frauenaffären des jungen Herzogs. Sie waren ja offiziell seine Cousins, und Alessandro hatte schon in der Zeit, als er als Kind mit Kardinal Passerini in Florenz gelebt hatte, oft ihr Haus besucht. Doch welcher Unterschied zwischen den eleganten und hochgebildeten Strozzi-Jünglingen, die Latein und Griechisch mit Erfolg studiert hatten, und dem Bastard von ungewisser Abstammung und wenig Bildung! Trotz aller Bemühungen der Maler, ihm ein nobles Aussehen zu verleihen, lassen sich doch seine groben, etwas negroiden Züge schwer übersehen. Die Strozzi-Brüder waren auch bekannt für ihr arrogantes Auftreten und oft ungezügeltes

Gebaren im Bewusstsein ihrer Stellung und ihres Reichtums. Wegen wilder Spiele und schwerer Belästigung der Mitbürger landeten sie sogar einmal im Gefängnis. Es fehlten ihnen der Zügel des Vaters, der oft lange von Florenz abwesend war, und die Sorge der verstorbenen Mutter. Alessandro de' Medici war misstrauisch. Würden diese stolzen und zudem legitimen Urenkel Lorenzos des Prächtigen und Enkel Piero de' Medicis ihm nicht noch gefährlich werden?

Den Anlass für den Ausbruch der offenen Feindschaft bildete eine Affäre, die ihre Schwester, Filippo Strozzis Lieblingstochter Luisa, betraf. Die schöne Luisa Strozzi war frisch mit Luigi Capponi verheiratet und besuchte die zahlreichen Bälle, die 1534 während des Karnevals gegeben wurden. Einer der engsten Freunde des Herzogs, Giuliano Salviati, machte ihr dabei heftige Avancen, welche die junge Frau jedoch empört zurückwies. Dennoch rühmte Salviati sich öffentlich, ihre Gunst besessen zu haben. Kurz darauf wurde er von drei Maskierten des Nachts überfallen und schwer verwundet. Der Herzog ließ nach den Schuldigen fahnden, und zwei junge Männer wurden wegen des Anschlags vor Gericht gestellt, von denen einer ein Angehöriger der Familie Strozzi war. Beweise ließen sich indessen nicht finden, doch es ging das Gerücht, dass Piero Strozzi der Dritte im Bund gewesen sei. Piero stellte sich dem Gericht und erklärte arrogant seine Unschuld, wurde dennoch inhaftiert, aber wie die beiden anderen Angeklagten aus Mangel an Beweisen Ende März 1534 freigelassen. Danach soll Piero Strozzi den Herzog offen herausgefordert haben, indem er sich ostentativ vor ihm mit dem «lucco» zeigte, dem traditionellen Obergewand der Florentiner Bürger, das auch sein Vater oft getragen haben soll. Filippo Strozzi, der sich noch in Frankreich befand, ließ auf diese Nachrichten hin seinen Sohn Piero nach Lyon kommen und forderte auch seine anderen Söhne auf, die Stadt zu verlassen. Die Affäre hatte noch ein trauriges Nachspiel. Im Dezember 1534 starb plötzlich die junge Luisa Strozzi, wie es schien, an Gift. Man vermutete, dass der Herzog dahintersteckte, was natürlich nicht zu beweisen war, danach verdächtigte man ihre Brüder, die sie vergiftet haben sollten, um die Ehre der Familie wiederherzustellen – eine tendenziöse Behauptung, die in Florenz kursierte.

Als Filippo Strozzi im Herbst 1534 nach Rom zurückkam, fand er dort seine Söhne vor, die, umgeben von zahlreichen Freunden und

Schmarotzern, in Saus und Braus in einem Haus von ihm im Borgo nahe Sankt Peter lebten. Die jüngeren Kinder, die bis jetzt mit ihrem Erzieher in seiner Villa bei Florenz gelebt hatten, ließ er auch nach Rom holen, denn er fürchtete um ihre Sicherheit. Alessandro de' Medici, durch den Tod Clemens' VII. des päpstlichen Schutzes beraubt, suchte indes eine Versöhnung. Er ernannte Filippo Strozzi zum Mitglied der offiziellen Florentiner Delegation, die Paul III. den Gehorsam schwören sollte, und beauftragte ihn, dabei die übliche lateinische Rede zu halten. Filippo Strozzi lehnte ab und führte zur Begründung gesundheitliche und geschäftliche Probleme an. Der Herzog bot sich auch an, im Streit seiner Söhne mit Giuliano Salviati zu vermitteln, und lud Filippo ein, nach Florenz zurückzukommen, was dieser aber ebenfalls ablehnte: Sein Prozess mit der Stadt Rom müsse zuerst eine Lösung finden.

Das ausgelassene Leben der Söhne war in der Tat nicht so harmlos, wie es den Anschein haben konnte, und wurde in Florenz mit höchstem Misstrauen zur Kenntnis genommen. Das Haus im Borgo war nämlich ein Sammelplatz der Opposition gegen Alessandro de' Medici geworden. Filippo Strozzi bekundete zwar die Absicht einzugreifen. Er beklagte sich bei Francesco Vettori über die Verschwendungssucht seiner Söhne – statt ihm zu helfen, erhöhten sie seine Schulden noch! – und kündigte an, das Haus zu schließen und Leone und Piero aus Rom zu entfernen. Leone sollte nach Capua, dem Sitz seines Priorats, dann nach Malta, dem Ordenssitz, gehen, Piero dagegen zu ihm in die Bank kommen oder sich nach Venedig, Lyon oder nach Padua zum Studieren begeben; auf diese Weise würde dem Verkehr mit verdächtigen Personen ein Riegel vorgeschoben werden. Ende Februar 1535 waren Filippos Söhne aber immer noch in Rom und standen in engster Verbindung mit Kardinal Ippolito de' Medici, dem glänzend gebildeten, ehrgeizigen und prunkliebenden Sohn Giuliano de' Medicis, den Clemens VII. mit der Erhebung zum Kirchenfürsten der Kandidatur auf die Herrschaft in Florenz beraubt hatte. Um ihn und seine Cousins, die Kardinäle Giovanni Salviati und Niccolò Ridolfi, Söhne von Töchtern Lorenzos des Prächtigen und Angehörige großer Florentiner Optimatenfamilien, sammelten sich alle jene, die eine Vertreibung Alessandro de' Medicis wünschten – 1530 verbannte Repräsentanten der popularen Republik wie auch einige von Alessandro vertriebene Optimaten, die Ippolito de' Medici für einen besseren Herzog hielten als seinen tyrannischen, lasterhaften Verwandten. Noch einmal konstituierte sich in Rom ein «auswärtiges» Florenz.

Filippo Strozzi zögerte lange, offen ins Lager der Opponenten überzugehen. Er wies noch Ende April 1535 alle Vorwürfe zurück, mit ihnen gemeinsame Sache zu machen. Erschöpft von den Prozessen und seinen finanziellen Verlusten, wünschte er nur noch, sich nach Venedig zurückzuziehen und sich nicht weiter mit Politik zu befassen. Dies wenigstens gestand er Francesco Vettori, dem Freund seines Lebens, dem er seine Lage auf folgende Weise beschrieb: Er glaube nicht, in Florenz sicher leben zu können, zu viele Feinde habe er dort. Auf das Volk sei kein Verlass, weil er den Medici zu lange gedient habe, aber er glaube auch nicht, unter einem anderen Regenten als Alessandro sicherer leben zu können. Sein Leben lang habe er nur Ruhe und Sicherheit für seine Geschäfte gesucht und würde sich mit jeder Staatsform abfinden, die ihm dies garantiere. Am liebsten würde er, fern von allen politischen Händeln, in Venedig das Leben eines Privatmanns führen. Filippo Strozzi leugnete jede Unterstützung der Opposition, aber dies war nicht wahr.

Schon Mitte April war Piero Strozzi aus Rom abgereist als Mitglied einer Delegation, die Karl V. in Barcelona den Wunsch vortragen sollte, Herzog Alessandro durch Ippolito de' Medici zu ersetzen. Der Kaiser möge außerdem, wie es im Kapitulationsvertrag von 1530 zugesichert worden war, Florenz die Freiheit zurückgeben. Karl V., im Aufbruch zu einem Feldzug gegen Tunis, empfing zwar die Gesandten freundlich, vertagte jedoch die Diskussion auf die Zeit seiner Rückkehr nach Neapel. Auf dem Rückweg nach Rom entging Piero Strozzi nur knapp einem Attentat, hinter dem Alessandro de' Medici steckte. Aus den Geschäftsbüchern Filippo Strozzis geht hervor, dass er die Mission der Exilierten nach Barcelona mitfinanzierte. Unter dem Titel «auf das Konto der Republik» trug er dort die Summe von 400 Golddukaten ein, die von ihm selbst, Ippolito de' Medici und den Kardinälen Salviati und Ridolfi aufgebracht wurde.

Doch Ippolito de' Medici starb unerwartet am 10. August 1535 in Itri, wenige Kilometer südlich von Rom, während er Kaiser Karl V. nach Tunis entgegenreisen wollte, um ihn persönlich von seinem Anspruch auf den Florentiner Herzogsthron zu überzeugen. Angeblich erlag er dem Gift Alessandro de' Medicis, doch ließ sich kein sicherer Beweis dafür finden. In seiner Begleitung befand sich auch Filippo Strozzi, der nun zusammen mit den Kardinälen Salviati und Ridolfi die Führung der Opposition übernahm. Karl V. landete Ende November 1535 in Neapel, wo bald darauf auch eine umfangreiche Delegation der Florentiner Exilierten mit Filippo Strozzi eintraf, um die in Barcelona vertagten Verhandlungen wiederaufzunehmen. Die Lebenskosten für die 80 Teilnehmer und die anderen mit der Mission verbundenen Ausgaben übernahm auch diesmal Strozzi.

Im Bewusstsein der Schwere dieses Schrittes und der Risiken, die er barg, machte er vor der Abreise nach Neapel ein Testament, das ein beredtes Zeugnis seiner Überzeugungen in diesem Moment darstellt. Er brach auf, so heißt es hier, das Vaterland zum zweiten Mal zu befreien, so wie er es schon einmal zur Zeit Clemens' VII. befreit habe. Die ersten Dispositionen galten wie üblich seiner Grablege. Er wollte, so er in Rom starb, in der Kirche Sant' Onofrio am Abhang des Gianicolos unweit des Vatikans begraben werden, falls anderswo, sollte eine Inschrift dort seinen «ewigen Hass gegen die Tyrannis» bezeugen. Er verbot seinen Erben, seine Gebeine nach Florenz zurückzuführen, solange die Stadt in Knechtschaft lebe. Sobald sie aber befreit sei, wollte er in einem marmornen Grabmal in der Familienkapelle in Santa Maria Novella beigesetzt werden, wo auch für seine Gemahlin Clarice, die dort schon begraben lag, ein entsprechendes Grabmal errichtet werden sollte. Er fand warme Worte für sie: Ein Epitaph, so bestimmte er, sollte ihre Tugenden und «die unvergleichliche Liebe und ständige Eintracht zwischen uns» preisen. Dann verpflichtete er seine Erben – genannt werden im Testament die Söhne Piero, Vincenzio, Ruberto, Giulio, Lorenzo und Alessandro, während der ebenfalls erwähnte Leone als Geistlicher von der Erbschaft ausgeschlossen war – zur Vollendung des großen Familienpalastes in Florenz. Andere Bestimmungen betrafen die übrigen Immobilien und seine Bank.

Unter den Verbannten, die nach Neapel gingen, bestand indes keine Einigkeit über die künftige Konstitution von Florenz, ob es demokratisch wie in alten Zeiten oder von einem Fürsten, dessen Macht nach dem Vorbild von Venedig durch einen Senat (sprich: durch die Optimaten) beschränkt wurde, regiert werden sollte, wie es Filippo Strozzi favorisierte. Einig waren sie nur darin, von Karl V. die Absetzung Alessandros und die Rückgabe der «Freiheit» zu fordern, wie es im Kapitulationsvertrag vorgesehen war. Schon wegen dieser Spaltung war ihre Stellung schwach, und die Hoffnung, den Kaiser für sich zu gewinnen, erwies sich als eine Illusion. Karl V. wünschte keine der beiden Optionen. Er versuchte zwar die Parteien zu versöhnen und versprach, sich für die Rückkehr der Exilierten nach Florenz einzusetzen, bestätigte und verstärkte jedoch nach monatelangen Verhandlungen die Position Alessandro de' Medicis, der sich ebenfalls in Begleitung der ihm treuen Optimaten in Neapel eingefunden hatte. Unter diesen befanden sich Filippos Cousin Matteo Strozzi und der Mann, der schon der politische Berater Clemens' VII. gewesen war, der Geschichtsschreiber und politische Denker Francesco Guicciardini. Die Parteien verhandelten mit Karl V. und seinen Ministern und legten Memoranden vor, doch der Kaiser vermählte am 29. Februar 1536 seine Tochter Margarethe mit Alessandro und gab damit das Zeichen. Sein Kalkül war einfach. Ein Schwiegersohn würde besser die kaiserliche Oberhoheit über Florenz garantieren als jene untereinander zerstrittenen Exilierten, deren republikanische Ambitionen gefährlich waren.

Jetzt zeigte es sich noch einmal in aller Evidenz, dass ein europaweit operierender Financier, wie Filippo Strozzi es war, nicht als Privatmann leben konnte. Er brauchte die politische Rückendeckung, so wie auch die Fürsten ihn brauchten, deren Geldgeber er war. Während er in Neapel mit dem Kaiser verhandelte und sogar bereit war, seine Partei zu ergreifen, falls Alessandros Macht beschnitten würde, ließ Franz I. von Frankreich in Lyon seinen Partner und Leiter der dortigen Bank, Giovanfrancesco Bini, einkerkern. Der König fürchtete, die letzte Rate von Caterina de' Medicis Mitgift nicht zu erhalten, und brauchte, wie immer, Geld für seine Kriege. Bini musste 30 000 Dukaten bezahlen, um freizukommen, obwohl der König noch hohe Schulden bei der Bank hatte. Für diese war es ein herber Verlust. Es half nicht, wenn Filippo Strozzi, um dem französischen Druck auszuweichen, dem Kardinal Jean du Bellay antwortete, er sei zuerst ein Florentiner und dann erst ein Franzose.

Das Scheitern der neapolitanischen Verhandlungen trieb die Exilierten zwangsläufig in die Arme des französischen Königs, dessen Truppen in Piemont eingefallen waren, um nach dem Tod Herzog

Francesco Sforzas die französischen Ansprüche auf Mailand durchzusetzen, trotz des Verzichts im Frieden von Cambrai. Für den Krieg lieh er sich von der Strozzi-Bank in Lyon nochmals Geld, was in kaiserlichen Kreisen sehr übel vermerkt wurde. Die Reaktion war, dass Karl V. befahl, die Güter Strozzis in Sizilien und Neapel zu beschlagnahmen, um ebenfalls seine Kampagne gegen die Franzosen in Norditalien zu finanzieren. Die Sache lief für Strozzi glimpflich ab, Repressalien in anderen kaiserlichen Gebieten wie Spanien und den Niederlanden blieben aus, und es kam zu einer Einigung. Wegen der kritischen Lage der französischen Bank schickte Filippo jedoch nach dem Scheitern der neapolitanischen Verhandlungen seinen Sohn Piero nach Lyon, um dort nach dem Rechten zu sehen und mit Franz I. über dessen Schulden bei der Bank zu verhandeln. Dies war ein schwerer Fehler, denn der kriegerische Piero nutzte die Gelegenheit, um in französische Dienste zu treten und als Befehlshaber einer Truppe am Feldzug in Piemont teilzunehmen. Der König unterstellte ihm tausend Mann. Dies war, wie Lorenzo Strozzi schreibt, einer der Gründe des Ruins seines Vaters. Dieser billigte den Schritt seines Sohns ganz und gar nicht; er soll vielmehr darüber sehr aufgebracht gewesen sein und mit allen Mitteln versucht haben, Piero umzustimmen, ohne dass es ihm gelang. Aus Sicherheitsgründen beschloss er deshalb, Rom zu verlassen. Er zog sein Kapital aus der römischen Bank ab und siedelte mit einem Privileg und einem Geleitbrief des Dogen im Sommer 1536 mit seiner Familie nach Venedig über, in der Hoffnung, sich dem Krieg und den Parteiungen zu entziehen. Doch im Oktober 1536 traf ihn und seine Söhne Piero und Ruberto der Bann. Sie wurden zu Rebellen erklärt, die höchstmögliche Form der Ächtung, die mit der Beschlagnahme des gesamten Besitzes auf Florentiner Gebiet verbunden war. Konfisziert wurde auch der Filippo gehörige Teil des Palazzo Strozzi.

In Venedig soll sich Filippo Strozzi nach Lorenzo Strozzis Darstellung wieder seinen geliebten Studien zugewandt und von den Manövern der Exilierten ferngehalten haben. Dann aber trat ein Ereignis ein, das niemand erwartet hatte: Alessandro de' Medici wurde in der Nacht vom 6. zum 7. Januar 1537 ermordet. Der Mörder kam nicht aus den Kreisen der Verbannten, sondern war ein Verwandter und einer der engsten Vertrauten des Herzogs, Lorenzo de' Medici, genannt Lorenzino, aus der Nebenlinie der Medici, die von Cosimo de' Medicis Bruder Lorenzo abstammte. Es war ein besonders brutaler Mord. Lorenzino hatte den Herzog mit dem Versprechen, ihm eine von ihm begehrte Dame aus großer Familie zuzuführen, in sein Haus gelockt und ihn dort mithilfe eines Dieners geradezu abgeschlachtet. Dem Herzog wurden seine sexuellen Gelüste zum Verhängnis.

Die Motive des Mörders sind nicht ganz durchsichtig. Lorenzino de' Medici war eine schillernde Figur. Begabt und von umfassender klassischer und literarischer Bildung, dazu ehrgeizig und getrieben vom Wunsch, sich hervorzutun, war er doch immer in finanziellen Schwierigkeiten und hatte lange in Rom im Umkreis Kardinal Ippolito de' Medicis mit der Unterstützung Filippo Strozzis gelebt, mit dessen Söhnen, besonders Piero, er eng befreundet war. Während seiner Anwesenheit in Rom verkehrte er auch mit den dort lebenden Exilierten. 1534 zog er sich den Zorn Clemens' VII. zu, als er in einem mutwilligen Akt die Köpfe Kaiser Konstantins auf den Reliefs des Konstantinsbogens abschlug; er musste Rom verlassen. Dieser Vandalismus ist als ein symbolischer Tyrannenmord und das Vorspiel zur Ermordung Alessandros angesehen worden. Zweifellos stand diese Schandtat im Zusammenhang mit der sich in Rom organisierenden Opposition gegen den Herzog, wenn wahrscheinlich auch der Versuch, sich Aufmerksamkeit zu verschaffen, Lorenzinos Hauptmotiv war. Zurück in Florenz, schloss er sich Herzog Alessandro an. Ob er als ältester der lebenden legitimen Nachkommen der Medici Ambitionen auf den Herzogsthron hegte, ist schwer zu entscheiden. Er selbst hat später in einer *Apologia* betitelten Schrift seine Tat als einen Tyrannenmord hingestellt und sich zum neuen Brutus stilisiert, der Florenz die Freiheit zurückgeben wollte. Er bezog sich damit auf Vorstellungen, die in den Kreisen der Exilierten verbreitet waren und die auch den Brutuskopf inspirierten, den Michelangelo, im Herzen immer ein überzeugter Florentiner Republikaner, im Auftrag von Kardinal Niccolò Ridolfi schuf.

Lorenzino de' Medici flüchtete, noch bevor der Mord entdeckt wurde, nach Bologna ins Haus von Silvestro Aldobrandini, einem der Anführer der republikanischen Opposition, und von dort aus weiter zu Filippo Strozzi nach Venedig, wo er schon am 11. Januar eintraf. Es ist unwahrscheinlich, dass Strozzi vom Mordplan Lorenzinos Kenntnis hatte, wenn dieser, so wird überliefert, auch Piero Strozzi einmal von solchen Absichten erzählt haben soll. Filippo unterrichtete sofort die französischen Gesandten in Venedig. Nun hatte sich die Lage mit einem Schlag geändert, eine Rückkehr nach Florenz schien plötzlich möglich. Hier wählte jedoch schon am 9. Januar, um Unruhen des Volks zuvorzukommen, der Rat der Achtundvierzig, in dem die Großen saßen, die Alessandro treu geblieben waren, den achtzehnjährigen Cosimo de' Medici zum Nachfolger des ermordeten Herzogs, mit der Beschränkung, dass er nur Oberhaupt, nicht Herzog der Republik sein sollte. Cosimo stammte wie Lorenzino aus der Nebenlinie der Medici, und seine Jugend ließ die Optimaten hoffen, ihn beeinflussen zu können.

Auf die Nachricht von Alessandros Ermordung versammelten sich die Exilierten in Bologna, wohin sich auch Filippo Strozzi begab, um mit der Hilfe des französischen Königs, dessen Truppen schon in Italien standen, die Rückkehr nach Florenz zu erzwingen. Mit Strozzis Geld wurden Soldtruppen angeworben, die von Norden her ins Florentiner Gebiet einfallen sollten, während von Süden her sich die Kardinäle Salviati und Ridolfi ebenfalls mit Truppen in Richtung Florenz auf den Weg machten. Bevor es zum Angriff kam, begannen jedoch auf Initiative der neuen Florentiner Regierung Verhandlungen, um Filippo Strozzi und die Kardinäle vom Kriegszug gegen Florenz abzuhalten. Francesco Vettori gab dem Freund in einem Brief ausführlich Bericht über die Vorfälle nach Alessandros Ermordung und beschwor ihn, vom Angriff gegen seine Heimat abzulassen. Seine Freunde in Florenz wünschten, dass er zurückkomme und wieder seine alte Stellung unter ihnen einnehme, da sein Verfolger tot sei. Die Gruppe der Optimaten, die Alessandros Regierung unterstützt hatte, setzte nun auf eine Versöhnung mit jenen, die ihrer Herkunft nach zu ihnen gehörten, um ihre Stellung in der Stadt zu verstärken und endlich die aristokratische Republik wiederherzustellen.

Am 30. Januar erging in der Tat ein Erlass, der die Verbannung für alle, die sie seit 1530 erlitten hatten, aufhob. Lorenzo Strozzi unterrichtete umgehend seinen Bruder von diesem Beschluss, und Vettori beschwor Strozzi noch einmal, vom Krieg abzulassen: Es habe keinen Sinn, den Brutus und den Cassius zu spielen, die alte Republik könne nicht mehr auferstehen. Doch Strozzi stellte fest, dass der Erlass große Mängel aufwies und ihm nicht die nötigen Garantien gab, weshalb er in Bologna blieb. Auch die Verhandlungen der Kardinäle, die im Januar nach Florenz gekommen waren, hatten zu keinem greifbaren Ergebnis geführt, sodass die Rüstungen weitergingen. Von den radikaleren Exilierten wurde dem zögernden Filippo Strozzi, der nach Venedig zurückkehrte, damals vorgeworfen, die gemeinsame Sache zu verraten, die Piero, Ruberto und Vincenzio Strozzi umso feuriger betrieben. Es kam deshalb auch zu schweren Konflikten zwischen Vater und Söhnen. Filippo Strozzi wollte nicht noch einmal zum Rebellen erklärt werden, schon seiner Geschäfte wegen.

Im Frühjahr 1537 schickte auch Karl V. seinen Botschafter in Rom, Hernando Silva, Graf von Cifuentes, nach Florenz mit dem Auftrag, zwischen den Parteien zu vermitteln und die Lage zu beruhigen, denn die Spaltungen machten ihm Sorge. Das Paktieren der Exilierten mit den Franzosen schadete seiner Stellung in der Toskana. Cifuentes traf schon in Rom mit Vertretern der Opposition zusammen und ging dann nach Florenz, wo Cosimo de' Medici hoffte, vom Kaiser die formelle Bestätigung seiner Herrschaft zu erhalten. Diese wurde ihm von Cifuentes unter dem Vorbehalt kaiserlicher Bestätigung zugesichert. Es kam auf Veranlassung des kaiserlichen Gesandten auch zu einem Treffen zwischen Vertretern der Stadt und der Exilierten, das aber zu nichts führte. Cifuentes stellte darauf die Fortezza da Basso und die Festung von Livorno unter direkten kaiserlichen Befehl. Das Unheil nahm jetzt seinen Lauf und führte, wie Lorenzo Strozzi schrieb, «zu ihrer (der Exilierten) unglücklichen letzten Unternehmung von Montemurlo», die Filippos Geschick und das der Familie Strozzi besiegelte.

Nach dem Misslingen aller Versöhnungsversuche widerstand auch Filippo Strozzi nicht mehr dem Waffengerassel seiner Söhne und dem Drängen der anderen Exilierten, die unbedingt gegen Florenz ziehen wollten. Trotz der Summen, die er dafür zur Verfügung stellte, und der zwar nicht militärischen, aber geldlichen Unterstützung von Franz I. endete das schlecht organisierte und wenig koordinierte Unternehmen mit einer katastrophalen Niederlage. Die wenig zahlreichen Truppen der Exilierten wurden nach nächtlichen Gefechten im Morgengrauen des 1. August 1537 beim Kastell Montemurlo in der

Nähe von Pistoia vom Florentiner Heer unter dem Kommando von Alessandro Vitelli vernichtend geschlagen. Filippo Strozzi, dessen Plan es gewesen war, als Erster mit dem französischen Botschafter in Florenz einzuziehen, um die Freiheit auszurufen, wurde mit den anderen Häuptern der Exilierten gefangen genommen und nach Florenz geführt. Piero Strozzi gelang es dagegen zu fliehen.

Ein kurzes Wort an dieser Stelle noch zu den Geschicken Lorenzino de' Medicis. Bei seiner Ankunft in Venedig am 11. Januar 1537 wurde er von den republikanisch gesinnten Literaten, die dort im Exil lebten, als neuer Brutus hymnisch in Gedichten gefeiert, Benedetto Varchi, der Geschichtsschreiber jener Epoche und damals Erzieher der jüngeren Söhne Filippo Strozzis, schlug sogar vor, ihm zwei Statuen zu errichten. Der Florentiner Architekt und Bildhauer Jacopo Sansovino, der damals mit der Neugestaltung des Markus-Platzes beschäftigt war, versprach, eine davon zu meißeln. Lorenzino selbst ließ zum Gedenken an den Mord eine Gedenkmedaille prägen, auf deren Vorderseite er im antiken Gewand erscheint, während die Rückseite zwei Dolche und zwischen ihnen die

Antonio Selvi und Giovanni dal Cavino, Gedenkmünze an den «Tyrannenmord» an Alessandro de' Medici. Auf der Vorderseite ein Profilbild Lorenzino de' Medicis in antikem Gewand, auf der Rückseite zwei Dolche und in der Mitte eine phrygische Mütze

phrygische Mütze der Freiheit zeigt. Dazu die Inschrift «VIII.ID. Ian.», acht Tage vor den Iden des Januar, der Tag der Ermordung Alessandros, 6. Januar (siehe Abb. oben). Dann ging er mit Filippo Strozzi nach Bologna zurück, um an den Kriegsvorbereitungen der Exilierten teilzunehmen, hielt es dann aber für ratsam, Italien zu verlassen. Schon immer in Geldnot, war er jetzt mehr denn je auf Filippo Strozzis Unterstützung angewiesen. Dieser versprach ihm, für seine Mutter und seine Geschwister zu sorgen, und stellte ihm sogar eine Eheverbindung in Aussicht: Zwei seiner Söhne – er sprach von Piero und Vincenzio – sollten seine Schwestern Laudomia und Maddalena zur Frau nehmen. Dieses Versprechen wurde erfüllt. Nach dem Tod ihres Vaters heirateten Piero und Ruberto Strozzi (nicht Vincenzio) tatsächlich die beiden Schwestern des «neuen Brutus», wie man ihn begeistert nannte.

Von Venedig aus schiffte sich Lorenzino Anfang Februar 1537 mit Briefen für den französischen Botschafter nach Konstantinopel ein, wo er einige Monate blieb und wahrscheinlich an den Verhandlungen mit dem Sultan über eine gegen Karl V. gerichtete, französisch-türkische Allianz teilnahm. Am 24. April 1537 wurde in Florenz der Bann über ihn verhängt und ein Kopfgeld von 4000 Goldfiorini für seine Tötung ausgesetzt; gleichzeitig ließ Cosimo de' Medici das ihm als Rebellen geschuldete Schandbild an der Fortezza da Basso anbringen. Als er im August 1537 nach Venedig zurückkam, verhängte auch Karl V. die Ächtung über ihn. Deshalb ging er nach Lyon, wo er von Franz I. empfangen wurde, der ihn unter seinen Schutz nahm. Fortan versteckte er sich in Paris und an anderen Orten, wo er sich vornehmlich seinen literarischen Studien widmete und auch seine Rechtfertigungsschrift, die *Apologia*, niederschrieb.

Während dieser ganzen Zeit ließ ihn Cosimo de' Medici nie aus den Augen und schickte ihm seine Spione nach. 1544 kehrte Lorenzino nach Venedig zurück, wo seine Familie mit den Strozzi zusammen in deren Haus am Campo San Canziano lebte. 1546 entging er einem ersten Mordanschlag, doch am 26. Februar 1548 wurde er von zwei Häschern Cosimos in einer Gasse in Venedig erdolcht. Wo er begraben wurde, ist nicht bekannt, wahrscheinlich erhielt er als Mörder nicht einmal ein Grab in geweihter Erde. Noch im 18. Jahrhundert befand sich in der Kirche Santa Maria di Betlemme in Padua, in der Palla Strozzi begraben lag, ein Standbild von ihm. Es handelte sich vielleicht um eines der beiden, die 1537 in Venedig geplant worden waren.

FILIPPO STROZZIS TOD UND DAS WEITERE
SCHICKSAL DER FAMILIE STROZZI

Der «letzte Akt der Tragödie», wie es einmal in einem Brief jener Monate heißt, stand unter dem Zeichen von Hoffnung und Verzweiflung. Wie Filippo Strozzis Geld durch ganz Europa floss, so verknüpfte sich jetzt auch sein Geschick mit der großen europäischen Politik. Nach der verlorenen Schlacht von Montemurlo wurden die Gefangenen nach Florenz gebracht, in Fetzen auf elenden Kleppern und Eseln durch die Straßen geführt und in die Fortezza da Basso gebracht, die Alessandro Vitelli im Namen des Kaisers befehligte – eine bittere Demütigung für den stolzen Filippo Strozzi. Dann wurden sie Cosimo de' Medici vorgeführt. Dessen Strafgericht war grausam. Als Rebellen gegen den Florentiner Staat wurden die meisten von ihnen sofort hingerichtet, während andere in so harte Kerkerhaft kamen, dass sie bald starben. Nur Filippo Strozzi entging dem Massaker. Cosimo wagte nicht, auch ihn töten zu lassen, denn er wollte diese Entscheidung Karl V. überlassen, der seine Nachfolge immer noch nicht bestätigt hatte. Dazu kam, dass Filippo Strozzi sich in Montemurlo Alessandro Vitelli, dem kaiserlichen Kommandanten der Festung, ergeben hatte und deshalb als Gefangener Kaiser Karls V. angesehen wurde. Seine Haft in der Festung war nicht unbequem. Der Kommandant behandelte ihn freundlich und mit Respekt. Er konnte sich frei bewegen, Besuche empfangen und Briefe schreiben. Seine Gunst erkaufte sich Filippo Strozzi allerdings auch mit viel Geld. Er erhöhte Vitelli aus eigener Tasche das Kopfgeld, das Cosimo de' Medici für seine Ergreifung ausgesetzt und wegen knapper Kasse noch nicht bezahlt hatte. Vitelli versprach dafür, ihn nicht ohne kaiserlichen Befehl an Cosimo auszuliefern.

Nun begann das lange Tauziehen um Filippo Strozzis Leben oder Tod. Piero Strozzi hoffte in seltener Verblendung, die Exilierten noch einmal zu sammeln und mithilfe Frankreichs und, warum nicht, der Türken die Niederlage von Montemurlo umzukehren, den Vater zu befreien und die Strozzi in die Stadt ihrer Väter zurückzuführen. Filippo Strozzi sah seine Lage realistischer. Er gab Anweisungen, einen Abgesandten zu Karl V. zu schicken und bei ihm um Verzeihung zu bitten. Doch war es nicht leicht, diese Mission an den Kaiserhof zu organisieren, um die sich Filippos Bruder Lorenzo, der Schwiegersohn Lorenzo Ridolfi, die Kardinäle Salviati und Ridolfi wie auch der Direktor der römischen Strozzi-Bank, Benvenuto Olivieri, fiebrig bemühten. Die Rettungsaktion kam nur mühsam in Gang. Wer sollte mit Karl V. verhandeln, da doch fast alle Freunde Filippos als Anhänger Franz' I. von Frankreich galten, mit dem der Kaiser im Krieg lag? Es ging darum, eine glaubwürdige, Karl V. nicht verdächtige Persönlichkeit mit dieser Aufgabe zu betrauen, da Filippos Söhne, die als Erste hätten um Gnade bitten müssen, sich entweder zögerlich verhielten oder überhaupt nicht zur Verfügung standen. Piero Strozzi war an den Hof des Sultans gegangen und dann nach Frankreich, während sein Bruder Vincenzio in Piemont mit den französischen Truppen kämpfte.

Immerhin intervenierte schon im September 1537 Papst Paul III., der wenig Sympathien für Cosimo de' Medici hegte, für Filippo Strozzi und wies seinen Nuntius in Spanien an, die Angelegenheit dem Kaiser vorzutragen. Auch andere Persönlichkeiten, so Vittoria Colonna, die Dichterin und Freundin Michelangelos, verwandten sich für ihn. Dann wurde beschlossen, Leone Strozzi, den Malteserritter, nach Spanien zu schicken, da er mit den Manövern der Exilierten nichts zu tun gehabt und im Sommer 1537 sogar zusammen mit der kaiserlichen Flotte als Kapitän einer Ordensflotte gegen die Türken gekämpft hatte. Die jüngeren Söhne Filippos in Venedig – Ruberto, Giulio, Lorenzo und Alessandro – schienen dagegen noch zu jung für eine solche Aufgabe. Doch Leone kreuzte mit seinem Geschwader auf den Meeren und war nicht in der Lage, schnell nach Spanien zu gehen.

So wurde in der Erwartung seiner Ankunft ein venezianischer Literat namens Bernardo Tasso (es war der Vater des berühmten Dichters Torquato Tasso) nach Spanien entsandt, um am kaiserlichen Hof

Fürsprecher für sein Anliegen zu gewinnen und, wenn möglich, bis zu Karl V. vorzudringen. Filippo Strozzi hatte angegeben, was er dem Kaiser für seine Rettung zu zahlen bereit war. Er wollte sich verpflichten, sich an einem Ort niederzulassen, der unter der Herrschaft des Kaisers stand – in Spanien, Genua oder Neapel oder wo der Kaiser wünschte –, und dort Banken gründen, zur Garantie würde er sogar einige seiner jüngeren Söhne als Geiseln stellen. Nach seiner Freilassung würde er sich auch darum bemühen, Florenz aus seiner wirtschaftlichen Misere herauszuhelfen, und für eine Befriedung der Stadt wirken, was der Herrschaft Cosimos dort und der kaiserlichen Hoheit nur förderlich wäre. Und dann warf er als Trumpf noch 100 000 Scudi auf den Tisch, die er dem Kaiser zur Verfügung stellen wollte. Filippo Strozzi wusste, dass es um sein Leben ging.

Bernardo Tasso wartete im November 1537 in Genua lange vergeblich auf Ermächtigungsschreiben der Söhne und schiffte sich endlich ohne formellen Auftrag von ihnen nach Barcelona ein. Der Augenblick war nicht ungünstig, denn auf die Initiative Pauls III. wurde am spanischen Hof gerade wegen eines Waffenstillstands zwischen Karl V. und Franz I. von Frankreich verhandelt. Ende Dezember traf der junge Ruberto Strozzi in Spanien ein und schließlich auch Leone. Doch eine eindeutige Antwort vom Kaiser blieb aus, Karl V. beschränkte sich darauf zu versichern, dass Filippo Strozzi das Leben gerettet werden würde. Von einer Freilassung war nicht die Rede.

Während in Spanien diese vagen Zusicherungen gegeben wurden, machte Cosimo de' Medici, der ebenfalls in Spanien verhandeln ließ, in Florenz Anstalten, sich Filippo Strozzi übergeben zu lassen. Er hatte inzwischen vom Kaiser nicht nur das Privileg erhalten, das seine Nachfolge Alessandros anerkannte, sondern auch die Erlaubnis, den Gefangenen zu übernehmen, sobald der Preis für seine Ergreifung bezahlt war. Filippo Strozzi scheint bei dieser Nachricht völlig außer Sinnen geraten zu sein und fiel in eine tiefe Verzweiflung. Er klagte seine Söhne an, ihn im Stich gelassen zu haben. Am 31. Dezember 1537 machte er im Bewusstsein, sterben zu müssen, ein neues Testament. Darin bat er noch einmal, in Santa Maria Novella begraben zu werden und ein würdiges Grabmal dort zu erhalten; wäre dies aber nicht möglich, so wollte er in Venedig beigesetzt werden. Die Grabinschrift sollte aber auf jeden Fall an seine unerschütterliche Liebe zur Freiheit erinnern. Piero und Vincenzio, die sich nach seiner Gefangennahme, wie er schrieb, «so schändlich benommen haben», enterbte er zwar nicht, aber er verbot, dass sie ihre Brüder beerben konnten, falls diese kinderlos starben. Seine Sorge galt besonders den jüngeren Söhnen, die alle im Kaufmannsberuf ausgebildet werden sollten, um die Banken in Rom, Venedig und Lyon übernehmen zu können. Doch Giulio, von dem er sich besonders viel versprach, starb noch vor ihm in Padua, wo er mit seinen Brüdern studierte, und fand sein Grab in Santa Maria di Betlemme, in der einst von Palla Strozzi gestifteten Kirche.

Dann hellte sich Filippos Stimmung wieder etwas auf, denn aus Spanien kamen beruhigendere Nachrichten. Nicht aber aus Venedig. Dort war im Februar 1538 Piero Strozzi angekommen, und er verwarf die ganze Art, wie die Verhandlungen geführt wurden. Sein tiefes Zerwürfnis mit dem Vater tritt hier noch einmal in aller Deutlichkeit zutage. Er forderte seine Brüder Leone und Ruberto auf, nun, da das Leben des Vaters nicht mehr in Gefahr sei, Spanien zu verlassen und nach Venedig zurückzukommen, um die weiteren Schritte zu besprechen. Piero beschuldigte seinen Vater, mit seinen exorbitanten finanziellen Angeboten und den für seine Rettung verteilten Geschenken das Vermögen zu verschleudern und seine Kinder zu Bettlern zu machen. Grober Unsinn sei, was der Vater da mache. Piero weigerte sich, für diese finanziellen Verpflichtungen einzustehen. Filippo Strozzi war zutiefst betroffen über die Vorwürfe seines Sohns und suchte sich zu rechtfertigen, er habe gar nicht beabsichtigt, seine Angebote in dieser Höhe zu honorieren. Das Resultat der Zwistigkeiten war, dass die Söhne dem Vater die Verfügungsgewalt über die Banken entzogen.

Als dann Paul III. den Kaiser und Franz I. nach Nizza einlud, um einen Waffenstillstand zu vermitteln, begaben sich die vier ältesten Söhne dann doch alle nach dort, um mit der Hilfe des Papstes endlich eine bestimmte Antwort von Karl V. zu erhalten. Am 18. Juni kam in Nizza tatsächlich ein zehnjähriger Waffenstillstand zwischen den beiden Mächten zustande, wobei auch Paul III. ein persönliches Anliegen verwirklichen konnte. Karl V. willigte ein, seine Tochter Margarethe, die Witwe Alessandro de' Medicis, die seit dessen Tod in Florenz in der Fortezza da Basso lebte, mit Ottavio Farnese, dem Enkel des Papsts, zu vermählen. Cosimo de' Medici, der Karl V. um ihre Hand gebeten hatte, wurde enttäuscht. Beim Treffen der beiden Höfe im Juli in Aigues-Mortes nach der Abreise Pauls III. flehte auch Caterina de' Medici, nun Dauphine von Frankreich, auf Bitten ihrer Cousins den Kaiser um Gnade für ihren Onkel an.

War der Kaiser auch bereit, Filippo Strozzi das Leben zu schenken, so wollte er doch, dass in einem Prozess geklärt wurde, ob er irgendwie in den Mord seines Schwiegersohns verwickelt war. In der Festung in Florenz wurde der Kommandant Vitelli im Sommer 1538 von einem Spanier, Juan de Luna, abgelöst. Dieser beschloss, den Gefangenen auch mithilfe der Tortur zu examinieren, wollte aber im Grunde Filippo Strozzi das Leben retten. Dieser verbrachte seine letzten Monate damit, sich in die geliebten antiken Schriftsteller zu vertiefen und eine griechische Schrift des Polybios über die römische Miliz neu ins Italienische zu übersetzen, über deren Schwierigkeiten er mit dem Freund Piero Vettori einen eifrigen Briefwechsel führte. Im Dezember erschien jedoch ein kaiserlicher Bote mit dem Auftrag, den Prozess endlich zu beginnen, und als Anstalten gemacht wurden, den Gefangenen zu diesem Zweck aus der Festung zu führen, beschloss Filippo, seinem Leben ein Ende zu setzen, indem er sich mit einem Schwert den Tod gab. Dies geschah am 18. Dezember 1538.

Auf der Brust des Toten fand man ein Blatt von seiner Hand mit der lateinischen Überschrift «Deo liberatori» – Gott, dem Befreier –, auf dem er seinen Entschluss, Selbstmord zu begehen, begründete. Er wollte nicht noch einmal der Tortur unterworfen werden, um Dinge zu gestehen, die seine und die Ehre seiner unschuldigen Verwandten befleckten. Seine Seele empfahl er Gott und bat ihn, ihm wenigstens jenen Ort zuzuweisen, an dem sich Cato Uticensis und andere treffliche Männer befanden. Er meinte damit den jüngeren Cato, der die römische Republik vergeblich gegen Julius Cäsar verteidigt und sich nach der im Jahre 46 v. Chr. verlorenen Schlacht von Thapsus in sein Schwert gestürzt hatte. Den Kaiser forderte er auf, sich besser zu erkundigen, wie es um die arme Stadt Florenz bestellt sei, falls er deren Wohl im Sinn habe. Er bat noch einmal darum, in Santa Maria Novella begraben zu werden. Dann schloss er mit den lateinischen Worten und einem leicht abgeänderten Vers Vergils:

«Philippus Strozza jamjam moriturus:
Exoriare aliquis ex ossibus meis mei sanguinis ultor»

Filippo Strozzi, schon dem Tod geweiht:
Möge aus meinen Gebeinen ein Rächer meines Bluts erwachsen.

Ein noch am selben Tag nach Spanien gesandter Bericht erzählt die
Vorgänge auf folgende Weise: Filippo Strozzi wurde Tag und Nacht
von bewaffneten Garden bewacht. Einer dieser Wächter ließ verse-
hentlich sein Schwert in Filippos Gemach liegen, als dieser ihn gebeten hatte, einen von der Nachtwache zu ihm zu rufen. Kaum hatte der
Wächter den Raum verlassen, verriegelte Filippo Strozzi seine Tür
und nahm sich mit diesem Schwert das Leben. Für die kursierenden
Gerüchte, dass Cosimo die Tötung veranlasst hatte, gibt es keine Bestätigung.

Der Tote fand kein Grab in Santa Maria Novella an der Seite seiner Frau und seines Vaters, wie er es sich bis zuletzt gewünscht hatte.
Als Selbstmörder wurde Filippo Strozzi in ungeweihter Erde außerhalb der Stadtmauer bei einer kleinen Kapelle begraben. Cosimo de'
Medici konnte zufrieden sein, und auch Karl V. dürfte seinen Tod
kaum bedauert haben. Man weiß, wie unerbittlich der Kaiser alle
Aufständischen behandelte. Alle republikanischen Träume und die
Hoffnungen der Optimaten, in Florenz mitregieren zu können, waren nun zerbrochen und die Herrschaft der Medici endgültig etab-
liert – allerdings um den Preis einer dauernden Abhängigkeit von
den Spaniern.

Filippo Strozzi starb mit der Geste eines antiken Heroen für eine
Freiheit, die es schon lange nicht mehr gab und an deren Zerstörung
er selbst mitgewirkt hatte. Die vielfältigen, widersprüchlichen Facet-
ten seiner Persönlichkeit hat der Zeitgenosse und Chronist Bernardo
Segni treffend in die Worte gefasst: «Sein ungebundenes Leben, seine
Zügellosigkeit, seine Liebenswürdigkeit, die Anmut, das Geschick,
mit Menschen umzugehen, die Freigebigkeit, die Missachtung der
Regeln und das Sichhingeben einmal dem Laster und ein anderes Mal
der Tugend bewirkten, dass er immer von der Jugend geliebt, vom
Adel mit Ehrerbietung behandelt und vom Volk umschmeichelt
wurde, sodass er, obwohl er als Privatmann lebte, doch wie ein Fürst

war.» Ein Anhänger der Republik meinte jedoch kritisch: «Er hätte jeden Herrn in Florenz ertragen, wenn er ihm seine Habe und sein Leben garantiert hätte.» Dies war letztlich das Grundmotiv, das Filippos Tun und Handeln sein ganzes Leben lang bestimmt hatte.

Filippos Söhne fanden am französischen Hof Aufnahme, gaben aber nie die Hoffnung auf, nach Florenz zurückzukehren und die Herrschaft Cosimo de' Medicis zu stürzen. Piero wurde schon 1541 zum Kammerherrn des Königs ernannt (siehe Abb. rechts). Er machte dann aber eine große militärische Karriere im Dienst Frankreichs in den Kriegen gegen Karl V. Als Heinrich II. Franz I.

Bildnis von Piero Strozzi, Sohn des Bankiers Filippo Strozzi (heute im Schloss Versailles)

auf dem Thron nachfolgte und Caterina de' Medici, die ihre Cousins sehr liebte, Königin von Frankreich wurde, begann der unaufhaltsame Aufstieg der Strozzi am französischen Hof. Piero wurde 1547 zum Kommandanten der italienischen Infanterie ernannt, Leone zum Kommandanten der französischen Galeeren in der Levante und auf dem Meer vor den Küsten der Provence. Lorenzo, der die geistliche Laufbahn eingeschlagen hatte, erhielt auf französischen Vorschlag von Papst Paul III. das Bistum Béziers; 1557 wurde er Erzbischof von Sens und Kardinal. Der Wunsch Filippo Strozzis, einen seiner Söhne als Kardinal zu sehen, ging so, aber zu spät, in Erfüllung. Ruberto schließlich führte, wie es sein Vater vorgesehen hatte, die Bank mit ihren Niederlassungen in Venedig, Rom und Lyon weiter. Über die Bank in Lyon versorgte er den französischen Hof mit Krediten und organisierte die Finanzierung der militärischen Kampagnen Heinrichs II.

Als das noch unabhängige Siena 1552 die spanische Garnison mit

Tizian, Clarice Strozzi

dem Ruf «Francia, Francia» vertrieb, schien die Stunde gekommen, wieder Fuß in der Toskana zu fassen. Die exilierten Feinde Cosimo de' Medicis formierten sich erneut. 1553 schickte Heinrich II. Piero Strozzi nach Italien, um die Stadt gegen die nahenden Truppen Karls V. zu verteidigen. Am 2. Januar 1554 zog er in Siena ein, zusammen mit seinen Brüdern Leone, Lorenzo und Ruberto, der wie immer die Finanzierung in die Hand genommen hatte. Caterina de' Medici unterstützte das Unternehmen aus eigener Schatulle mit 100 000 Scudi, aus Feindschaft gegen Cosimo de' Medici, der sie ihrer Rechte auf das Erbe der Medici beraubt hatte. Heinrich II. dachte zugleich an eine Eroberung des Herzogtums Urbino, auf das seine Gemahlin nie verzichtet hatte. Auf Caterinas Wunsch ernannte der König Piero Strozzi zum Marschall von Frankreich. Doch das Unternehmen stand unter einem schlechten Stern. Leone Strozzi wurde beim Versuch, die spanischen Besatzungen aus den Küstenorten der Maremma zu vertreiben, schon 1554 so schwer verletzt, dass er seinen Wunden erlag. Das französische Heer unter Piero Strozzi erlitt dagegen in der Schlacht bei Marciano am 2. August 1554 eine verheerende Niederlage mit Tausenden von Gefallenen und Gefangenen. Das alte stolze Siena fiel wenig später unter die Herrschaft von Florenz.

Die Niederlage bei Marciano blieb im Gedächtnis der Franzosen haften. Als Michel de Montaigne 1580/81 seine Reise nach Italien unternahm, besuchte er das Schlachtfeld und erkundigte sich in Montalcino nach den Gräbern der französischen Gefallenen, die Cosimo de' Medici jedoch hatte vermauern lassen. Er entdeckte auch das Bildnis des Marschalls Strozzi auf den Fresken in der Villa des Kardinals Alessandro Farnese in Caprarola und sah in San Giovanni in Florenz die in Marciano erbeuteten französischen Fahnen.

Auch in den folgenden Jahren kämpfte Piero Strozzi auf verschiedenen Schauplätzen in Italien, bis er nach Frankreich zurückging. Er starb am 20. Juni 1558, getroffen von einem Büchsenschuss bei der Belagerung von Thionville während der letzten Kämpfe gegen Philipp II. von Spanien, bevor 1559 der Friede von Cateau-Cambrésis den seit mehr als sechzig Jahren währenden Kriegen um die Herrschaft in Italien und Burgund ein Ende setzte. Montaigne besuchte das Grabmal des Marschalls Strozzi, den er, wie er sagt, selbst noch gekannt hatte, in der Kathedrale von Meaux. Piero Strozzis Linie erlosch schon nach zwei Generationen.

Der Bankier Ruberto Strozzi siedelte dagegen später von Venedig nach Rom über, wo seine Nachkommen sich durch Heiraten in den römischen Adel einfügten. Ihre Familienkapelle in S. Andrea della Valle wurde Anfang des 17. Jahrhunderts von Rubertos Sohn Leone errichtet, der hier auch vier Kenotaphe zum Gedenken an seine Onkel Piero, Leone und Lorenzo Strozzi und an die Eltern Ruberto Strozzi und Maddalena de' Medici aufstellen ließ. Als Ruberto Strozzi noch mit seiner Familie in Venedig wohnte, ließ er 1542 von Tizian ein reizendes Bild von seiner zweijährigen Tochter Clarice malen, dem ersten Kind aus seiner Ehe mit Maddalena de' Medici (siehe Abb. Seite 210). Pietro Aretino sah es und lobte Tizian, der sein Freund war, in höchsten Tönen. Das kleine Mädchen reicht einem Hündchen einen schon angeknabberten Gebäckkringel hin, dessen Form in diskreter Weise auf das Wappen der Strozzi anspielt.

Filippo Strozzis Bruder Lorenzo hatte in Florenz dem Drama seines Bruders zusehen müssen, ohne ihm helfen zu können. Offenbar während der Zeit seiner Gefangenschaft begann er die Lebensgeschichte Filippos zu schreiben mit der Begründung, dass dessen Taten bis zum heutigen Tag der Familie nicht weniger Glanz und Größe verliehen hätten als die jener Strozzi, deren Viten er bereits geschrieben habe. Er kenne Filippos Geschichte aus direkter Kenntnis der Dinge, und anderes, was er selbst nicht wusste, habe ihm sein Bruder selbst erzählt. Lorenzos Absicht war, das Handeln Filippos, wegen dessen er nun gefangen war, mit seiner Liebe zur Freiheit zu erklären und zu entschuldigen. Filippo starb, noch bevor Lorenzo Strozzi dessen Vita vollendet hatte, danach brachte es der Autor nicht mehr über sich, sie selbst zu Ende zu schreiben. Den Schluss über das Treffen von Montemurlo und Filippo Strozzis Gefangenschaft und Tod verfasste ein anderer, unbekannter Autor aus seinem Kreis. Nach dem für ihn so schmerzlichen, tragischen Ende seines Bruders lebte Lorenzo Strozzi noch zurückgezogener als zuvor und widmete sich nur noch seinen Studien. Er starb 1549.

Sein Sohn Palla verließ Florenz schon 1533 und wurde Bankier in Lyon, wo er 1559 ohne Nachkommen starb. Der ältere Sohn Giovanbattista dagegen arrangierte sich, wie die anderen Florentiner Strozzi auch, mit dem Regime und erhielt Würden und Titel. Er machte sich wie sein Vater einen Namen als Literat. Erst 1568 gab Cosimo de' Medici der Familie den beschlagnahmten Teil des Palasts zurück, der nun nur noch Zeugnis einer vergangenen Größe war. Die Nachkommen Lorenzo Strozzis lebten weiter in diesem Palast bis zum Aussterben der Familie im 20. Jahrhundert.

DANK

Einigen Personen, die das Entstehen dieses Buchs begleitet und unterstützt haben, möchte ich hier besonders danken: An erster Stelle
Philine Helas, deren kunsthistorische und historische Kenntnisse und
unermüdliche Hilfe beim Aufspüren von zuweilen schwer erreichba-
rer Sekundärliteratur dem Buch sehr zugute gekommen sind; Horst
Bredekamp für sein lebhaftes Interesse an der Geschichte dieses
«anderen» Florenz, das mich ermutigt hat; Gerhard Wolf für seine
generöse logistische Unterstützung; meinem Mann Roberto Zapperi
dafür, dass er die langjährige Gesellschaft der Strozzi mit Geduld ertragen hat; und nicht zuletzt Christine Zeile, der Freundin und Lek-
torin des C.H.Beck Verlags, die wie immer an das Gelingen dieses
Buchs geglaubt und ihm den letzten Schliff gegeben hat.

Rom, im Oktober 2010

BIBLIOGRAFISCHE HINWEISE

Verzeichnis der abgekürzt zitierten Quellen und Literatur

Albertini, Das florentinische Staatsbewußtsein
R. von Albertini, *Das florentinische Staatsbewußtsein im Übergang von der Republik zum Prinzipat*, Bern 1955

Bardi, Filippo Strozzi
A. Bardi, *Filippo Strozzi*, in *Archivio storico italiano*, Serie V, XIV, 1894, S. 3–78

Belle, A Renaissance Patrician
L. W. Belle, *A Renaissance Patrician. Palla di Nofri Strozzi, 1372–1462*, Thesis Ph. D., University of Rochester, Rochester, New York 1972

Briefe
Alessandra Macinghi negli Strozzi, *Briefe*, herausgegeben und eingeleitet von A. Doren, Jena 1927

Bullard, Filippo Strozzi and the Medici
M. M. Bullard, *Filippo Strozzi and the Medici. Favor and finance in sixteenth-century Florence and Rome*, Cambridge 1980

Capasso, Paolo III
C. Capasso, *Paolo III*, I, Messina 1922

Cavalcanti, Istorie fiorentine
Giovanni Cavalcanti, *Istorie fiorentine*, hrsg. von G. Del Pino, Mailand 1941

Cerretani, Storia fiorentina
Bartolomeo Cerretani, *Storia fiorentina*, hrsg. von G. Berti, Florenz 1994

Cloulas, Henri II
I. Cloulas, *Henri II*, Paris 1985

Crabb, The Strozzi of Florence
A. Crabb, *The Strozzi of Florence. Widowhood and Family Solidarity in the Renaissance*, Ann Arbor 2000

De Roover, Il banco Medici
R. De Roover, *Il banco Medici dalle origini al declino (1397–1494)*, Florenz 1970

Devonshire Jones
R. Devonshire Jones, *Francesco Vettori. Florentine Citizen and Medici Servant*, London 1972

Fabbri, Alleanza matrimoniale
L. Fabbri, *Alleanza matrimoniale e patriziato nella Firenze del '400. Studio sulla famiglia Strozzi*, Florenz 1991

Ferrai, Lorenzino de' Medici
L. A. Ferrai, *Lorenzino de' Medici e la società cortigiana del Cinquecento*, Mailand 1891

Fiocco, La casa di Palla Strozzi
G. Fiocco, *La casa di Palla Strozzi*, in *Atti dell' Acc. Nazionale dei Lincei, Memoria, Classe di scienze morali, storiche e filologiche*, Serie VIII, vol. V, Anno CCCLI, Rom 1954, S. 361–382

Gentile da Fabriano agli Uffizi
Gentile da Fabriano agli Uffizi, hrsg. von A. Cecchi, Cinisello Balsamo 2005

Goldthwaite, Private Wealth
R. A. Goldthwaite, *Private Wealth in Renaissance Florence. A Study of four Families*, Princeton, New Jersey, 1968

Goldthwaite, The Building
R. A. Goldthwaite, *The Building of the Strozzi Palace: The Construction Industry in Renaissance Florence*, in *Studies in Medieval and Renaissance History*, X, 1973

Gregory, A Florentine Family
H. J. Gregory, *A Florentine Family in Crisis: The Strozzi in the Fifteenth Century*, Diss., University of London, 1981

Gregory, Palla Strozzi's Patronage
H. J. Gregory, *Palla Strozzi's Patronage and Pre-Medicean Florence*, in *Patronage, Art and Society in Renaissance Italy*, Oxford 1987, S. 201–219

Gregory, Chi erano gli Strozzi
H. J. Gregory, *Chi erano gli Strozzi nel Quattrocento?*, in *Palazzo Strozzi. Metà Millennio*, S. 15–29

Guicciardini, Storie fiorentine
Francesco Guicciardini, *Storie fioren-*

tine dal 1378 al 1509, hrsg. von A. Montevecchi, Mailand 1998

Jacoviello, Affari di Medici e Strozzi
M. Jacoviello, *Affari di Medici e Strozzi nel regno di Napoli nella seconda metà del Quattrocento*, in *Archivio storico italiano*, 144, 1986, S. 169–196

Jones, Palla Strozzi e la Sagrestia di Santa Trinita
R. Jones, *Palla Strozzi e la Sagrestia di Santa Trinita*, in *Rivista d'arte. Studi documentari per la storia delle arti in Toscana*, Serie 4, I, 1984, S. 9–106

Kent, The Making
F. W. Kent, *The Making of a Renaissance Patron of the Arts*, in *Giovanni Rucellai ed il suo Zibaldone*, II, S. 9–95

Kent, «Più superba de quello de Lorenzo».
F. W. Kent, *«Più superba de quello de Lorenzo». Courtly and Family Interest in the Building of Filippo Strozzi's Palace*, in *Renaissance Quarterly*, 30, 1977, S. 311–323

Landucci, Ein florentinisches Tagebuch
Luca Landucci, *Ein florentinisches Tagebuch, 1450–1516, nebst einer Fortsetzung 1516–1543*, übersetzt, eingeleitet und erklärt von M. Herzfeld, Jena 1912/13 (Neuausgabe Düsseldorf-Köln 1978)

Lettere
Alessandra Macinghi negli Strozzi, *Lettere di una gentildonna fiorentina del secolo XV ai figliuoli esuli*, hrsg. von C. Guasti, Florenz 1877

Lillie, Florentine Villas
A. Lillie, *Florentine Villas in the Fifteenth Century: an Architectural and Social History*, New York 2005

Machiavelli, Istorie fiorentine
Niccolò Machiavelli, *Istorie fiorentine*, hrsg. von F. Gaeta, Mailand 1962

Niccolini, Filippo Strozzi
G.-B. Niccolini, *Filippo Strozzi. Tragedia. Corredata d'una vita di Filippo e di documenti inediti*, hrsg. von P. Bigazzi, Florenz 1847

Palazzo Strozzi. Metà millennio
Palazzo Strozzi. Metà millennio 1489–1989, Atti del convegno di studi, Firenze, 3–6 luglio 1989, Rom 1991

Pampaloni, Palazzo Strozzi
G. Pampaloni, *Palazzo Strozzi*, 2. verbesserte Auflage, Rom 1974

Pane, La tavola Strozzi
G. Pane, *La tavola Strozzi tra Napoli e Firenze. Un'immagine della città nel Quattrocento*, Neapel 2009

Parenti, Lettere
Marco Parenti, *Lettere*, hrsg. von M. Marrese, Florenz 1996

Parenti, Ricordi storici
Marco Parenti, *Ricordi storici 1464–1467*, hrsg. von M. Doni Garfagnini, Rom 2001

Pastor, Geschichte der Päpste
L. von Pastor, *Geschichte der Päpste*, IV, 1–2, Freiburg i. Br. 1928

Patronage, Art and Society in Renaissance Italy, hrsg. von F. W. Kent und P. Simons, Oxford 1987

Ranke, Filippo Strozzi
Leopold von Ranke, *Filippo Strozzi und Cosimo Medici, der erste Großherzog der Toscana*, in *Sämmtliche Werke*, Band 41–42, *Historisch biographische Studien*, Leipzig 1877, S. 359–445

Rubinstein, Il governo
Nicolai Rubinstein, *Il governo di Firenze sotto i Medici (1434–1494)*, Florenz 1971 (Übersetzung von *The Government of Florence under the Medici. 1434 to 1494*, Oxford 1966)

Giovanni Rucellai e il suo Zibaldone
Giovanni Rucellai e il suo Zibaldone, I, *Il Zibaldone quaresimale*, hrsg. von A. Perosa, London 1960; II, *A Florentine Patrician and his Palace*, London 1981

Simoncelli, Fuoriuscitismo
P. Simoncelli, *Fuoriuscitismo repubblicano fiorentino 1530–1554*, I, Mailand 2006

Lorenzo Strozzi, Le vite degli uomini illustri
Lorenzo Strozzi, *Le vite degli uomini illustri della casa Strozzi*, hrsg. von P. Stromboli, Florenz 1892

Lorenzo Strozzi, Vita di Filippo Strozzi
Lorenzo Strozzi, *Vita di Filippo Strozzi
(al fonte Giovanbattista)*, in: G.-B. Niccolini, *Filippo Strozzi. Tragedia. Corredata
d'una vita di Filippo e di documenti inediti*
(hrsg. von P. Bigazzi), Florenz 1847
(der Text, aber ohne Anmerkungen,
auch in der von P. Stromboli besorgten Ausgabe von Lorenzo Strozzi,
Le vite degli uomini illustri, S. 84–203)
Tognetti, Gli affari
S. Tognetti, *Gli affari di messer Palla
Strozzi (e di suo padre Nofri). Imprendito-
ria e mecenatismo nella Firenze del primo
Rinascimento*, in: *Annali di Firenze*, 4,
2009, S. 7–88
Vasari, Le vite
Giorgio Vasari, *Le vite dei più eccellenti
pittori, scultori e architetti*, hrsg. von L.
und C. L. Ragghianti, Mailand 1973
Vespasiano da Bisticci, Vite degli uomini illustri
Vespasiano da Bisticci, *Vite degli
uomini illustri del secolo XV*, hrsg. von
P. D'Ancona und E. Aeschlimann,
Mailand 1951
Vita di Filippo Strozzi il Vecchio
*Vita di Filippo Strozzi il Vecchio scritta da
Lorenzo suo figlio*, hrsg. von G. Bini
und P. Bigazzi, Florenz 1851
Walter, Der Prächtige
I. Walter, *Der Prächtige. Lorenzo de' Me-
dici und seine Zeit*, München 2003
(durchgesehene Taschenbuchausgabe
München 2009)
Zeffi, Di Lorenzo Strozzi … ragionamento
Francesco Zeffi, *Di Lorenzo Strozzi au-
tore di queste vite ragionamento*, in: L.
Strozzi, *Le vite degli uomini illustri*, hrsg.
von P. Stromboli, Florenz 1992,
S. VII–XXVI
Zippel, Il Filelfo
G. Zippel, *Il Filelfo a Firenze (1429–
1434)*, Rom 1899

Verbannung

Das Zitat steht in Ranke, *Filippo Strozzi*, S. 361. Zu den rechtshistorischen Aspekten des
Banns siehe D. Cavalca, *Il bando nella prassi e nella dottrina giuridica medievale*, Mailand 1978
(besonders S. 42 ff. und S. 101 ff.); zu seiner Praxis und seinen sozialen und politischen Auswirkungen R. Starne, *Contrary Commonwealth. The Theme of Exile in Medieval and
Renaissance Italy*, Berkeley-Los Angeles-London 1982 (S. 40–47 über die «auswärtigen»
Gemeinwesen). Francesco Guicciardinis Bemerkung in *Opere*, hrsg. von V. De Capra-
riis, Mailand-Neapel 1953, S. 147.

Die Wende von 1434

Die ausführlichste Darstellung der Ereignisse von 1433/34 und ihrer Vorgeschichte in
C. Gutkind, *Cosimo de' Medici il Vecchio*, Florenz 1940, S. 81–114 (hier, S. 101–104, Auszüge aus den Aufzeichnungen von Cosimo de' Medici zu seiner Gefangenschaft und
Verbannung); vgl. auch Rubinstein, *Il governo di Firenze*, S. 3–5. Giovanni Cavalcanti
über den Charakter Palla Strozzis in *Istorie fiorentine*, S. 301. Zu Palla Strozzis Hoffnungen auf den Zusammenbruch der mediceischen Herrschaft nach Cosimos Tod
vgl. Rubinstein, cit., S. 165; Niccolò Machiavellis Bemerkungen über die Folgen der
Verbannungen in *Istorie fiorentine*, S. 323.

Die Nachfahren des Mondritters

Die Abstammungslegende erzählt Lorenzo Strozzi, *Le vite degli uomini illustri*, in: S. 5 f.
Zur Bedeutung des Worts «strozziere» vgl. S. Battaglia, *Grande Dizionario della lingua*

italiana, XX, Turin 2000, S. 400; zur frühen Geschichte der Familie Strozzi siehe R. Davidsohn, *Geschichte von Florenz*, Berlin 1896–1927 (Nachdruck Osnabrück 1969), II–VI, ad indices; P. J. Jones, *Florentine Families and Florentine Diaries*, in *Papers of the British School at Rome*, XXIV, 1956, S. 186–190; A. Goldthwaite, *Private Wealth* S. 31–34, sowie in Hinsicht auf Carlo di Strozza und Tommaso di Marco und ihre Nachkommen L. Fabbri, *The Memory of Exiled Families. The Case of the Strozzi*, in *Art, Memory and Family in Renaissance Florence*, hrsg. von G. Ciappelli und P. L. Rubin, Cambridge 2006, S. 253–259. Zum «Corso degli Strozzi» C. Elam, *Palazzo Strozzi nel contesto urbano*, in *Palazzo Strozzi. Metà Millennio*, S. 187. Eine kurze Geschichte des Ciompi-Aufstands in deutscher Sprache bietet E. Piper, *Der Aufstand der Ciompi*, Berlin 1978 (Neuausgabe 1990); zur Lage der Familie Strozzi in den ersten Jahrzehnten des 15. Jahrhunderts Gregory, *Chi erano gli Strozzi*, in *Palazzo Strozzi. Metà Millennio*, S. 15–29.

Nofri Strozzis Erfolg und Reichtum

Zu Onofrio (Nofri) Strozzi siehe Belle, *A Renaissance Patrician*, S. 25 f., S. 28–32, 37–44; zu seinen umfangreichen Geschäften die grundlegende Studie von S. Tognetti, *Gli affari*, S. 8–43; zur Stiftung und zum Bau der Kapelle in Santa Trinita vor allem Jones, *Palla Strozzi e la Sagrestia di Santa Trinita*, S. 9–106, und zuletzt K. Christiansen in *Gentile da Fabriano agli Uffizi*, S. 13–19.

Palla Strozzi – Ritter, Bürger und Humanist

Grundlegend für Palla Strozzis Lebensgeschichte Belle, *A Renaissance Patrician*, zu ergänzen durch die Palla und seine Familie betreffenden Ausführungen in Gregory, *A Florentine Family*; beide Dissertationen verarbeiten umfangreiches Archivmaterial und wurden meiner Darstellung von Palla Strozzis Leben zugrunde gelegt. Verschiedene Aspekte seiner Biografie behandelt Gregory zusätzlich in *Palla Strozzi's Patronage*, S. 201–219. Zu Gentile da Fabrianos *Anbetung der Hl. Drei Könige* siehe die Beiträge von K. Christiansen und C. B. Strehlke in *Gentile da Fabriano agli Uffici*, S. 11–58.

Über Palla Strozzis humanistische Interessen Vespasiano da Bisticci in *Vite degli uomini illustri*, S. 387–403 (S. 390 über den humanistischen Unterricht der Söhne); Leonardo Bruni über seinen Mitschüler bei Chrysoloras in *Leonardi Aretini, Rerum suo tempore gestarum commentarius*, in *Rerum Italicarum Scriptores*, XIX, 3, S. 432; Giovanni Rucellai über Pallas Übersetzungen in *Giovanni Rucellai e il suo Zibaldone*, I, S. 64.

Über Palla Strozzis Ämter und Missionen Belle, *A Renaissance Patrician*, S. 239 ff. Eine Lebensbeschreibung von Nanni di Carlo Strozzi findet sich in Lorenzo Strozzi, *Le vite degli uomini illustri*, S. 49–57. Zur Entstehung und politischen Bedeutung von Leonardo Brunis *Oratio in funere Johannis Strozzae* H. Baron, *The Crisis of the Early Italian Renaissance. Civic Humanisme and Republican Liberty in an Age of Classicisme and Tyranny*, Princeton, New Jersey, 1955, II, S. 430–439 und S. 599 f., sowie die zweite überarbeitete Auflage in einem Band, Princeton, New Jersey, 1966, ad indicem. Die Vermutung, die Grabrede sei am 16. Mai 1428 öffentlich vorgetragen worden, äußert P. Viti, *Leonardo Bruni e Firenze. Studi sulle lettere pubbliche e private*, Rom 1992, S. 395–401; über Francesco Filelfos Aufenthalt in Florenz und seine *Commentationes Florentinae De exilio* G. Zippel, *Il Filelfo* sowie C. Errera, *Le «Commentationes Florentinae De exilio» di Francesco Filelfo*, in *Archivio storico italiano*, Serie V, V, 1890, S. 193–227 (vgl. auch Belle, *A Renaissance Patrician*, S. 169–172).

Pallas Vermögenslage und Steuerprobleme behandelt die Studie von Tognetti *Gli affari* (hier, S. 78, eine Tabelle mit den Zahlen der Steuererklärungen von 1427 bis 1433); zum Grundbesitz Pallas siehe auch die Angaben in A. Lillie, *Lorenzo de' Medicis Rural Investments*, in *Rinascimento*, Serie 2, XXXIII, 1993, S. 54, 64; der Brief an Simone Strozzi vom 28. März 1422 mit den Klagen über seine Ausgaben in Jones, *Palla Strozzi e la sagrestia di Santa Trinita*, S. 91 f.; Rucellai über Palla Strozzis Glück und seine Steuern in *Giovanni Rucellai e il suo Zibaldone*, I, S. 63 f.; Vespasiano da Bisticci zu ebensolchen Fragen in *Vite degli uomini illustri*, S. 92 f.

Leben im Exil

Zu dem noch nicht gründlich erforschten Exil von Palla Strozzi und seinen Nachkommen Nachrichten bei Belle, *A Renaissance Patrician*, S. 316–334, und Gregory, *A Florentine Family*, S. 222–257.

Zum Aufenthalt in Padua siehe vor allem die Studien von G. Fiocco, *La casa di Palla Strozzi*; ders., *Il banco degli Strozzi a Padova*, in *Atti e mem. dell'Accademia patavina di scienze, lettere ed arti*, 82, 1969–70, I, S. 191–200; ders., *Palla Strozzi e l'umanesimo veneto*, in *Umanesimo europeo e umanesimo veneziano*, Florenz 1963, S. 349–358. Eine Liste von neunzehn wahrscheinlich in Padua von Palla angefertigten Übersetzungen aus dem Griechischen gibt Giovanni Rucellai in *Giovanni Rucellai e il suo Zibaldone*, I, S. 64. Vasaris Angabe findet sich in der Vita Andrea Mantegnas, vgl. *Le vite*, II, S. 476. Über die Rolle Lorenzo Strozzis und Giovanni Rucellais als Sachwalter von Pallas Besitztümern und die zum Teil undurchsichtigen Transaktionen Rucellais F. W. Kent, *The Making*, S. 22–27, 45–49; die Vita Alessandra Bardis in Vespasiano da Bisticci, *Vite degli uomini illustri*, S. 541–569; zu den Verlängerungen des Banns und den Ereignissen des Jahres 1458 Rubinstein, *Il governo*, S. 131–133 (über Pallas Ablehnung, an der Verschwörung Girolamo Machiavellis teilzunehmen, ebenda S. 165).

Palla Strozzis Testamente von 1447 und 1462 sind auszugsweise publiziert in Jones, *Palla Strozzi e la sagrestia di Santa Trinita*, S. 92–105; zum Häuschen in Arquà und zur Villa in Trefiano A. Lillie, *Memory of Place. Luogo and Lineage in the Fifteenth-Century Florentine Countryside*, in *Art, Memory, and Family in Renaissance Florence*, hrsg. von Giovanni Ciappelli und P. L. Rubin, Cambridge 2000, S 205–210, 213, sowie für Trefiano dies., *Florentine Villas*, S. 81 f. (hier, S. 15, auch Bemerkungen zur Rolle der Frauen bei der Wahrung des Besitzes im Falle einer Verbannung).

Sippenhaft

Zum Geschick von Palla Strozzis Söhnen Gregory, *A Florentine Family*, S. 222–232; zu den genaueren Umständen von Lorenzo Strozzis Ermordung dies., *Palla Strozzi's Patronage*, S. 205 f.; die Niccolò betreffenden testamentarischen Dispositionen in Jones, *Palla Strozzi e la sagrestia di Santa Trinita*, S. 100–102; zu Carlo Strozzis Kanonikat in Padua siehe Fiocco, *La casa di Palla Strozzi*, S. 365, 380.

Zur Partnerschaft Giovanfrancesco Strozzis mit Giovanni Rucellai dieser selbst in *Giovanni Rucellai e il suo Zibaldone*, I, S. 53, sowie Kent, *The Making*, S. 24, 35 f., (ebenda, S. 77 f., über den Vergleich mit Niccolò, Bardo und Lorenzo Strozzi); Giovanfrancescos Teilnahme am Rückkehrversuch von 1467 verzeichnet Marco Parenti, *Ricordi storici*, S. 137 und 148; darüber auch Niccolò Machiavelli in *Istorie fiorentine*, S. 481 f., sowie Lorenzo Strozzi, *Le vite degli uomini illustri*, S. 60 f.; zum Verkauf von Pallas Büchern H. Gregory, *A Further Note on the Greek Manuscripts of Palla Strozzi*, in *Journal of the Warburg and Courtauld Institutes*, XLIV, 1981, S. 183–185, sowie Fiocco, *La casa di Palla Strozzi*, S. 375–378. Zu Bardo Strozzis 1494 erhobenen Ansprüchen siehe F. W. Kent, «*Più superba de quello de Lorenzo*», S. 319 f., sowie, Poggio a Caiano betreffend, ders., *Lorenzo de' Medici and the Art of Magnificence*, Baltimore 2004, S. 74, 188. Zu den Verbindungen mit den Strozzi von Ferrara siehe auch L. Fabbri, *The Memory of Exiled Families*, in *Art, Memory and Family in Renaissance Florence, cit.*, S. 253–261.

Über die Rolle der Schwiegersöhne Palla Strozzis in den Jahren 1433/34 Cavalcanti, *Istorie fiorentine, ad indicem*; zu den Heiraten der Töchter Gregory, *A Florentine Family*, S. 102–107. Giovanni Rucellai über seinen Schwiegervater in *Giovanni Rucellai e il suo Zibaldone*, I, S. 63 f.; über seine Hochzeit mit Jacopa Strozzi vgl. auch Kent, *The Making*, S. 22 ff.; zu Felice Brancaccis Schicksal und seinen Töchtern A. Molho, *The Brancacci Chapel: Studies in its Iconography and History*, in *Journal of the Warburg and Courtauld Institutes*, 40, 1977, S. 69–98, 322; zur Verheiratung seiner Tochter Ginevra Kent, *The Making*, S. 24; Francesco Caccinis Tod meldet Alessandra Macigni in *Lettere*, S. 538 (*Briefe*, S. 277); vgl. auch Rubinstein, *Il governo*, S. 23 (Castellani), 54 (Jacopo di Tommaso Sacchetti), 55, 149 (Rucellai), 132 (Caccini); über Rucellais prekäre politische Situation im Florenz Cosimo de' Medicis er selbst in *Giovanni Rucellai e il suo Zibaldone*, I, S. 122.

Glück und Unglück Matteo Strozzis

Eine kurze Vita Matteo Strozzis in Vespasiano da Bisticci, *Vite degli uomini illustri*, S. 403 f. Eine genealogische Tafel der mit Matteo enger verwandten Strozzi in Fabbri, *Alleanza matrimoniale*.

Zum Wohnhaus von Simone und Matteo Strozzi siehe Lillie, *Florentine Villas*, S. 84, 306, Anm. 25; zu ihren geschäftlichen Aktivitäten Goldthwaite, *Private Wealth*, S. 35–52. Biografische Angaben zu Matteo finden sich im Vorwort zur Ausgabe der *Lettere*, S. XV–XXII; vgl. auch Crabb, *The Strozzi of Florence*, S. 26 ff., 43–47. Zwei Bücher mit Aufzeichnungen Matteo Strozzis sind im Archivio di Stato in Florenz unter folgender Signatur aufbewahrt: *Carte Strozziane*, Serie V, Nr. 11 («private Angelegenheiten», enthält Ausgaben für Frau und Kinder, für Ammen, Kleidung usw.; die Geburtsdaten der Kinder cc. 20v, 93v, 58v, 93v, 119r, 132r, 141v) sowie Nr. 12 (hier cc. 40–42 Matteos Aufzeichnungen betreffend seine Verbannung und sein Exil in Pesaro).

Zu Matteo Strozzis humanistischen Interessen und Freundschaften C. Bec, *Les marchands écrivains à Florence, 1375–1434*, Paris/Den Haag 1967, *ad indicem*, sowie ders., *Cultura e società a Firenze nell'età della Rinascenza*, Rom 1981, S. 131–142, 164–166; zu seinen Verbindungen zu Francesco Filelfo siehe außerdem Zippel, *Il Filelfo*, S. 22.

Eine Witwe in Nöten

Zur patrimonialen Lage und den Umzügen Alessandra Macignis vgl. *Lettere*, S. XXIV f. (die von mir verwendete Namensform «Macigni» statt «Macinghi» wie im Titel der Ausgabe der *Lettere* ist die in den zeitgenössischen Dokumenten gebräuchliche); das Inventar des Hauses findet sich im Buch der Einkünfte und Ausgaben, das Alessandra selbst führte (*Carte Strozziane*, Serie V, Nr. 15, cc. 80 f.).

Drei Strozzi in fremden Ländern

Von Jacopo, Filippo und Niccolò Strozzi ist in zahlreichen Briefen Alessandra Macignis die Rede; vgl. auch die diesbezüglichen Anmerkungen des Herausgebers Cesare Guasti. Weitere Informationen über die Geschäfte und Heiraten der drei Brüder finden sich in Fabbri, *Alleanza matrimoniale, ad indicem*, sowie in Crabb, *The Strozzi of Florence*, S. 86–88, 106, 110–115. Alessandra Macignis Kommentar zu Filippos Ehe mit Filippa Bischeri in *Lettere*, Nr. 53, S. 470 f. (*Briefe*, Nr. 54, S. 230 f.); zu Filippa Bischeris freundlichem Wesen Crabb, *The Strozzi of Florence*, S. 106. Über die Ankunft und Verheiratung von Jacopos unehelicher Tochter Isabella wird berichtet in *Lettere*, Nr. 9. S. 111, sowie Nr. 13, S. 145 (*Briefe*, Nr. 10, S. 46, und Nr. 14, S. 62); die Bemerkung über Niccolòs Vorliebe für Kapaune findet sich in Lorenzo Strozzis Brief aus Valencia vom 28. April 1446 (*Lettere*, S. 30).

Zeit der Lehre, Zeit der Trennung

Das Datum von Filippos Abreise in *Lettere*, Nr. 11, S. 127 (*Briefe*, Nr. 12, S. 52); hier auch die Angabe der Geburtsdaten der Kinder, die Alessandra offenbar dem Familienbuch ihres Gatten entnahm. Filippos erster Brief in Crabb, S. 106 f.

Jacopo Strozzis Brief zitiert Fabbri, *Alleanza matrimoniale*, S. 21, Anm. 42. Der Brief Filippos an seine Mutter mit dem Datum 14. August 1446 ist auszugsweise gedruckt in *Lettere*, S. 25–27 (*Briefe*, S. 7); hier auch der Brief Lorenzos aus Valencia vom 28. April 1446, S. 27–30 (*Briefe*, S. 7–9). Alessandra an Lorenzo über Matteo am 27. Februar 1452 in *Lettere*, Nr. 11, S. 125–130 (*Briefe*, Nr. 12, S. 51–54); Auszüge aus dem Brief von Jacopo S. 133 (*Briefe*, S. 55); zu Lorenzos Unglücklichsein in Brügge siehe Crabb, *The Strozzi of Florence*, S. 130.

Die sorgenvolle Diskussion über Matteos Zukunft zieht sich durch fast alle Briefe aus den Jahren 1447–1452: *Lettere*, Nr. 1–10 und I. Del Lungo, *Una lettera della Alessandra Macigni negli Strozzi*, Florenz 1890, S. 7–9 (*Briefe*, Nr. 1–11). Zu Matteos Krankheit und Tod siehe *Lettere*, S. 172, sowie Nr. 17, S. 177–183 (*Briefe*, Nr. 18, S. 76–81), und die in den betreffenden Anmerkungen auszugsweise gedruckten Briefe von Francesco Strozzi und Marco Parenti. Der vollständige Text von Parentis Briefen an Filippo und Lorenzo Strozzi vom 1. September 1459 in Parenti, *Lettere*, S. 46–49.

Heiratsangelegenheiten

Zu Caterina Strozzis Heirat siehe *Lettere*, Nr. 1, S. 3–9 (*Briefe*, Nr. 1, S. 1–4) und die beigefügten Anmerkungen und Dokumente, darunter Auszüge aus dem Familien- und Ausgabenbuch Marco Parentis, S. 10–31 bzw. 4–9; über die Sitte der Hochzeitsgaben vgl. C. Klapisch-Zuber, *Le complexe de Griselda. Dot et dons de mariage au Quattrocento*, in *Mélanges de l'Ecole française de Rome, Moyen Age – Temps modernes*, 94, 1982, S. 7–43 (deutsch in *Das Haus, der Name, der Brautschatz*, Frankfurt a. M. 1998). Zur Teilnahme Parentis an humanistisch-literarischen Zirkeln Vespasiano da Bisticci, *Vite degli uomini illustri*, S. 432; biografische Daten über ihn in der Einleitung zur Ausgabe seiner *Lettere* (S. 3 die zitierte Stelle aus dem Brief an Filippo Strozzi); sein Geschichtswerk ist gedruckt unter dem Titel *Ricordi storici 1464–1467* (Rom 2001). Über die Heirat Alessandra Strozzis mit Giovanni Bonsi siehe *Lettere*, Nr. 10, S. 115–118 (*Briefe*, Nr. 11, S. 48–50), mit den diesbezüglichen Anmerkungen; über Giovanni Bonsis verzweifelte wirtschaftliche Lage *Lettere*, Nr. 66, S. 559–562 (*Briefe*, Nr. 67, S. 291–294); Geburts- und Todesdatum von Giovanni Bonsi in Fabbri, *Alleanza matrimoniale*, S. 210; zur Verheiratung Maddalena Bonsis vgl. Gregory, *Chi erano gli Strozzi*, S. 28; zu Donato Bonsi *Lettere*, S. 122.

Filippo Strozzis Aufstieg

Für die Zeit zwischen dem 27. Februar 1452 und dem 9. September 1458 sind keine Briefe Alessandra Macignis erhalten. Im September 1458 ist von einem Besuch Lorenzos in Florenz die Rede (*Lettere*, Nr. 12, S. 135, *Briefe*, Nr. 13, S. 56). Er war wie Filippo auch 1454 in Florenz, um seiner Mutter im Erbstreit mit den Macigni beizustehen. Seit Anfang 1459, nach der neuerlichen Verbannung, wird der Briefverkehr kontinuierlicher (*Lettere* Nr. 13 ff., S. 143 ff., bzw. *Briefe*, Nr. 14 ff., S. 61 ff.). Filippos Stellungnahme zum Bann in einem Brief vom 18. November 1458, gedruckt in *Lettere*, S. XXXIII, bzw. *Briefe*, S. 59 f. Zu Filippo Strozzis geschäftlichen Anfängen in Neapel siehe Goldthwaite, *Private Wealth*, S. 53–56 (hier auch die Erwähnung des Privilegs von 1463); vgl. dazu auch Lorenzo Strozzi, *Le vite degli uomini illustri*, S. 63–69; dieser erzählt auch von einem ersten Aufenthalt des jungen Filippo bei Matteo Brandolini in Palermo, für den es aber keine sonstigen Belege gibt. Verstreute Informationen über Filippo Strozzis frühe Tätigkeiten in Neapel finden sich in der Korrespondenz mit seiner Mutter und anderen Verwandten.

Florentiner Krisen und enttäuschte Hoffnungen

Die Manöver zur Aufhebung des Banns sind ein durchgehendes Thema ab *Lettere* Nr. 36 vom 15. September 1464, S. 323 ff. (*Briefe* Nr. 37, S. 146 ff.), bis hin zu *Lettere* Nr. 69 bzw. *Briefe* Nr. 70 vom 15. Februar 1466. Danach tut sich wieder eine zweijährige Lücke in der Korrespondenz auf.

Die Instruktionen an Filippo über die zu unternehmenden Schritte in *Lettere* Nr. 43 vom 7. Februar 1465, S. 375–378 (*Briefe*, Nr. 44, S. 175–177).

Von Antonio de' Medicis Lehre in Neapel ist in den Briefen Nr. 14, S. 151, und 16, S. 166 (*Briefe* Nr. 15 und 17, S. 64 und 72), die Rede, dann wieder in den Briefen Nr. 25–26, S. 249 f. (Lob Bernardos) und S. 256 (*Briefe*, Nr. 26–27, S. 106 f. und 111).

Zur Lucrezia-Donati-Affäre siehe Walter, *Der Prächtige*, S. 72–80; Alessandras ironische Bemerkung steht in einem Brief vom 29. März 1465, *Lettere*, Nr. 44, S. 386, bzw. *Briefe*, Nr. 45, S. 181.

Die Flachslieferung an Lucrezia Tornabuoni wird in *Lettere*, Nr. 45, S. 396 (*Briefe*, Nr. 46, S. 187), erwähnt. Ihre beiden Briefe an Filippo Strozzi sind vollständig ediert in: Lucrezia Tornabuoni, *Lettere*, hrsg. von P. Salvadori, Florenz 1993, Nr. 10–11, S. 60 f. Die zwischen Piero de' Medici und Filippo Strozzi gewechselten Briefe sowie König Ferrantes Fürbitte für die Strozzi und Pieros Antwort an den König in *Lettere*, S. 412–416. Zu den Besuchen Federico d'Aragonas in Florenz und die bei ihm und von ihm unternommenen Schritte *Lettere*, Nr. 45, S. 397–404 (*Briefe*, 46, S. 187–190), und vor allem die ausführlichen Briefe Marco Parentis an Filippo Strozzi in Parenti, *Lettere*, Nr. 30–31, S. 60–64, Nr. 37, S. 76–92. Alessandra über Piero de' Medicis Unzuverlässigkeit in *Lettere*, Nr. 46, S. 405 f., sowie Nr. 48, S. 436 (*Briefe*, Nr. 47, S. 191, und Nr. 49, S. 207).

Zur Bedeutung der Seeschlacht bei Ischia – der Sieg wurde auch in Florenz mit Erleichterung aufgenommen – siehe *Lettere*, Nr. 51 (17.8.1465), S. 458, sowie die Anm. A, S. 462.

Zur Identifizierung der Caterina Tanagli auf Memlings Triptychon und dem Schicksal dieses Gemäldes siehe A. Warburg, *Flandrische Kunst und florentinische Frührenaissance. Studien. I*, in *Ausgewählte Schriften und Würdigungen*, hrsg. von D. Wuttke, Baden-Baden 1992, S. 103–124. Zu Agnolo Tani und seinen geschäftlichen Verbindungen zu den Medici vgl. auch De Roover, *Il banco Medici*, ad indicem.

Heimkehr nach Florenz

Zur Krise der Jahre 1464–1466 siehe Rubinstein, *Il governo*, S. 165–210; vgl. auch Walter, *Der Prächtige*, S. 58–63. Marco Parenti über die Vorkommnisse von 1465/66 in seinen *Ricordi storici*, S. 88–92, 122–139; Anspielungen auf die politische Lage finden sich in fast allen Briefen Alessandra Macignis aus dieser Zeit. Über ihr Verhältnis zu Niccolò Soderini und zur Stiefschwester Ginevra, dessen Frau, siehe Crabb, *The Strozzi of Florence*, S. 74–76.

Eine Liste der am 20. September 1466 Begnadigten findet sich in Parenti, *Ricordi storici*, S. 138 f., das betreffende Edikt, aber ohne die Namen, auch in *Lettere*, S. 581 f. (ebenda der Brief Filippo Strozzis aus Siena vom 27.11.1466); der Brief Ferrante d'Aragonas an Lorenzo de' Medici vom 13. September 1466 in E. Pontieri, *La dinastia aragonese di Napoli e la casa de' Medici di Firenze*, in *Archivio storico per le province napoletane*, 26, 1940, S. 288 f.; Reproduktionen der Originalbriefe von Filippo Strozzi an Lorenzo de' Medici vom 13. September sowie an Piero de' Medici vom 26. September 1466 in Pane, *La tavola Strozzi*, S. 160. Das Datum der Hochzeit Filippo Strozzis mit Selvaggia Gianfigliazzi in Fabbri, *Alleanza matrimoniale*, S. 216. Siehe dazu auch Crabb, *The Strozzi of Florence*, S. 211 f.

Zur Schneeballschlacht Marietta Strozzis mit ihren Verehrern vgl. I. Del Lungo, *La donna fiorentina del buon tempo antico*, 2. Aufl., Florenz 1926, S. 110 f.; zum «Triumph» ebd., S. 207 f., sowie I. Walter/R. Zapperi, *Das Bildnis der Geliebten*, München 2007, S. 30–32. Von Marietta ist in zahlreichen Briefen Alessandra Strozzis und in den diesbezüglichen Anmerkungen die Rede (*Lettere*, S. 275, 281, 295, 297 f., 314, 345, 380, 437, 502, 515, 573, 589 f., 594–598); vgl. auch Crabb, *The Strozzi of Florence*, S. 198–203. Über die Büste zuletzt A. V. Coonin, *The Most Elusive Woman in Renaissance Art: A Portrait of Marietta Strozzi*, in *Artibus et Historiae*, 30, 2009, S. 41–64 (der Verfasser hält die in Berlin aufbewahrte Büste für ein Werk Antonio Rossellinis, dagegen eine andere Büste von Desiderio da Settignano, aufbewahrt heute im Museo del Bargello in Florenz, für die von Vasari erwähnte Büste der Marietta Strozzi (vgl. Vasari, *Le vite*, II, S. 303).

Zur angestrebten Heirat Lorenzos mit Marietta Strozzi siehe *Lettere*, Nr. 71, vom 8. Mai 1469, S. 589–594, mit den diesbezüglichen Anmerkungen S. 594–596, hier der Brief Filippo Strozzis vom 27. Februar 1469, in welchem er dringend von dieser Ehe abrät, und Lorenzos Replik vom 14. März 1469 (*Briefe*, Nr. 72, S. 313–318); der Brief Marco Parentis an Filippo Strozzi vom 11. August 1469 über die Schwierigkeiten der Brautsuche in Parenti, *Lettere*, S. 195–198; Parentis Erwähnung der vollzogenen Hochzeit Lorenzos in einem Brief vom 12. Juli 1470, ebenda, S. 217; das Urteil über Antonias Wesen und Aussehen in *Lettere*, S. 597 f.; vgl. zu allem auch Fabbri,

Alleanza, S. 23–25, 166, 210, 213 216, sowie Crabb, *The Strozzi of Florence*, S. 200–204.

Filippo Strozzis Eintrag über den Tod seiner Mutter in *Lettere*, S. XL, und S. 610–612 über ihre Hinterlassenschaften; zu ihren Testamenten *Lettere*, S. 317–321 (*Briefe*, S. 144 f.).

Des Königs Bankier

Zu Filippo Strozzis Vermögensverhältnissen vgl. Goldthwaite, *Private Wealth*, S. 58–65. Über Niccolò Strozzis Testament und Grabinschrift in *Lettere*, S. XXXI f. und Anm. 31; hierzu und zu Lionardo Strozzi vgl. *Lettere*, S. 338, 408, 436, sowie Crabb, *The Strozzi of Florence*, S. 130, 135, 216, 226.

Zur Bank und zum Haus in Neapel M. Del Treppo, *Il re e il banchiere. Strumenti e processi di razionalizzazione dello Stato aragonese di Napoli*, in *Spazio, società e potere nell' Italia dei comuni*, hrsg. von G. Rossetti, Neapel 1986, S. 229–304 (bei Del Treppos Studie handelt es sich im Wesentlichen um eine Auswertung des Geschäftsbuchs von 1473, publiziert von A. Leone mit dem Titel *Il Giornale del Banco Strozzi di Napoli [1473]*, Neapel 1981), sowie M. Jacoviello, *Affari di Medici e Strozzi nel regno di Napoli nella seconda metà del Quattrocento*, in *Archivio storico italiano*, 144, 1986, S. 169–196; zur Medici-Filiale in Neapel vgl. De Roover, *Il banco Medici*, S. 368–373. Vom Haus in Neapel, der Gastfreundschaft und dem Garten erzählt Lorenzo Strozzi in *Le vite degli uomini illustri*, S. 66 f.; vgl. auch A. Lillie, *Vita di palazzo, vita in villa: l' attività edilizia di Filippo il Vecchio*, in *Palazzo Strozzi. Metà millennio*, S. 176 und Anm.; die Kochkünste der Sklavin Marina werden erwähnt in *Lettere*, Nr. 28, S. 274 (*Briefe*, Nr. 29, S. 117 f.).

Zum «lettuccio» M. Del Treppo, *Le avventure storiografiche della Tavola Strozzi*, in *Scritti in onore di Pasquale Villani*, hrsg. von P. Macry/A. Massafra, Bologna 1994, S. 483–515 (benutzt in der von «Reti medievali» bereitgestellten digitalen Form), dort auch die Liste der Geschenke und der Empfänger; Marco Parenti über den «lettuccio» am 12. April 1473 an Filippo in Parenti *Lettere*, S. 237 f. Über die «tavola» siehe jetzt die ausführliche Studie von Pane, *La Tavola Strozzi*.

Rehabilitierung und Neubeginn

Zu den politischen Schwierigkeiten nach der Rückkehr H. Gregory, *The Return of the Native: Filippo Strozzi and Medicean Politics*, in *Renaissance Quarterly*, 38, 1, 1985, S. 1–21; zum «scrutinio» von 1471/72 Rubinstein, *Il governo*, S. 231–235, hier (S. 377–384) auch die Aufzeichnungen Piero Guicciardinis, die Strozzi sind S. 378 erwähnt.

Filippo Strozzis Bericht über die Pazzi-Verschwörung und seine Reise nach Neapel ist gedruckt in *Vita di Filippo Strozzi il Vecchio*, S. 55–59; zur Reise nach Neapel vgl. auch Lorenzo de' Medici, *Lettere*, IV, hrsg. von N. Rubinstein, Florenz 1981, ad indicem; der den *Monte* betreffende Brief Filippo Strozzis an Lorenzo de' Medici in Lorenzo de' Medici, *Lettere*, VIII, hrsg. von H. Butters, Florenz 2001, S. 32–35 (S. 68 Alfonso Strozzi im Gefolge Piero de' Medicis); zum Kredit an die *Ufficiali* von 1487–1489 siehe Goldthwaite, *Private Wealth*, S. 66; über Filippo Strozzis Villen, deren Einrichtung sowie die Baumaßnahmen in Santa Maria delle Selve und Lecceto Lillie, *Florentine Villas*, S. 81–146; dazu E. Borsook, *Documenti relativi alle cappelle di Lecceto e delle Selve di Filippo Strozzi*, in *Antichità viva* 9, 1970, S. 3–20. Zu Fiammetta Adimaris Tod und zur Heirat mit Selvaggia Gianfigliazzi vgl. Crabb, *The Strozzi of Florence*, S. 211 f., sowie Fabbri, *Alleanza matrimoniale*, S. 166, 181 f., 216; über Lorenzo Strozzis Tod in Neapel ebenda, S. 225; zu seinem Begräbnis in der Chiesa dell'Ascensione, wo wahrscheinlich auch Matteo Strozzi begraben war, vgl. Borsook, *Documenti*, cit., S. 10, Anm. 14; zu den beiden Porträtbüsten dies., *Ritratto di Filippo Strozzi il Vecchio*, in *Palazzo Strozzi. Metà Millennio*, S. 9 f. (S. 3 Filippos Klagen über die Verfolgung durch die Fortuna).

Der Palast

Zum Bau des Palazzo Strozzi siehe vor allem G. Pampaloni, *Palazzo Strozzi*, sowie Goldthwaite, *The Building*; dazu B. Preyer, *I documenti sulle fondamenta di Palazzo Strozzi*, in *Palazzo Strozzi. Metà Millennio*, S. 195–213; zuletzt über den Palast die Publikation: *Palazzo Strozzi, Cinque secoli di arte e cultura*, hrsg. von G. Bonsanti, Florenz 2005. In deutscher Sprache liegt vor: A. Markschies, *Gebaute Pracht. Der Palazzo Strozzi in Florenz* (1489–1534), Freiburg i. Br. 2000.

Zur besonderen Lage des Palasts C. Elam, *Palazzo Strozzi nel contesto urbano*, in *Palazzo Strozzi. Metà Millennio*, S. 183–194; vom Neid Lorenzo de' Medicis schreibt Lorenzo Strozzi, *Le vite degli uomini illustri*, S. 71 f.; vgl. auch F. W. Kent, *Lorenzo de' Medici and the Art of Magnificence*, Baltimore-London 2007, S. 139 f.; das Verzeichnis der Immobilienkäufe, die Erlaubnis der *Ufficiali della Torre* zur Begradigung, die Vermittlung Lorenzo de' Medicis, das Horoskop und Filippos persönliche Aufzeichnungen zum Baubeginn in *Vita di Filippo Strozzi il Vecchio*, S. 70–76; die Lorenzo de' Medici betreffende Testamentsklausel ebenda, S. 65–67; zum Erwerb und Umbau der Nebenhäuser Goldthwaite, *The Building*, S. 106 f. Zu Lorenzo de' Medicis Baupolitik F. W. Kent, *Lorenzo de' Medici*, cit., S. 79–111; über das von den Ferrareser Strozzi bekundete Interesse ders., «*Più superba de quella de Lorenzo*», S. 311–323 (über Bardo Strozzis Bemühungen S. 319 f.).

Die Übersetzung der Stelle aus den *Ricordanze* des Tribaldo de' Rossi folgt dem italienischen Text in Pampaloni, *Palazzo Strozzi*, S. 94 f.; Luca Landuccis Klagen sind wiedergegeben nach Landucci, *Ein florentinisches Tagebuch*, S. 88 f.; zu Simone del Pollaiuolo («il Cronaca») als Architekten des Palasts Vasari in *Le vite*, II, S. 828–831.

Zur Kapelle in Santa Maria Novella E. Borsook, *Documents for Filippo Strozzi's Chapel in Santa Maria Novella and Other Related Papers*, I, in *The Burlington Magazine*, Vol. 112, Nr. 812, 1970, S. 737–747; II, *The Documents*, ebenda, vol. 112, Nr. 813, S. 800–804, sowie R. S. Sale, *Filippino Lippi's Strozzi Chapel in Santa Maria Novella*, New York/London 1979.

Filippo Strozzis Erben

Das Begräbnis beschreibt Lorenzo Strozzi in *Le vite degli uomini illustri*, cit., S. 75; vgl. auch S. T. Strocchia, *Death and Ritual in Renaissance Florence*, Baltimore-London 1992, S. 194–196; Auszüge aus dem Testament in *Vita di Filippo Strozzi il Vecchio*, S. 63–68; vgl. auch Pampaloni, *Palazzo Strozzi*, S. 101–103; über die Fortschritte des Baus und das weitere Schicksal des Palasts ebenda, S. 103–116; Aufstellung der Kosten in Goldthwaite, *The Building*, S. 189; über Selvaggia Gianfigliazzis Verwaltung des Vermögens ders., *Private Wealth*, S. 75–79; über Alfonsos geschäftliche Aktivitäten ebenda S. 60, 62, sowie Jacoviello, *Affari di Medici e Strozzi*, S. 183.

Über Filippo Strozzis Kindheit und Jugend: Lorenzo Strozzi, *Vita di Filippo Strozzi*,

S. X f.; über die Jugend Lorenzo Strozzis Francesco Zeffi, *Di Lorenzo Strozzi … ragionamento*, S. VIII–XII (hier S. XI die Beschreibung des «Trionfo della morte», den Zeffi dubitativ auf das Jahr 1506 datiert); Vasari in *Le vite*, II, S. 646–649, nennt dagegen die Namen der Veranstalter nicht. Zu Lorenzo Strozzis literarischen Werken siehe A. Gareffi, *La scrittura e la festa. Teatro, festa e letteratura nella Firenze del Rinascimento*, Bologna 1991, S. 107–154.

Zwei folgenreiche Ehen

Zu den Ereignissen nach Lorenzos Tod siehe Walter, *Der Prächtige*, S. 294–298; zur Verlobung Lorenzo Strozzis mit Lucrezia Rucellai Guicciardini, *Storie fiorentine*, S. 186 f., sowie Fabbri, *Alleanza matrimoniale*, S. 26, 180, 185, 213, 217. Die Festlichkeiten beschreibt Zeffi, *Di Lorenzo Strozzi … ragionamento*, S. X f.

Der ausführlichste zeitgenössische Bericht über die Heirat von Filippo Strozzi mit Clarice de' Medici, ihre Vorgeschichte und ihre politischen Implikationen findet sich in Guicciardini, *Storie fiorentine*, S. 471–484; etwas konfuser, aber mit zusätzlichen Nachrichten Cerretani, *Storia fiorentina*, S. 359–361; siehe über die ganze Affäre auch Lorenzo Strozzi, *Vita di Filippo Strozzi*, S. XI–XXXV; die Rede Filippo Strozzis vor den «Otto» ebenda S. XX–XXII. Auf diesen Berichten sowie auf zeitgeschichtlichen Dokumenten basiert der grundlegende Aufsatz von M. M. Bullard, *Marriage Politics and the Family in Florence: The Strozzi-Medici Alliance of 1508*, in *The American Historical Review*, 84, 1979, S. 668–687, vgl. dazu auch dies., *Filippo Strozzi and the Medici*, S. 45–60; zur finanziellen Seite der Heirat Fabbri, *Alleanza familiare*, S. 211, 213, 218.

Den Zusammenhang der zwei in Berlin aufbewahrten Tafeln mit der Strozzi-Medici-Heirat hat P. Helas, *«… nicht aus reiner Lust …» Die Berliner Tafeln mit der Geschichte des Tobias als Gesellschaftsentwurf*, in *Zeremoniell und Raum in der frühen italienischen Malerei*, Petersberg 2007, S. 68–81, mit überzeugenden Gründen vertreten.

Im Schlepptau der Medici

Zur Lage in Italien, besonders hinsichtlich der Rückwirkungen auf Florenz, G. Capponi, *Storia della Repubblica di Firenze*, III, Florenz 1875, S. 94–127; zahlreiche Berichte zeitgenössischer Chronisten über die Ereignisse von 1512 finden sich in Landucci, *Ein florentinisches Tagebuch* bzw. im umfangreichen Anmerkungsapparat zu diesem Text, S. 216–245.

Zu den Verfassungsänderungen von 1512 und dem «System» der Medici Albertini, *Das florentinische Staatsbewußtsein*, S. 31–48; Lorenzo Strozzi beschreibt Filippo Strozzis Rolle dabei in *Vita di Filippo Strozzi*, S. XXIX–XXXIII; die zitierten Briefe Filippo Strozzis sind gedruckt in Bardi, *Filippo Strozzi*, S. 33–38; über Filippo Strozzis Aufstieg als Financier ausführlich M. M. Bullard, *Filippo Strozzi and the Medici*, S. 64–90.

Vier Briefe der Camilla Pisana an Filippo sowie dreiundzwanzig Briefe derselben an Francesco Del Nero sind gedruckt in *Lettere di cortigiane del secolo XVI*, hrsg. von L. A. Ferrai, Florenz 1884, Nr. I–XXVIII; über Clarice de' Medicis Reaktionen und andere erotische Abenteuer Filippos M. M. Bullard, *Filippo Strozzi il Giovane, l' uomo e le sue lettere*, in *Palazzo Strozzi. Metà Millennio*, S. 34 f. (hier, S. 33 f., auch Auszüge von Briefen aus Frankreich); zu Francesco Del Nero vgl. V. Arrighi in *Dizionario biografico degli italiani*, 38, Rom 1990, S. 174–176; Cerretani verurteilt die Ausschweifungen Filippo Strozzis und seiner Clique in *Ricordi*, S. 356; über das Verhältnis zu Tullia d'Aragona Ferrai, *Lorenzino de' Medici*, S. 91–93 und S. 454; vgl. auch M. Kurzel-Runt-scheiner, *Töchter der Venus. Die Kurtisanen Roms im 16. Jahrhundert*, München 1995, S. 67, 73 f., 162.

Über Filippo Strozzis enge Beziehungen zu Lorenzo de' Medici sowie über Filip-pos Charaktereigenschaften, Interessen und Neigungen Lorenzo Strozzi in *Vita di Filippo Strozzi*, S. XXXIV–XXXVII und S. CXX–CXXII; zur Gesandtschaft von 1515 Devonshire Jones, *Francesco Vettori*, S. 117–121.

Republikanische Versuchungen

Zu Alfonsina Orsini siehe P. Helas, *Alfonsina Orsini de' Medici. Von der Witwe im Exil zur «Regentin» von Florenz*, in *Die Kunst des Regierens. Politik und Mäzenat der Frauen des Hauses Medici*, hrsg. von C. Strunk (noch nicht erschienen; ich danke der Verfasserin, dass ich die Studie im Manuskript lesen konnte); Filippo Strozzis Brief über den Tod Alfon-sinas ist gedruckt in Bardi, *Filippo Strozzi*, S. 19–21 (der dort wiedergegebene lateini-sche Text des Epitaphs lautet: «Alfonsinae Ursinae cuius obitum nemo, vitam defle-vit omnis, iocundissimum humani generi saluberrimumque depositum»); Alfonsinas Habsucht tadeln Masi in *Ricordanze di Bartolomeo Masi, calderaio fiorentino, dal 1478 al 1526*, hrsg. von G. O. Corazzini, Florenz 1906, S. 244 f., und Cerretani, *Ricordi*, S. 320.

Grundlegend zu den «Orti Oricellari» F. Gilbert, *Bernardo Rucellai and the Orti Oricel-lari. A Study in the Origin of Modern Political Thought*, in *Journal of the Warburg and Courtauld Institutes*, 65, 1949, S. 101–131; siehe auch R. M. Comanducci, *Gli Orti Oricellari*, in *Inter-pres. Rivista di Studi Quattrocenteschi*, XV, 1995, S. 302–358; im Hinblick auf die von Machi-avelli in den *Discorsi* geäußerten Ideen siehe Albertini, *Das florentinische Staatsbewußtsein*, S. 84 f. Der Brief Filippo Strozzis an Machiavelli vom 31. März 1526 in Niccolò Ma-chiavelli, *Lettere*, hrsg. von F. Gaeta, Mailand 1961, Nr. 213, S. 459–461; über Strozzis Intervention für Machiavelli bei Clemens VII. ebenda, Nr. 198, S. 421.

Eine ausführliche Darstellung der italienischen Kriege und Verhältnisse seit der Liga von Cognac bis zum Tod Clemens' VII. in Pastor, *Geschichte der Päpste*, IV, 2, S. 212–393; Francesco Guicciardini, damals engster Berater Clemens' VII. und päpst-licher Kommissar beim Heer der Liga in der Lombardei, schildert die Ereignisse der Jahre 1526/27 in seiner *Storia d' Italia*, hrsg. von S. Seidel Menchi, III, Turin 1971, S. 1702–1870; eine anschauliche Beschreibung des Aufstands der Colonna und der darauffolgenden Ereignisse findet sich in F. Gregorovius, *Geschichte der Stadt Rom im Mittelalter*, hrsg. von W. Kampf, III, 2, München 1978, S. 576 ff. (Buch 14, Kapitel 6).

Über Filippo Strozzis Geiselhaft und seine Rolle bei der Vertreibung der Medici im Jahr 1527 bis zur Belagerung von Florenz schreibt Lorenzo Strozzi in *Vita di Filippo Strozzi*, S. XXXIX–LVIII; einige seiner Briefe aus Neapel sowie den Brief aus Lucca publiziert Bardi, *Filippo Strozzi*, S. 39–61. Vgl. hierzu auch Ranke, *Filippo Strozzi*, S. 368–372; Albertini, *Das florentinische Staatsbewußtsein*, S. 104 ff., 123 f., 180 f., sowie Devonshire Jones, *Francesco Vettori*, S. 184–225.

Zu Michelangelos Rolle als Vorsitzender des Kriegsrats der «Dieci della guerra» sowie seinen Zeichnungen für eine neue Befestigungsanlage siehe H. Bredekamp, *Im Zustand der Belagerung. Michelangelos Prinzip der Kompilation*, in *Das Modell in der bildenden Kunst des Mittelalters und der Neuzeit. Festschrift für Herbert Beck*, Petersberg 2006, S. 65–83. Über die Strozzi-Niederlassung in Lyon Goldthwaite, *Private Wealth*, S. 94–97.

«Der reichste Kaufmann der Christenheit»

Zu den Zuständen in Florenz nach der Kapitulation bis zur Abschaffung der Republik Albertini, *Das florentinische Staatsbewußtsein*, S. 178 ff. (Rolle Strozzis S. 183, 192–194), sowie Devonshire Jones, *Francesco Vettori*, S. 226 ff.; zur Finanzierung des florentinischen Kriegs und zu den Finanzoperationen mit Clemens VII. siehe Bullard, *Filippo Strozzi and the Medici*, S. 154–158; vgl. auch Bardi, *Filippo Strozzi*, S. 71.

Lorenzo Strozzi über die Rolle seines Bruders als Mittelsmann Clemens' VII. in *Vita di Filippo Strozzi*, S. LVIII–LXVI; zum Bau der «Fortezza da Basso» und ihrer Funktion vgl. J. R. Hale, *The End of the Florentine Liberty: The Fortezza da Basso*, in: *Florentine Studies. Politics and Society in Renaissance Florence*, hrsg. von N. Rubinstein, London 1968, S. 501–532; der Brief an Francesco Vettori vom 28. Januar 1532 mit dem Bericht über die Beratungen für eine neue Staatsform in Niccolini, *Filippo Strozzi*, S. 183–185.

Nachrichten über die frühe Kindheit Caterina de' Medicis finden sich in Bardi, *Filippo Strozzi*, S. 20, 22, 40, sowie bei G. Pieraccini, *La stirpe de' Medici di Cafaggiolo*, I, Florenz 1924, S. 483 f.; zum Anspruch Franz' I. auf Urbino als Erbe Caterinas sowie zu den verschiedenen Eheplänen Clemens' VII. für diese siehe Pastor, *Geschichte der Päpste*, IV, 1, S. 195; IV, 2, S. 187, 366, 430, 465 f., 469 f.; zur Hochzeit S. 478 f.; vgl. zur Hochzeit auch Cloulas, *Henri II*, S. 80–85. Zu den Prozessen Caterina de' Medicis wegen des vorenthaltenen Erbes siehe J.-H. Mariéjol, *Catherine de Médicis*, Paris 1979, S. 607–609; zu Strozzi als Financier der Mitgift Bullard, *Filippo Strozzi e i Medici*, S. 159 f.; die anlässlich der Hochzeit angefertigten Bildnisse verzeichnet K. Langedijk, *The Portraits of the Medici*, II, Florenz 1983, S. 351 (ein Bildnis im Besitz der Strozzi erwähnt auch Pieraccini).

Zum Bankimperium Filippo Strozzis und dessen Organisation Goldthwaite, *Private Wealth*, S. 85–103; Lorenzo Strozzi über Filippos Ausbildung zum Kaufmann in *Vita di Filippo Strozzi*, S. CXXI; über Strozzis Rückkehr nach Rom und seine Schwierigkeiten nach dem Tod Clemens' VII. ebenda, S. LXX–LXXIII; vgl. dazu Bullard, *Filippo Strozzi*, S. 158–161; Strozzis Brief aus Paris ist gedruckt in Niccolini, *Filippo Strozzi*, S. 191–193; seine Klagen über die schwierige finanzielle Lage in Briefen an Francesco Vettori vom 5. und 12. Dezember 1534 sowie vom 29. April 1535, gedruckt in Bardi, *Filippo Strozzi*, S. 66–78 (Zitate S. 69, 71); Rabelais über Filippo Strozzi in einem Brief vom 30. Dezember 1535 in François Rabelais, *OEuvres complètes*, III, hrsg. von «Le cercle du bibiophile» (Nachdruck der von F. Roches besorgten Ausgabe *Lettres et Écrits divers*, Paris 1929), s.l. und s.d., S. 276.

Das letzte Exil

Vom ungestümen Betragen der Söhne und den Ereignissen, die zum Bruch mit Alessandro de' Medici führten, berichtet besonders ausführlich Benedetto Varchi, *Storia fiorentina*, hrsg. von L. Arbib, Florenz 1844 (Nachdruck Rom 2003), III, S. 6, 19 ff., 65–76. Von den finanziellen Schwierigkeiten Filippo Strozzis und den Machenschaften seiner Söhne in Rom ist die Rede in den Briefen an Vettori zwischen Juli 1534 und April 1535 in Niccolini, *Filippo Strozzi*, S. 191–203 (Zitat S. 192), sowie in Bardi, *Filippo Strozzi*, S. 66–79 (Zitate S. 69 und 71).

Über die Aktivitäten der Exilierten von der Gesandtschaft nach Barcelona bis zur Niederlage von Montemurlo und die allgemeinen Hintergründe informiert breit, aber unübersichtlich Simoncelli, *Fuoriuscitismo*; Lorenzo Strozzis Version der Ereignisse in *Vita di Filippo Strozzi*, S. LXXIII–CV; bei Niccolini, *Filippo Strozzi*, S. 204–256, auch zahlreiche diesbezügliche Briefe und Dokumente. Eine prägnante Darstellung von Strozzis Lage mit ihren internationalen Verwicklungen gibt Ranke, *Filippo Strozzi*, S. 379–402; vgl. auch Devonshire Jones, *Francesco Vettori*, S. 261–288.

Über die engen Beziehungen Filippo Strozzis und seiner Söhne zu Lorenzino de' Medici und den «Tyrannenmord» mit seinen Folgen siehe Albertini, *Das florentinische Staatsbewußtsein*, S. 209–221; viele Einzelheiten finden sich auch in Ferrai, *Lorenzino de' Medici*, S. 151 ff. und passim; einen kurzen Überblick über das Leben und die literarischen Werke Lorenzino de' Medicis in *Dizionario biografico degli italiani*, 73, Rom 2009, S. 127–131 (E. Stumpo); mit der Regelung von Lorenzinos privaten Angelegenheiten befasst sich ein Brief Filippo Strozzis vom 4. April 1537 in Niccolini, *Filippo Strozzi*, S. 240–245. Zum ideologischen Hintergrund des «Tyrannenmords», zu Lorenzinos Anschlag auf den Konstantinsbogen, zur Gedenkmedaille und zu Michelangelos «Brutus» siehe H. Bredekamp, *Repräsentation und Bildmagie der Renaissance als Formproblem*, München 1995, S. 42–64, zu Lorenzinos Marmorbild in der Kirche der Strozzi in Padua Fiocco, *La casa di Palla Strozzi*, S. 369.

Filippo Strozzis Tod und das weitere Schicksal der Familie Strozzi

Ausführlich über die Verhandlungen, die zum Waffenstillstand von Nizza führten, und das Treffen dort Capasso, *Paolo III*, I, S. 463–533 (zu Filippo Strozzi besonders S. 530–533); einen prägnanten Überblick über die Verstrickung von Strozzis Schicksal mit der großen europäischen Politik in Ranke, *Filippo Strozzi*, S. 401–410.

Zahlreiche Briefe über die Bemühungen zu Strozzis Rettung und den Zwist mit den Söhnen in Niccolini, *Filippo Strozzi*, S. 257–331; vgl. auch Simoncelli, *Fuoriuscitismo*, S. 352–368. Den aus der Festung kommenden Bericht über Strozzis Tod mit dem Datum 18. Dezember 1538 publiziert auszugsweise Capasso, *Paolo III*, S. 532; einen Bericht, den der florentinische Gesandte Karl V. überbrachte, in Ranke, *Filippo Strozzi*, S. 444 f.; in der *Vita di Filippo Strozzi* befassen sich mit den letzten Lebensmonaten und dem Tod Filippo Strozzis die Seiten CXI–CXIX; der «DEO LIBERATORI» überschriebene Abschiedsbrief, dessen noch von Ranke angezweifelte Authenzität inzwischen bewiesen ist (vgl. Albertini, *Das florentinische Staatsbewußtsein*, S. 218, Anm. 4), ebenda S. CXIX; die Urteile der beiden Zeitgenossen über die Persönlichkeit Filippo Strozzis in Albertini, *Das florentinische Staatsbewußtsein*, S. 219, Anm. 1.

Über die Söhne Filippo Strozzis und ihre Aktivitäten in Frankreich vgl. Strozzi, *Vita di Filippo Strozzi*, S. CXXII, CXXIII und Anm. 1, und vor allem Cloulas, *Henri II*, ad indicem. Siehe auch Michel de Montaigne, *Tagebuch einer Badereise*, Stuttgart 1963, S. 35, 153 f., 162, 339, 367, 381. Pietro Aretino über das Kinderbildnis der Clarice Strozzi in *Lettere*, hrsg. von P. Proccaccioli, Rom 1998, II, S. 398; zu Lorenzo Strozzis Söhnen siehe Goldthwaite, *Private Wealth*, S. 106 f.; zu den Nachkommen Ruberto Strozzis in Rom M. B. Guerrieri Borsoi, *Gli Strozzi a Roma. Mecenati e collezionisti nel Sei e nel Settecento*, Rom 2004.

STAMMTAFEL I
FAMILIE VON PALLA STROZZI

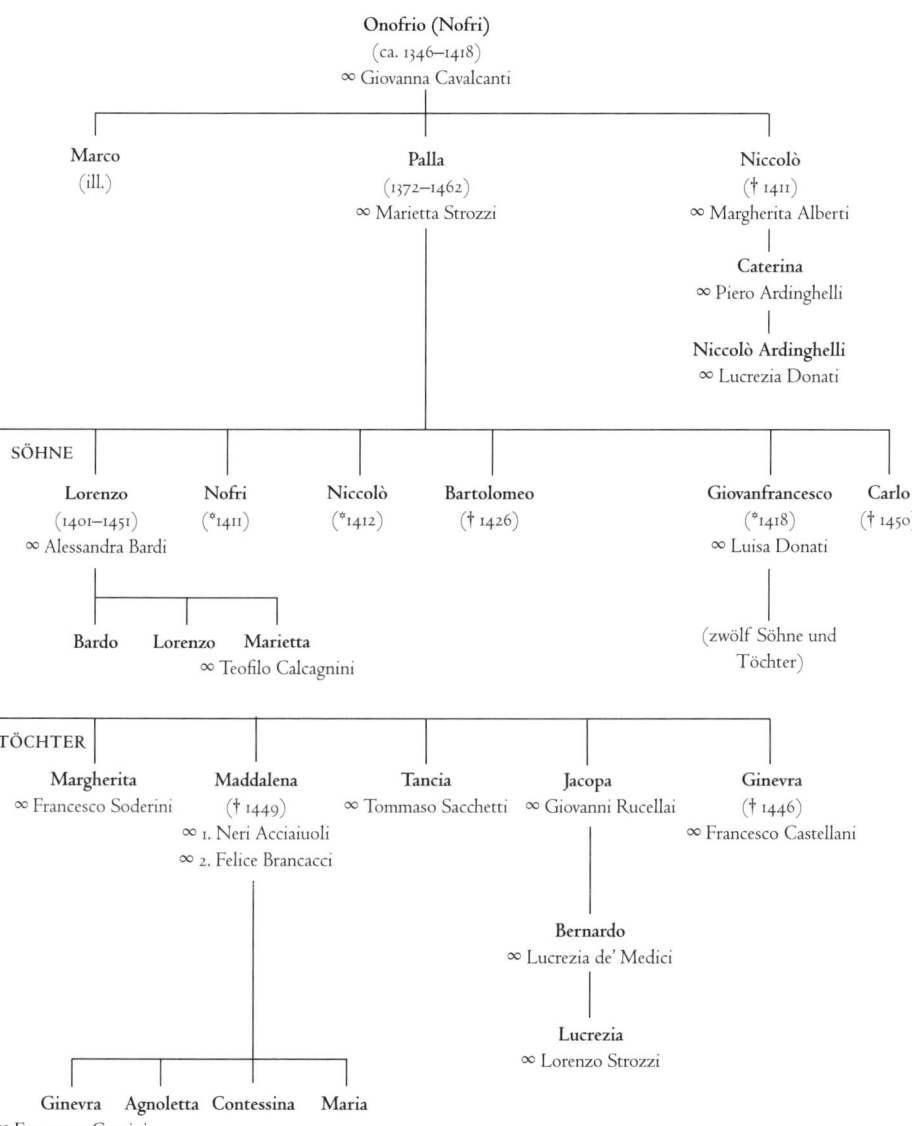

Onofrio (Nofri)
(ca. 1346–1418)
∞ Giovanna Cavalcanti

Marco
(ill.)

Palla
(1372–1462)
∞ Marietta Strozzi

Niccolò
(† 1411)
∞ Margherita Alberti

Caterina
∞ Piero Ardinghelli

Niccolò Ardinghelli
∞ Lucrezia Donati

SÖHNE

Lorenzo
(1401–1451)
∞ Alessandra Bardi

Nofri
(*1411)

Niccolò
(*1412)

Bartolomeo
(† 1426)

Giovanfrancesco
(*1418)
∞ Luisa Donati

Carlo
(† 1450)

Bardo **Lorenzo** **Marietta**
∞ Teofilo Calcagnini

(zwölf Söhne und
Töchter)

TÖCHTER

Margherita
∞ Francesco Soderini

Maddalena
(† 1449)
∞ 1. Neri Acciaiuoli
∞ 2. Felice Brancacci

Tancia
∞ Tommaso Sacchetti

Jacopa
∞ Giovanni Rucellai

Ginevra
(† 1446)
∞ Francesco Castellani

Bernardo
∞ Lucrezia de' Medici

Lucrezia
∞ Lorenzo Strozzi

Ginevra **Agnoletta** **Contessina** **Maria**
∞ Francesco Caccini

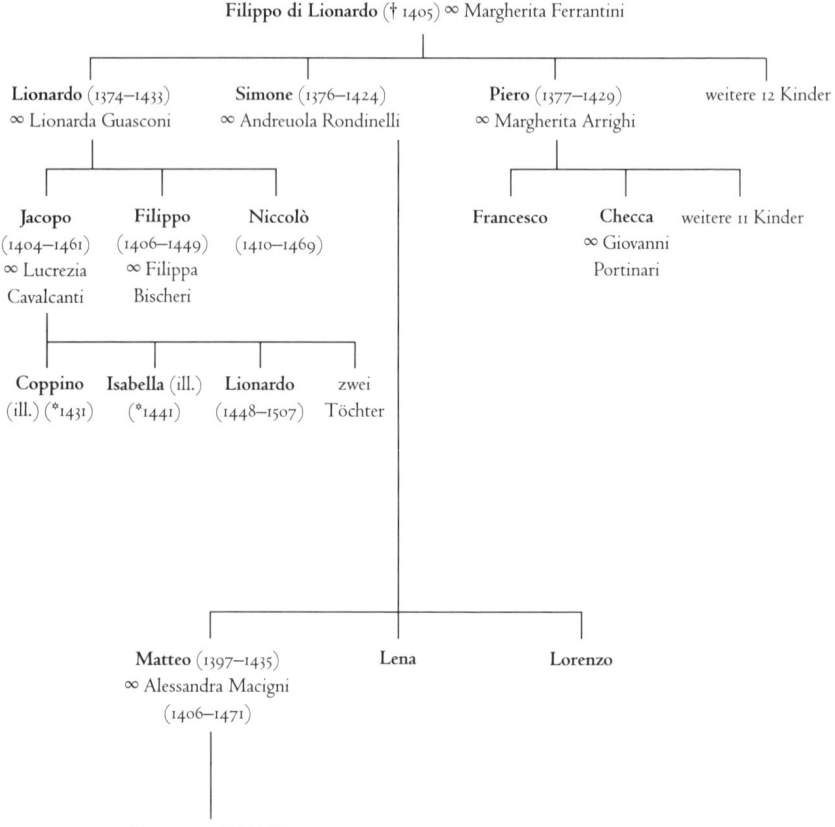

Filippo di Lionardo († 1405) ∞ Margherita Ferrantini

Lionardo (1374–1433)
∞ Lionarda Guasconi

Simone (1376–1424)
∞ Andreuola Rondinelli

Piero (1377–1429)
∞ Margherita Arrighi

weitere 12 Kinder

Jacopo
(1404–1461)
∞ Lucrezia
Cavalcanti

Filippo
(1406–1449)
∞ Filippa
Bischeri

Niccolò
(1410–1469)

Francesco

Checca
∞ Giovanni
Portinari

weitere 11 Kinder

Coppino
(ill.) (*1431)

Isabella (ill.)
(*1441)

Lionardo
(1448–1507)

zwei
Töchter

Matteo (1397–1435)
∞ Alessandra Macigni
(1406–1471)

Lena

Lorenzo

Fortsetzung Tafel III

STAMMTAFEL III
FAMILIE VON MATTEO STROZZI (II)

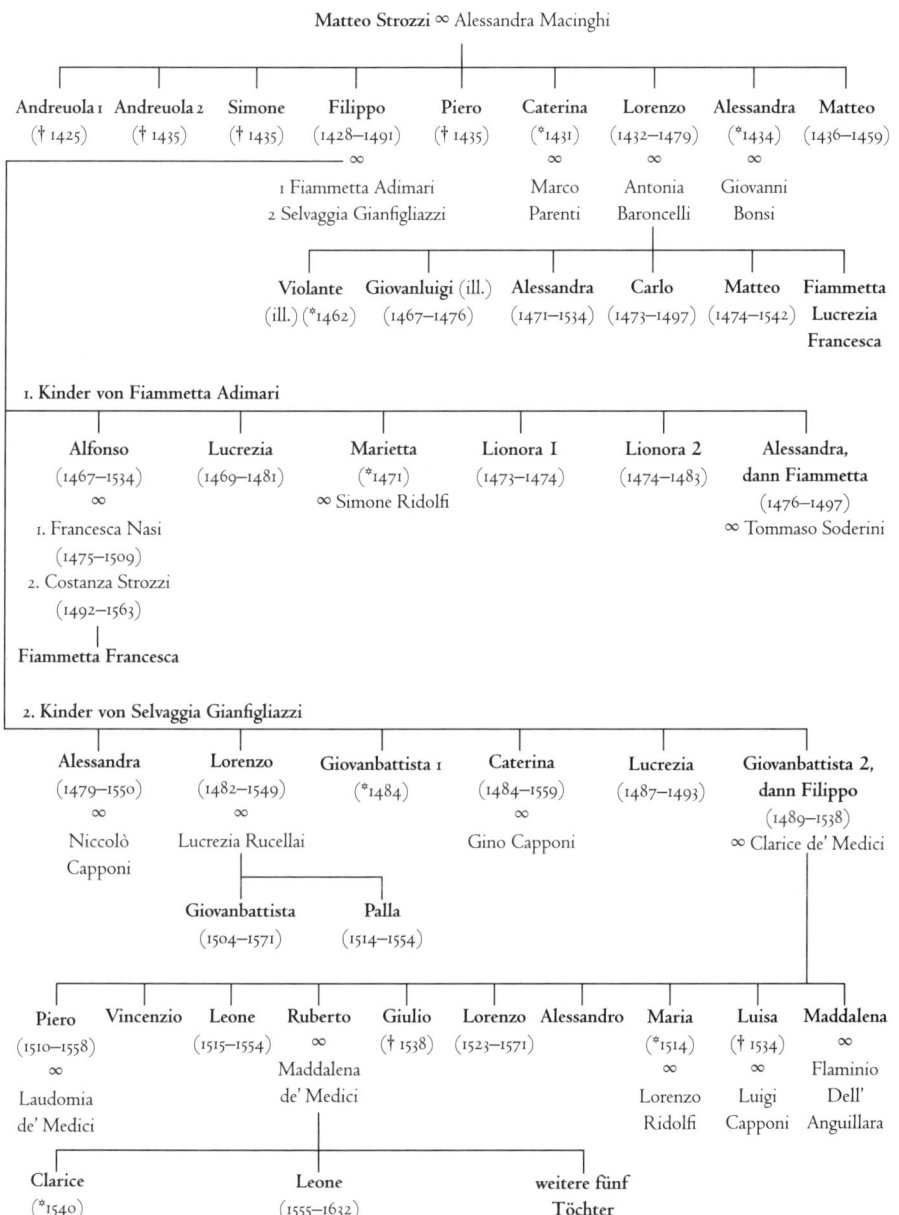

Matteo Strozzi ∞ Alessandra Macinghi

Andreuola 1	Andreuola 2	Simone	Filippo	Piero	Caterina	Lorenzo	Alessandra	Matteo
(† 1425)	(† 1435)	(† 1435)	(1428–1491)	(† 1435)	(*1431)	(1432–1479)	(*1434)	(1436–1459)
			∞		∞	∞	∞	
			1 Fiammetta Adimari		Marco	Antonia	Giovanni	
			2 Selvaggia Gianfigliazzi		Parenti	Baroncelli	Bonsi	

Violante · Giovanluigi (ill.) · Alessandra · Carlo · Matteo · Fiammetta
(ill.) (*1462) · (1467–1476) · (1471–1534) · (1473–1497) · (1474–1542) · Lucrezia
Francesca

1. Kinder von Fiammetta Adimari

Alfonso	Lucrezia	Marietta	Lionora I	Lionora 2	Alessandra, dann Fiammetta
(1467–1534)	(1469–1481)	(*1471)	(1473–1474)	(1474–1483)	(1476–1497)
∞		∞ Simone Ridolfi			∞ Tommaso Soderini
1. Francesca Nasi					
(1475–1509)					
2. Costanza Strozzi					
(1492–1563)					

Fiammetta Francesca

2. Kinder von Selvaggia Gianfigliazzi

Alessandra	Lorenzo	Giovanbattista 1	Caterina	Lucrezia	Giovanbattista 2, dann Filippo
(1479–1550)	(1482–1549)	(*1484)	(1484–1559)	(1487–1493)	(1489–1538)
∞	∞		∞		∞ Clarice de' Medici
Niccolò Capponi	Lucrezia Rucellai		Gino Capponi		

Giovanbattista · Palla
(1504–1571) · (1514–1554)

Piero	Vincenzio	Leone	Ruberto	Giulio	Lorenzo	Alessandro	Maria	Luisa	Maddalena
(1510–1558)	(1515–1554)		∞	(† 1538)	(1523–1571)		(*1514)	(† 1534)	∞
∞			Maddalena				∞	∞	Flaminio
Laudomia			de' Medici				Lorenzo	Luigi	Dell'
de' Medici							Ridolfi	Capponi	Anguillara

Clarice · Leone · weitere fünf
(*1540) · (1555–1632) · Töchter

STAMMTAFEL IV
FAMILIE MEDICI

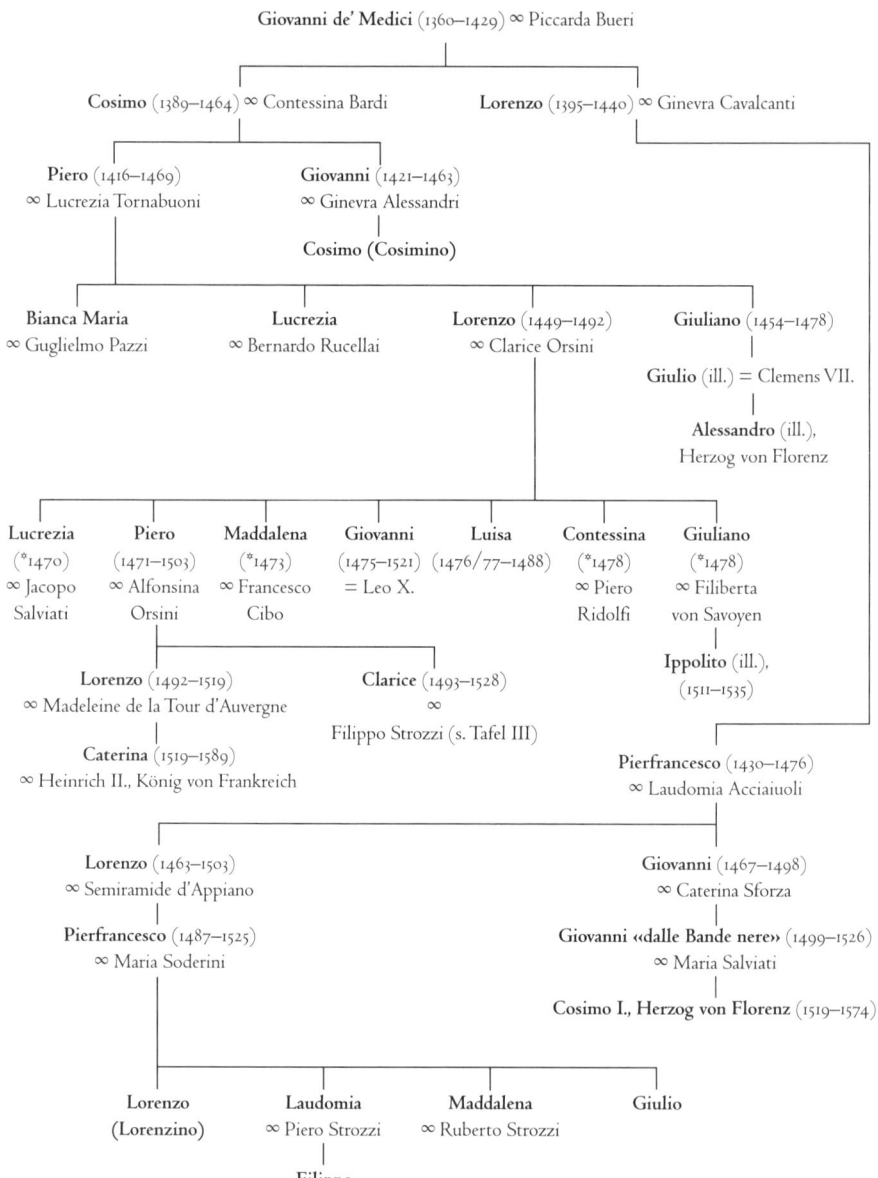

Giovanni de' Medici (1360–1429) ∞ Piccarda Bueri

Cosimo (1389–1464) ∞ Contessina Bardi   Lorenzo (1395–1440) ∞ Ginevra Cavalcanti

Piero (1416–1469)   Giovanni (1421–1463)
∞ Lucrezia Tornabuoni   ∞ Ginevra Alessandri

Cosimo (Cosimino)

Bianca Maria   Lucrezia   Lorenzo (1449–1492)   Giuliano (1454–1478)
∞ Guglielmo Pazzi   ∞ Bernardo Rucellai   ∞ Clarice Orsini

Giulio (ill.) = Clemens VII.

Alessandro (ill.),
Herzog von Florenz

Lucrezia   Piero   Maddalena   Giovanni   Luisa   Contessina   Giuliano
(*1470)   (1471–1503) (*1473)   (1475–1521)   (1476/77–1488) (*1478)   (*1478)
∞ Jacopo   ∞ Alfonsina ∞ Francesco = Leo X.   ∞ Piero   ∞ Filiberta
Salviati   Orsini   Cibo   Ridolfi   von Savoyen

Ippolito (ill.),
(1511–1535)

Lorenzo (1492–1519)   Clarice (1493–1528)
∞ Madeleine de la Tour d'Auvergne   ∞
                                Filippo Strozzi (s. Tafel III)

Caterina (1519–1589)
∞ Heinrich II., König von Frankreich

Pierfrancesco (1430–1476)
∞ Laudomia Acciaiuoli

Lorenzo (1463–1503)   Giovanni (1467–1498)
∞ Semiramide d'Appiano   ∞ Caterina Sforza

Pierfrancesco (1487–1525)   Giovanni «dalle Bande nere» (1499–1526)
∞ Maria Soderini   ∞ Maria Salviati

Cosimo I., Herzog von Florenz (1519–1574)

Lorenzo   Laudomia   Maddalena   Giulio
(Lorenzino)   ∞ Piero Strozzi   ∞ Ruberto Strozzi

Filippo

ZEITTAFEL

um 1300	Die Strozzi, im Geldgeschäft tätig, gehören zum «popolo grasso», der Oberschicht der «fetten» Bürger, und bekleiden schon in dieser Zeit wichtige öffentliche Ämter in Florenz.
um 1346	Geburt von Nofri Strozzi
1348/49	Große Pest, Jacopo Strozzi, Nofris Vater, stirbt.
um 1372	Geburt von Palla Strozzi
1378	Aufstand der Ciompi und Herrschaft der niederen Zünfte. Carlo Strozzi, Vertreter des großen Bürgertums, wird verbannt, ebenso wie Tommaso Strozzi.
1383	Die großen Bürger gewinnen die Macht zurück. Die «oligarchische» Partei bestimmt bis 1434 das öffentliche Leben in Florenz.
1389	Geburt von Cosimo de' Medici, Sohn des Giovanni. Beide sind Repräsentanten der oligarchischen Partei.
1397	Geburt von Matteo Strozzi, Sohn von Simone Strozzi
1422–1428	Krieg gegen den Herzog Filippo Maria Visconti von Mailand
1422	Matteo Strozzi heiratet Alessandra Macigni.
1427	Tod des Condottiere Nanni Strozzi, Sohn des Carlo Strozzi und Begründer der Strozzi-Linie von Ferrara, in einem Gefecht im Krieg gegen Mailand
1428	Geburt von Filippo Strozzi, dem Älteren
1429–1433	Krieg gegen Lucca
1429	Tod von Giovanni de' Medici
1432	Geburt von Matteo Strozzis Sohn Lorenzo
1433	Spaltungen in der oligarchischen Partei, Cosimo de' Medici wird aus Florenz verbannt.
1434	Sieg der mediceischen Partei, Palla, Matteo und Smeraldo Strozzi werden verbannt.
1435	Matteo Strozzi stirbt an der Pest im Exil in Pesaro, Rückkehr seiner Witwe nach Florenz.
1436	Geburt von Matteo Strozzis letztem Sohn Matteo
1441	Jacopo, Filippo und Niccolò, Söhne des Lionardo Strozzi, gründen in Barcelona und Valencia eine Handels- und Bankgesellschaft. Filippo Strozzi, Sohn Matteos, geht zu ihnen nach Spanien.
1446	Lorenzo, sein Bruder, folgt ihm nach Spanien.
1446/47	Gründung von Niederlassungen in Brügge und Neapel durch Jacopo, Filippo und Niccolò Strozzi
1447	Niccolò Strozzi lässt sich in Neapel nieder, Filippo Strozzi folgt ihm dorthin. Sein Bruder Lorenzo geht mit Jacopo nach Brügge.
1449	Tod von Filippo di Lionardo Strozzi in Barcelona
1450	Matteo di Matteo Strozzi geht zu Niccolò Strozzi nach Neapel.
um 1454	Niccolò Strozzi gründet eine Bank in Rom, Filippo Strozzi wird sein Stellvertreter in Neapel.
1458	Ausdehnung des Banns auf die Nachkommen der im Jahr 1434 Verbannten. Betroffen sind auch die Söhne Matteo Strozzis. Ferrante de'Aragona wird König von Neapel.
1459	Tod von Matteo di Matteo Strozzi in Neapel

1461	Tod von Jacopo Strozzi in Brügge
1462	Tod von Palla Strozzi in Padua
1464	Filippo und Lorenzo Strozzi gründen in Neapel eine Bank- und Handelsgesellschaft.
	Tod von Cosimo de' Medici, sein Sohn Piero übernimmt die Führung der mediceischen Partei.
1466	Aufhebung des Banns für Filippo und Lorenzo Strozzi
1467	Filippo Strozzi heiratet Fiammetta Adimari, Geburt des ersten Sohns Alfonso.
1469	Tod Piero de' Medicis, sein Sohn Lorenzo, genannt der Prächtige, tritt an seine Stelle.
1470	Heirat Lorenzo Strozzis mit Antonia Baroncelli
1471	Tod von Alessandra Macigni
1476	Tod von Fiammetta Adimari
1477	Neue Ehe Filippo Strozzis mit Selvaggia Gianfigliazzi
1478	Verschwörung der Pazzi gegen die Medici mit Unterstützung von Papst Sixtus IV. und König Ferrante von Neapel. Giuliano de' Medici, der Bruder Lorenzos, wird ermordet. Der Papst und der König erklären Florenz den Krieg.
1479	Filippo Strozzi geht nach Neapel zur Aufnahme von Friedensverhandlungen. Dort stirbt im selben Jahr sein Bruder Lorenzo.
1482	Geburt von Lorenzo Strozzi, dem Jüngeren
1488	Piero de' Medici heiratet Alfonsina Orsini.
1489	Geburt von Filippo Strozzi, dem Jüngeren, und Baubeginn des Palazzo Strozzi
1491	Tod von Filippo Strozzi, dem Älteren
1492	Tod von Lorenzo de' Medici, ihm folgt sein Sohn Piero. Sein zweiter Sohn Giovanni wird zum Kardinal erhoben. Geburt von Lorenzo, Sohn Piero de' Medicis.
1493	Geburt von Clarice de' Medici, Tochter Piero de' Medicis
1494	Einfall Karls VIII. von Frankreich in Italien. Beginn der Kriege zwischen Frankreich und dem Kaiser (bzw. Spanien) um den Besitz von Neapel und Mailand
1494	Vertreibung Piero de' Medicis und seiner Brüder Giovanni und Giuliano aus Florenz, Gründung einer popularen Republik
1502	Piero Soderini wird zum Gonfaloniere auf Lebenszeit gewählt.
1503	Hochzeit Lorenzo Strozzis mit Lucrezia Rucellai
1509	Hochzeit Filippo Strozzis mit Clarice de' Medici
1510	Geburt von Piero Strozzi, Filippo Strozzis ältestem Sohn
1511	Geburt von Ippolito, dem illegitimen Sohn von Giuliano de' Medici
1512	Rückkehr der Medici nach Florenz, Aufhebung der popularen Republik.
1513	Wahl Giovanni de' Medicis zum Papst mit dem Namen Leo X., Erhebung Giulio de' Medicis zum Kardinal. Giuliano, dann Lorenzo de' Medici, der Sohn Pieros, werden die Vertreter der Medici in Florenz.
1515	Filippo Strozzi wird Depositar der päpstlichen Kammer und wichtigster Geldgeber Leos X.
	Franz I. von Valois folgt Ludwig XII. auf dem französischen Thron.

1516	Lorenzo de' Medici erhält von Leo X. das Herzogtum Urbino.
1519	Tod von Lorenzo de' Medici und seiner Gemahlin Madeleine de la Tour d' Auvergne, Geburt ihrer Tochter Caterina
	Wahl Karls V. von Habsburg, Enkel Kaiser Maximilians I., zum deutschen König. Zu seinem Erbe gehören auch das Königreich Spanien und die Königreiche Sizilien und Neapel.
1520	Tod Alfonsina Orsinis, der Witwe Piero de' Medicis
1521	Tod Papst Leos X.
1523	Wahl Giulio de' Medicis zum Papst mit dem Namen Clemens VII.
1525	Schlacht von Pavia. Sieg der spanisch-deutschen Truppen über Franz I. von Frankreich
1526	Friede von Madrid. Franz I. verzichtet auf seine Ansprüche auf Mailand und Neapel.
1526	Liga von Cognac gegen Karl V. zwischen Franz I. und Clemens VII. sowie einigen italienischen Staaten, darunter Florenz
1526–1529	Neuer Krieg Franz' I. gegen Karl V. in Italien
1527	Neuerliche Vertreibung der Medici aus Florenz, Wiederherstellung der popularen Republik
	Besetzung und Plünderung Roms durch deutsche und spanische Soldtruppen. Gefangenschaft Clemens' VII. in der Engelsburg.
1528	Tod von Clarice de' Medici, der Gemahlin Filippo Strozzis
1529	Frieden von Cambrai zwischen Karl V. und Franz I.
	Übereinkommen von Barcelona zwischen Karl V. und Clemens VII. zur Wiederherstellung der Herrschaft der Medici in Florenz
1529–30	Belagerung von Florenz durch kaiserlich-spanische Truppen
1530	Kapitulation von Florenz, Abschaffung der popularen Republik, Hinrichtung oder Verbannung ihrer Repräsentanten
1532	Alessandro de' Medici, natürlicher Sohn Clemens' VII., wird Herzog von Florenz unter der Schirmherrschaft Karls V.
1533	Hochzeit Caterina de' Medicis mit Heinrich von Valois, später König Heinrich II. von Frankreich
1534	Beginn der Feindschaft zwischen Alessandro de' Medici und Filippo Strozzi. Organisation des Widerstands gegen den Herzog durch die Exilierten.
1535	Tod Kardinal Ippolito de' Medici
1537	Ermordung Herzog Alessandro de' Medicis durch Lorenzino de' Medici. Wahl Cosimo de' Medicis zum Herzog von Florenz. Niederlage der Exilierten bei Montemurlo, Gefangennahme Filippo Strozzis
1538	Selbstmord Filippo Strozzis in der Fortezza da Basso in Florenz
1548	Ermordung Lorenzino de' Medicis durch Agenten Cosimo de' Medicis
1554	Feldzug Piero Strozzis, Marschall von Frankreich, in der Toskana, dabei Tod seines Bruders Leone
1558	Tod Piero Strozzis bei der Belagerung von Thionville
1559	Friede von Cateau-Cambrésis und Ende der französisch-spanischen Kriege in Italien

REGISTER